甘肃省一流学科建设项目资助成果

教育部人文社会科学重点研究基地西北师范大学西北少数民族教育发展研究中心资助成果

教育部人文社会科学研究项目"西北少数民族地区高校办学模式研究"阶段性研究成果（项目批准号：07JJD880239）

西师教育论丛
主编 万明钢

适应与选择：
西部民族聚居区高校人才培养模式研究

张俊宗 等 著

Shiying Yu Xuanze:
Xibu Minzu Jujuqu Gaoxiao Rencai Peiyang Moshi Yanjiu

中国社会科学出版社

图书在版编目（CIP）数据

适应与选择：西部民族聚居区高校人才培养模式研究／张俊宗等著．
—北京：中国社会科学出版社，2019.6
ISBN 978 - 7 - 5203 - 4349 - 7

Ⅰ．①适… Ⅱ．①张… Ⅲ．①少数民族—民族聚居区—高等学校—人才培养—培养模式—研究—西北地区 Ⅳ．①G649.2

中国版本图书馆 CIP 数据核字（2019）第 080095 号

出 版 人	赵剑英
责任编辑	周晓慧
责任校对	无 介
责任印制	戴 宽

出　　版	中国社会科学出版社
社　　址	北京鼓楼西大街甲 158 号
邮　　编	100720
网　　址	http：//www.csspw.cn
发 行 部	010 - 84083685
门 市 部	010 - 84029450
经　　销	新华书店及其他书店
印　　刷	北京明恒达印务有限公司
装　　订	廊坊市广阳区广增装订厂
版　　次	2019 年 6 月第 1 版
印　　次	2019 年 6 月第 1 次印刷
开　　本	710×1000　1/16
印　　张	22.25
插　　页	2
字　　数	310 千字
定　　价	88.00 元

凡购买中国社会科学出版社图书，如有质量问题请与本社营销中心联系调换
电话：010 - 84083683
版权所有　侵权必究

总　序

　　正如学校的发展一样，办学历史越久，文化底蕴越厚重。同样，一门学科的发展水平，离不开对优良学术传统的坚守、继承与发展。西北师范大学教育学的发展，也正经历着这样的一条发展之路。回溯历史，西北师范大学前身为国立北平师范大学，发端于1902年建立的京师大学堂师范馆，1912年改为"国立北京高等师范学校"，1923年改为"国立北平师范大学"。1937年"七七"事变后，国立北平师范大学与同时西迁的国立北平大学、北洋工学院共同组成西北联合大学，国立北平师范大学整体改组为西北联合大学下设的教育学院，后改为师范学院。1939年西北联合大学师范学院独立设置，改称国立西北师范学院，1941年迁往兰州。从此，西北师范大学的教育学人扎根于陇原大地，躬耕默拓，薪火相传，为国家培育英才。

　　教育学科是西北师范大学教育学院的传统优势学科，具有悠久的历史和较强的实力。1960年就开始招收研究生，这为20年后的1981年获批国家第一批博士点打下了坚实的基础。当时，西北师范学院教育系的师资来自五湖四海，综合实力很强，有在全国师范教育界影响很大的著名八大教授：胡国钰、刘问岫、李秉德、南国农、萧树滋、王文新、王明昭、杨少松，他们中很多人曾留学海外，很多人迁居兰州，宁把他乡做故乡，扎根于西北这片贫瘠的黄土高原，甘于清贫、淡泊名利、默默奉献，把事业至上、自强不息、爱岗敬业的精神，熔铸在西北师范大学教育学科发展的文化传统之中，对西部教育事业的发展作出了重要贡献。"随风潜入夜，润物细无声。"先生之风，山高水长。为西北师范大学早期教育学科的卓越发展作出重大贡献的先生们，他们身体力行、典型示范，对后辈学者们潜心学术，继承学问产生了重要的、潜移默化的影响，体现了西北师范大学的教育学人扎根本土、潜心学术、面向全国、放眼世界，站在学科发展前沿，培养培训优秀师资，服务地方经济社会发展的教育胸怀与本色。

西北师范大学教育学科历经历史沧桑的洗礼发展走到今天，已形成了相对稳定而有特色的研究领域。尤其是在国家统筹推进世界一流大学和一流学科建设的大背景下，西北师范大学的教育学作为甘肃省《统筹推进高水平大学和一流学科建设实施方案》规划的一流学科建设项目，迎来了学科再繁荣与大发展的历史良机。为此，作为甘肃省一流学科建设项目成果、西北师范大学课程与教学论国家重点（培育）学科建设成果、教育部人文社会科学重点研究基地西北师范大学西北少数民族教育发展研究中心科研成果，我们编撰了"西师教育论丛"，汇聚近年来教育学院教师在课程与教学论、民族教育、农村教育、高等教育以及学前教育等方面的学术成果。这些成果大多数是在中青年学者的博士学位论文，科研项目以及扎根教学实践的基础上进一步凝练的结晶。他们深入民族地区和农村地区的村落、学校，深入大学与中小学的课堂实践，通过详查细看，对语文、数学、英语、物理、化学、研究性学习等学科课程教育教学的问题研究，对教育基本理论问题的思考，对教育发展前沿问题的探索……这些成果是不断构建和完善高水平的现代教育科学理论体系，大力提高教育科学理论研究水平和教育科学实践创新能力，进一步发挥教育理论研究高地、教育人才培养重镇、教育政策咨询智库作用的一定体现，更是教育学科继承与发展的重要过程。

筚路蓝缕，以启山林。目前付梓出版的这些著作不仅是教师自我专业成长的一个集中体现，也是西北师范大学教育学院教育学科发展与建设的新起点。当然，需要澄明的是，"西师教育论丛"仅仅是西北师范大学教育学研究者们在某一领域的阶段性成果，是研究者个人对教育问题的见解与思考，其必然存在一定的不足，还期待同行多提宝贵意见，以促进我们的学科建设和发展。

万明钢

2017年9月

目　录

总　论　篇

一　绪论 …………………………………………………………（3）
　（一）西部民族聚居区高校的特征 ………………………………（3）
　（二）西部民族聚居区高校研究的意义 …………………………（7）
　（三）高校人才培养模式的界定及其构成 ………………………（11）
　（四）研究思路与方法 ……………………………………………（23）

二　四位一体：西部民族聚居区高校的功能模式 ………………（29）
　（一）高校功能概论 ………………………………………………（29）
　（二）四位一体：西部民族聚居区高校的功能模式及其
　　　　实现途径 ……………………………………………………（34）

三　三个要求：西部民族聚居区高校人才培养目标模式 ………（45）
　（一）人才培养目标的含义 ………………………………………（45）
　（二）西部民族聚居区高校人才培养目标研究的意义 …………（47）
　（三）人才培养目标的基本要素 …………………………………（48）
　（四）三个要求：西部民族聚居区高校人才培养目标
　　　　模式构建 ……………………………………………………（52）

四　因材施教：西部民族聚居区高校多样化教学模式的
　　构建 …………………………………………………………（60）
　（一）多样化教学概述 ……………………………………………（60）
　（二）实施多样化教学模式的背景分析 …………………………（63）

五 分类并进：西部民族聚居区高校民汉双语教学模式 ………（66）
 （一）西部民族聚居区高校开展民汉双语教育的意义 ……（66）
 （二）西部民族聚居区高校民汉双语教学模式的现状与
   困境 ……………………………………………………（70）
 （三）分类并进：西部民族聚居区高校民汉双语教学模式 …（72）

六 "两类"和建：西部民族聚居区高校师资队伍
  建设模式 ……………………………………………………（78）
 （一）民族聚居区高校师资队伍的现状 …………………（78）
 （二）西部少数民族聚居区高校引进兼职教师的必要性 …（82）
 （三）"两类"和建：师资队伍建设模式的构建 …………（85）

七 "三化四育"：西部民族聚居区高校校园文化
  建设模式 ……………………………………………………（88）
 （一）高校校园文化的基本内涵 …………………………（88）
 （二）西部民族聚居区高校的校园文化特征 ……………（90）
 （三）西部民族聚居区高校校园文化建设的特殊性 ……（92）
 （四）"三化四育"：西部民族聚居区高校校园文化建设
   模式 ……………………………………………………（95）

实证研究篇

一 维护西部民族聚居区高校稳定的实践研究
  ——以甘肃民族师范学院为例 ……………………………（107）
 （一）西部民族聚居区高校维护稳定工作的背景 ………（107）
 （二）甘肃民族师范学院维护学校稳定工作的措施与经验 …（108）
 （三）评析 …………………………………………………（114）

二 民族文化传承中民族聚居区高校的作用分析
  ——基于西北四所民族院校的调研报告 …………………（117）
 （一）将民族文化的传承根植于民族文化的土壤 ………（119）
 （二）在当地民族文化传承中具有不可或缺的作用 ……（120）

（三）使民族文化载体具备活化性——教师、学生 …………（121）
　　（四）通过学科和课程设置整合、优化、传承和发展
　　　　民族文化 ………………………………………………（122）
　　（五）通过科研整理、保存、传承和创新民族文化 ………（123）
　　（六）民族聚居区高校是民族文化的综合作用场 …………（124）

三　高校人才培养目标定位的实践研究
　　——以西部民族聚居区四所高校的调研为例 ……………（126）
　　（一）民族聚居区高校人才培养目标定位研究的意义 ……（126）
　　（二）民族聚居区高校人才培养目标定位的现状分析 ……（127）
　　（三）民族聚居区高校人才培养目标定位的对策与建议 …（130）

四　基于多样化人才培养的课程体系建设实践研究
　　——以甘肃民族师范学院为例 ………………………………（134）
　　（一）新建民族聚居区高校课程体系建设的背景 …………（135）
　　（二）新建民族聚居区高校课程体系建设的指导思想
　　　　和原则 ………………………………………………（136）
　　（三）新建民族聚居区高校课程体系建设的实践 …………（137）

五　大学活动课程的实践探索
　　——以甘肃民族师范学院为例 ………………………………（142）
　　（一）引言 ……………………………………………………（142）
　　（二）实践探索 ………………………………………………（143）
　　（三）结语 ……………………………………………………（148）

六　民族聚居区高校多样化教学模式的探索与实践
　　——以甘肃民族师范学院为例 ………………………………（149）
　　（一）背景 ……………………………………………………（149）
　　（二）民族聚居区高校多样化教学模式实践 ………………（150）
　　（三）结语 ……………………………………………………（153）

七　学科专业学院制　学生生活书院制
　　——甘肃民族师范学院书院制改革案例研究 ………………（155）
　　（一）实施书院制的背景 ……………………………………（155）

（二）书院制改革的主要措施……………………………………（156）
　　（三）评析……………………………………………………………（162）

八　西部民族聚居区高校大学生科学生活观教育实践研究
　　　　——以甘肃民族师范学院为例……………………………（166）
　　（一）实施科学生活观教育的背景…………………………………（166）
　　（二）主要措施………………………………………………………（167）
　　（三）评析……………………………………………………………（171）

九　基于三学期的师资队伍建设实践研究
　　　　——以甘肃民族师范学院为例……………………………（173）
　　（一）实施背景………………………………………………………（173）
　　（二）主要措施………………………………………………………（175）
　　（三）评析……………………………………………………………（180）

十　民族院校特色标本馆在教学、科研及科普中的应用
　　　　——以甘肃民族师范学院青藏高原动植物认知馆为例……（183）
　　（一）建设背景………………………………………………………（183）
　　（二）建设与管理……………………………………………………（185）
　　（三）评析……………………………………………………………（186）

十一　藏汉双语"分类并进"教学模式的实践研究
　　　　——以甘肃民族师范学院为例……………………………（190）
　　（一）"分类并进"教学模式实施的意义……………………………（190）
　　（二）藏汉双语"分类并进"教学模式实施方案……………………（191）

十二　创建教育为载体、师生为主体的文化传承体系
　　　　——四川民族学院康巴文化研究…………………………（196）
　　（一）背景……………………………………………………………（196）
　　（二）四川民族学院的康巴文化研究现状…………………………（197）
　　（三）四川民族学院推进康巴文化研究的有效途径………………（199）
　　（四）四川民族学院在康巴文化研究中尚待改进的地方…………（202）

十三　以行业为背景探索建立院校+公司+基地+农户的教学模式
　　　　——四川民族学院农林牧专业人才培养案例研究…………（206）

  (一)背景：甘孜州农林牧业基本情况……………………(206)
  (二)现状：农林牧专业人才现状及需求 …………………(207)
  (三)措施：对四川民族学院培养农林牧专业人才的
    思考………………………………………………………(210)
十四 靠得住，下得去，留得了，干得好
    ——四川藏区双语法律人才培养案例研究…………(212)
  (一)背景………………………………………………………(212)
  (二)四川藏区法律人才的现状………………………………(213)
  (三)四川民族学院为甘孜藏区培养法律人才的措施………(217)
  (四)加强四川民族学院面向藏区培养法律人才的建议……(219)
  (五)评析………………………………………………………(223)
十五 康巴女儿节
    ——四川民族学院校园文化建设案例研究…………(227)
  (一)背景………………………………………………………(227)
  (二)现状：康巴女儿节活动概况……………………………(227)
  (三)措施………………………………………………………(229)
  (四)对四川民族学院校园文化建设的思考…………………(233)
十六 四川民族学院康巴特色生物研究………………………(237)
  (一)背景………………………………………………………(237)
  (二)现状及措施………………………………………………(241)
  (三)评析………………………………………………………(242)
十七 边疆高校社会稳定功能的探索与思考
    ——以新疆喀什师范学院为例………………………(244)
  (一)维护边疆安全：边疆地区高等学校的社会稳定
    功能………………………………………………………(244)
  (二)喀什师范学院在边疆稳定问题上的做法与经验………(247)
  (三)关于进一步发挥边疆高校社会稳定功能的几点
    建议………………………………………………………(249)
  (四)总结………………………………………………………(252)

十八　喀什师范学院办学经验与特色……(253)
  （一）学校的办学背景……(253)
  （二）办学的基本经验与特色……(254)
  （三）办学特色评析……(259)

十九　喀什师范学院教学模式与改革概述……(261)
  （一）教学模式与改革的背景……(261)
  （二）教学模式与改革成就……(261)
  （三）教学模式与改革评析……(265)

二十　喀什师范学院强化汉语教学的举措……(266)
  （一）强化汉语教学的背景……(266)
  （二）强化汉语教学的措施……(267)
  （三）强化汉语教学评析……(270)

二十一　喀什师范学院师资队伍建设概要……(273)
  （一）师资队伍建设的问题……(273)
  （二）师资队伍建设的实践……(274)
  （三）师资队伍建设特点评析……(278)

二十二　喀什师范学院预科教育概述……(283)
  （一）预科教育基本情况……(283)
  （二）预科汉语教育人才培养方案……(285)
  （三）学校关于预科教育的政策和要求……(288)
  （四）近年来预科教育教学改革情况……(289)
  （五）目前存在的突出问题及建议……(293)
  （六）评析……(293)

二十三　宁夏师范学院调研报告……(295)
  （一）学院概况……(295)
  （二）办学功能与定位……(296)
  （三）人才培养模式……(297)
  （四）师资队伍建设……(301)
  （五）科研工作……(302)

（六）文化传承 …………………………………………（303）
　　（七）对策与建议 ………………………………………（305）
二十四　开放办学：地方新建本科院校内涵发展的
　　　　 源头活水
　　　　 ——宁夏师范学院开放办学的实践探索 …………（307）
二十五　加强教育学学科建设　提高民族地区师范院校
　　　　 师资培养质量
　　　　 ——以宁夏师范学院为例 ……………………………（312）
　　（一）教育学学科建设存在的主要问题 …………………（313）
　　（二）教育学学科建设的几点思考 ………………………（315）
二十六　新建地方性本科师范院校科研定位刍论
　　　　 ——以宁夏师范学院为例 ……………………………（318）
二十七　浅谈"踏脚"在宁夏师范学院校本课程开发中的
　　　　 作用 …………………………………………………（326）
　　（一）"踏脚"的起源 ……………………………………（326）
　　（二）宁夏师范学院体育课开展"踏脚"运动的作用 …（326）
　　（三）结语 ………………………………………………（330）
二十八　思想政治教育专业人才培养与教师专业素质发展
　　　　 ——以宁夏师范学院为例 ……………………………（331）
　　（一）专业人才培养方案与教师专业素质 ………………（331）
　　（二）宁夏师范学院思想政治教育专业人才培养方案
　　　　 在教师专业素质发展中存在的主要问题 …………（333）
　　（三）如何提高教师专业素质，改善课堂教学 …………（335）

后　记 ………………………………………………………（338）

总 论 篇

一

绪　论

（一）西部民族聚居区高校的特征

特征是对事物本质属性的描述。把握西部民族聚居区高校的特征，对于深刻认识这类院校的人才培养具有重要意义。本书之"西部民族聚居区高校"，是指建立在西部省份的少数民族自治州和民族自治区省会城市以外少数民族聚居区的全日制普通高校。

1. 战略地位的独特性

西部民族聚居区不仅是一个地理概念，而且是一个历史、文化、民族互动交汇的概念。因此，相对于内地，西部是一个边地；相对于中原文化，西部是一个文化多样性的舞台。从历史的视野来看，西部这一人文地理区域，在中国历史上是种族、民族、文化和宗教等方面互动频繁且影响深远的地区，世界文明的东西方古道"丝绸之路"和影响中国乃至世界的许多重大的历史事件均源自西北。[①] 从国家安全上看，西部民族聚居区处在多民族聚集区，约占国土总面积的1/3，其人口、面积、区位和资源等诸多方面，在全国占有举足轻重的战略

---

① 马曼丽、张树青：《跨国民族理论问题综论》，民族出版社2009年版。

地位。① 西部地区交界邻国最多，边境线最长，这些西部民族聚居区高校所在地是我国的国防重镇、边防口岸、交通枢纽和民族宗教文化中心。在新的国际形势下，民族分裂势力、宗教极端势力、暴力恐怖势力在我国周边局部地区仍然存在，它们通过各种手段对我国进行渗透、破坏活动，西部民族聚居区是此类事件多发的重要地区。在这样错综复杂的新形势下，做好民族与宗教工作，不断巩固和发展全国各族人民的大团结，维护社会和谐、维持国家统一和稳定成为民族聚居区一项紧迫的战略任务。同时，西部民族聚居区经济社会发展是社会稳定的基础，民族自治地方的发展状况和人民生活水平，直接关系到社会稳定、国家统一、民族团结和边防巩固，关系到全面建成小康社会的进程，关系到中国特色社会主义事业的发展。西部民族聚居区高校对于促进我国各民族共同团结奋斗、共同繁荣发展，维护国家的长治久安具有举足轻重的作用。

2. 服务面向的"两为"性

"两为"即西部民族聚居区高校要为"少数民族"和"民族地区发展"服务。民族发展是一个民族在政治、经济、文化等方面的综合进步。"加快少数民族和民族地区的发展，是我国社会主义本质要求在民族工作上的体现，也是党的民族政策的基本出发点和归宿点。"② 教育发展落后，人才缺乏是民族地区落后的根本原因。要缩短民族地区与发达地区的差距，形成有利于巩固和发展社会主义民族关系的社会环境，巩固和发展平等、团结、互助、和谐的民族关系，必须切实把教育摆在优先发展的战略地位，并通过大力发展民族教育，提高人们的思想、道德和文化素质，繁荣民族地区的文化，促进民族问题的解决。因此，西部民族聚居区高校坚持为国家民族工作服务和为少数民族、为民族地区服务也就成为民族聚居区高校的办学宗旨和立校

---

① 雷振阳、朴永日：《中国民族自治地方发展评估报告》，民族出版社2006年版。
② 严庆、觉青：《新世纪新阶段民族发展的特征——基于科学发展观的分析》，《青海民族研究》2009年第3期。

之本。

《二十一世纪高等教育：展望与行动》指出，高等教育的基本使命与作用是促进整个社会的可持续发展和进步。高等学校要充分发挥其社会服务职能，努力促进社会的发展和进步。西方发达国家高等学校与社会发展的成就表明，高等学校只有与区域社会建立有效的互动发展关系才会共赢发展。美国奥斯汀大学校长福克纳在中外大学校长论坛上接受记者采访时说："大学要服务于地方经济，首先必须是一所出色的学校，帮助所在地区解决社会问题也是大学不容推卸的责任。"因此高等学校要面向社会，利用自身的人才、科技和智力优势，加强与区域社会的联系与合作，为区域经济和社会发展做出贡献。①西部民族聚居区高校是民族聚居区高等教育的主体，对促进民族聚居区经济社会的发展有着义不容辞的责任。

3. 教育对象的复杂性

西部民族聚居区高校招生对象主要是少数民族及民族地区的学生。因此，这类高校的教育对象有较强的复杂性。一是生源差异性突出。由于大多数民族聚居区高校所处地理区位劣势比较明显，在招生时执行"同等条件优先录取、适当降分录取、单独划线、单独录取、民考民、民考汉和划片招生"等一系列倾斜性招生政策，这为少数民族学生接受高等教育提供了机会，保障了少数民族学生的受教育权，提高了少数民族学生入学比例，维护了民族团结、政治稳定。但其招生过程也存在着一些问题：第一，少数民族学生比例的限制。西部民族聚居区少数民族生源数量多，但上线率低，不能满足招生名额的数量要求；汉族学生上线率高，但在录取人数上不能超过一定比例。第二，招生名额分配与生源质量的限制。西部民族聚居区高校招生名额分配在少数民族生源多的地区相应较多，所以这些省份的少数民族生源的录取分数过低，而其他省份生源质量高，但少数民族生源少，招

---

① 邱世兵：《中国民族院校转型发展研究》，博士学位论文，西南大学，2012年。

收名额有限。第三，学生选择多样化的限制。少数民族考生中高分数学生往往选择报考其他院校，不一定选择民族聚居区的高校。为了完成招生计划，必然导致所招收学生的知识水平差距加大。一些学校招收学生的高考总成绩差距可达到200分左右，加上民族地区基础教育中文科强、理科弱的情况，理科科目的成绩差距更大。西部民族聚居区高校面临着学生水平差距悬殊的实际情况和招生规模与教育质量无法兼顾的双重困境。二是文化的多样性突出。多元文化的存在是民族高校的显著特征。西部民族聚居区高校文化包括由不同地区不同民族学生所组成的不同学生文化，学校所在区域的社会文化和中华民族的历史文化。这类院校的学生大部分由所在区域的主体民族、其他少数民族和汉族构成，少数民族大学生是由独特个体汇聚在一起的复杂整体，民族、宗教及其文化等诸多方面的差异性和特殊性构成了自身的多样性，导致了西部民族聚居区高等教育人才培养的特殊本质和特殊性、复杂性。

4. 人才培养的"双重"性

人才培养的"双重"性，即西部民族聚居区高校在办学过程中，既要遵循高等教育的一般规律，又要坚持民族高等教育的特殊规律。民族高等教育的发展，由于其在教育对象、服务区域、培养目标和规格等方面存在特殊性，既要以高等教育的一般理论解释为基础，又需要从民族问题的特殊性出发，从民族学、教育人类学等视角进行研究。西北民族聚居区高校同我国的普通类院校一样，在人才培养、科学研究、服务社会和文化传承方面，发挥着重要作用。因此，作为我国高等教育重要组成部分的西部民族聚居区高校，既要遵循高等教育发展的一般规律，又要坚持民族高等教育的特殊规律。

另外，人才培养的"双重"性指既有民族高等教育的独特功能，又兼有"民族教育"和"民族工作"的"双重"属性。民族工作的长期性、复杂性、重要性和少数民族地区历史、文化、语言、宗教、居住地域的特殊性赋予民族高等教育的特殊性，使民族高等教育具有一般高等教育所无法取代的特殊意义，这也构成了民族高等教育存在和发展的基础。我国少数民族高等教育不能脱离少数民族及其地区的自然生态环境、社会发展水平、文化特征。① 因此，西部民族聚居区高校在人才培养中要把握这一特殊性，在办学定位、人才培养模式、队伍建设等方面要充分考虑少数民族高等教育的特殊性，处理好特殊性与一般性的关系，才能增强人才培养的针对性，更好地服务西部民族聚居区经济社会的发展。

（二）西部民族聚居区高校研究的意义

1. 西部民族聚居区社会经济的发展，迫切要求高等教育的支撑

经济的跨越式发展依靠高新技术，高新技术依靠人才，而人才的成长依靠教育。民族聚居区高校是培养本地区各类专业技术人才的摇篮，要发展民族地区的经济，就必须建设和发展好民族聚居区高校。因此，研究并加快民族聚居区高等院校的发展，对民族地区的经济发展至关重要。大量事实证明，教育对经济发展的推动作用是毋庸置疑的。在整个教育体系中，高等教育与经济发展的关系最为直接、最为密切。为地方经济建设发展服务，是世界范围内高等教育发展的规律使然，也是社会主义条件下高等教育的重要使命。我国民族聚居区经济欠发达的现状要求加快民族高等教育发展，必须从推动经济发展和实现人民群众的根本利益出发，努力把丰富的劳动力资源转化为人力资源优势，把科研成果转化为产业和商品，促进高等教育与经济建设的良性循环，实现高等教育和经济的一体化发展。

目前，我国民族地区正处于改革发展的攻坚阶段，迫切需要教育尤其是民族高等教育提供更有力的人才支撑、智力支持和科技贡献。近年来，特别是国家第五次西藏工作座谈会、新疆工作座谈会召开以

---

① 覃红霞：《冲突与融合：中国少数民族高等教育发展的思考》，《贵州民族研究》2004年第3期。

来，相关部门出台了一系列大力支持西藏、新疆及其周边民族地区教育发展的政策措施，对民族地区高等教育的发展提出了明确的要求：

> 为更加适应民族地区经济结构战略性调整和产业升级需要，更加适应城镇化发展和新农村建设的需要，更加适应当代科技创新交叉融合和提升自主创新能力的需要，更加适应环境保护和生态建设的需要，更加适应中国国际地位上升和拓展国际发展空间的需要，要围绕民族聚居区区域发展战略，提高教育服务当地经济社会发展的能力；要着眼文化建设需要，推动人文社会科学深入研究回答重大理论和现实问题，增强教育服务决策的能力，促进文化大发展大繁荣；要按照加强社会建设、构建和谐社会的要求，进一步提升教育公共服务水平，发挥高等教育的人才产出和人才汇聚功能，为保障和改善民生做出积极贡献。

民族聚居区经济社会发展不平衡与国家重大发展战略目标和措施的实施对民族聚居区高校发展提出新的要求，迫切要求积极发展民族高等教育，为民族聚居区的发展提供强有力的人才保证。

2. 研究民族聚居区高校是丰富高等教育理论的需要

民族高等教育既受高等教育规律的制约，又受民族教育自身发展规律的影响。民族聚居区高等教育的发展问题，不仅需要从普通高等教育理论方面加以阐释，而且需要从民族问题的特殊性出发，从民族学和人类文化学的角度进行研究。民族聚居区高等院校是高等教育的重要组成部分，因此它在适应社会发展变化的同时，一定要遵循高等教育发展的内在规律。民族聚居区院校和普通院校都面临着教育现代化的任务，都肩负着提高国民素质的重任，都是知识创新和高层次创造性人才培养的基地，都需要强调规模、结构、质量、效益的协调发展，在培养人才、科学研究、服务社会和传承文化等方面发挥着重要的作用。

由于民族聚居区院校自身具有独特功能,它兼有民族教育和民族工作的双重属性,民族工作的长期性、复杂性、重要性和少数民族地区历史、文化、语言、宗教、居住地域的特殊性赋予民族聚居区高校以独特性,使民族聚居区高等教育具有一般高等教育所无法取代的特殊意义,这也构成了民族高等教育存在和发展的基础。我国民族聚居区高等教育不能脱离少数民族及其地区的自然生态环境、社会发展水平、文化特征。当前,一个客观的事实是,除了个别民族聚居区以外,我国绝大多数少数民族聚居区的经济发展远远落后于汉族地区的平均发展水平。在面临市场竞争的情形下,民族聚居区在经济、科学技术方面陷入了被动的困境。如何从少数民族自身的特质出发,实现少数民族地区的现代化,不仅是民族高等教育亟须解决的重大的理论问题,也是重大的现实问题。少数民族大学生无疑是实现少数民族地区现代化的关键,他们不仅应该成为民族聚居区与汉族地区、少数民族与汉族之间的纽带,也应该成为少数民族文化的传播者、先进科学技术的传播者,为民族之间的团结和融合,为民族地区的现代化做出贡献。因此,我们在强调少数民族高等教育适应社会发展需求时,要把握这一特殊性,既不能套用其他领域的做法,也不能用我国普通高等教育代替少数民族高等教育。在招生、分配、投资、教学、课程设置、管理等方面都要充分考虑民族高等教育的特殊性,不仅要在普通高校处理好少数民族与汉族学生之间的关系,也要在民族院校内处理好各少数民族学生之间的关系;既要弘扬少数民族的优秀传统,继承和发展少数民族独特的知识体系,也要处理好少数民族文化与主体文化、少数民族传统与现代化、少数民族文化与先进的文化知识和科学技术之间的关系,从而适应和推动少数民族地区的全面发展和进步。

但是,目前对民族聚居区高校特殊性的研究十分匮乏,由于此类院校与普通高等院校甚至是建立在中心城市的民族院校相比,它们之间有着较大的差距和较强的特殊性。从民族教育理论角度出发,加强对民族聚居区高校的研究不仅是丰富发展民族高等教育理论的需要,还是实践检验民族教育理论的重要途径。本书将从高等教育哲学的高度探讨民族聚居区高校的相关问题，对其特殊性的研究，有助于填补高等教育理论研究的空白，对充实、完善和丰富高等教育理论具有重要意义，研究成果可为国家制定民族高等教育政策和进行相关研究提供参考依据，为国家支持民族地区高等学校的办学提供咨询。本书将丰富我国民族高等教育理论，促进民族高等教育研究向纵深发展。从院校研究角度看，对民族聚居区高校进行独立研究，将丰富院校研究的成果，为中国院校研究做出应有的贡献。因为，民族聚居区高校作为中国大学系统的一种类型，理应受到学术界的关注和重视。本书有助于人们转变观念，正确认识民族聚居区这一中国特殊的院校类型，把握这类民族院校的本质，为民族聚居区高校的办学实践提供理论上的参考借鉴，为这类院校的发展寻求合理的生存空间和广阔的发展前景。

3. 民族聚居区高校自身的建设与发展，迫切需要加强对这类院校的研究

民族聚居区高校是党和政府创办的一种比较特殊的办学类型，是我国高等教育的特殊发展模式，是在一个多民族国家里为发展各民族尤其是少数民族而采取的一种教育选择，主要服务于各少数民族社会稳定发展、人才培养、科学研究、文化传承等，具有较强的政治属性、民族属性、文化属性。从整体而言，相对于不同对象，民族聚居区高校具有不同的类型特征；相对于普通高等院校，民族聚居区高校具有共同属性；相对于民族院校，民族聚居区高校又具有自身特点。从民族聚居区高校建设与发展现状来看，民族聚居区高校的存在，充分适应了我国少数民族大杂居、小聚居的分布格局，为民族高等教育的发展和少数民族各级人才的培养，提供了有利条件。但是，由于民族聚居区高校起步晚、起点低、时间短、发展不均衡，多数高校建设与发展还处于起步、探索阶段。首先，民族聚居区高校特色办学理念不明确。办学理念是一所高校办学的指导思想，是区别于其他高校的主要标志。民族聚居区高校办学理念的基本价值取向是强调民族特

色，这是区别于其他高校的主要标志，应始终强调其地位和作用的不可替代性。但是，不同的学者对民族特色的理解却见仁见智，以致很难科学地回答真正的民族特色是指什么，因此民族院校缺乏明确的办学理念。其次，民族聚居区高校办学特色不突出，办学定位不当。由于缺乏明确的、有特色的办学理念，在办学的具体实践中，民族聚居区高校跟在普通院校后面亦步亦趋，自身又在不断淡化甚至消解所谓的"民族特色"。从现状来看，民族聚居区高校的办学特点不鲜明，特色学科的设置和发展相对比较缓慢，在追求高层次办学过程中，一些十分有专业特色或专业优势的民族院校放弃了它们的特点，在人才培养定位上出现了明显的偏差，人才培养规格与普通高校雷同率居高不下，教学模式、学生管理模式、学业评价模式和课程设置方案明显具有不切实际地模仿普通院校的痕迹，导致毕业生供需结构性矛盾突出，发展模式照搬普通高校的模式，不适合自身发展要求。另外，部分民族聚居区高校存在盲目规划、不切实际、不顾条件地确定高目标，脱离了服务民族地区这一实际，超规模发展，导致办学定位的不当，使自身的办学特色不断地淡化甚至消失。这种处境导致民族院校办学水平很难提高，发展盲目，后劲不足。最后，对民族聚居区高校的研究不足。当前的民族高等教育研究较多地关注、停留在中心城市的民族院校发展方面，尤其较多地集中在国家民委直属的6所民族院校发展上，对民族聚居区高校的研究少之又少。

因此，建设与发展这类高校缺乏必要的理论指导，学校的发展处在"摸着石头过河"或者仿照中心城市的民族院校和普通院校办学的阶段，这严重影响了民族聚居区高校健康、科学的发展。

（三）高校人才培养模式的界定及其构成

人才培养是高校的基本职能。《国家中长期教育改革和发展规划纲要（2010—2020年）》把人才培养体制改革放在体制改革的第一章。观念的更新、培养模式的创新和评价制度的改革，构成整个人才培养机制改革的完整框架，体现了人才培养在教育工作中的核心地位。在高等教育的发展史上，尽管其人才培养的规格、质量、内容、方式和方法都发生了很大的变化和改革，但人才培养作为其基本职能却始终没有改变。"高等教育理论与实践的关系更加密切。与实践结合、为实践服务，既是高等教育研究效益的体现，也是高等教育学科走向成熟的关键。"① 在很长的高等教育研究轨迹中，有一条非常明晰的线索，高等教育研究伴随着高等教育培养体系的构建而诞生发展。高等教育研究是催生和创生高等教育人才培养模式的研究。

西方人才培养模式深刻地影响了我国近代大学的人才培养模式。20世纪初，我国的人才培养模式以造就有修养、有文化、通才型的现代国民为目标，从西方大学中的博雅教育、自由教育、通才教育等模式中借鉴了很多经验；中华人民共和国成立以后，我国开始全面向苏联学习，人才培养模式以培养某一方面的科学家、专家为主；改革开放以来，我国的高等教育事业通过拨乱反正，逐步恢复正常状态，既坚持专业教育模式的合理性方面，又积极学习欧美通才教育模式的优点；在此基础上，我国开始探讨如何建立适合我国国情的人才培养模式。20世纪90年代开始，我国学术界积极探讨高等学校人才培养模式，人才培养模式的内涵、特征、存在的问题、多样化发展的必然性等诸多方面成为学者们深入研究的对象，其中，仅对"人才培养模式"的界定就多达几十种。

1. 高校人才培养模式的界定

模式的概念广泛应用于各学科中，在科学研究中有着重要的意义和作用。《汉语大词典》对模式的解释是：事物的标准样式。在英文中，模式（Model）表示模型、类型、形式、范例、榜样等。查有梁先生在引起教育界广泛关注的《教育建模》一书中认为：

---

① 李均：《中国高等教育研究史》，广东高等教育出版社2005年版，第25页。

一 绪论

　　建模是一种重要的科学操作与科学思维的方法。它是为解决特定的问题，在一定的抽象、简化、假设条件下，再现原形客体的某些本质特性；它是作为中介，从而更好地认识和改造原型客体、构建新型客体的一种科学方法。从实践出发，经概括、归纳、综合，可以提出各种模式，模式一经被证实，即有可能形成理论，也可以从理论出发，经类比、演绎、分析，提出各种模式，从而促进实践发展。模式是客观实物的相似模拟（实物模式），是真实世界的抽象描写（数学模式），是思想观念的形象显示（图像模式和语义模式）。①

　　按照查有梁先生所说，"教育模式有宏观、中观、微观三个层次之分。宏观，指教育发展战略的模式；中观，指办学模式；微观指教学课程的结构。"②

　　一般来说，模式是对现实事件的内在机制及事件之间关系的直观的和简洁的描述，是位于经验与理论之间、目标与实践之间的那种知识系统。模式具有结构性和功能性两种类型，它是理论的一种简化形式，具有构造、解释、启发、预测等多种功能，可以向人们提供某一事件的整体形象和明确信息。③ 模式这一概念被引入教育研究领域，广泛应用于各个方面，引申出了如教育模式、教学模式、培养模式、办学模式、课程模式、体制模式、地区模式等概念。

　　人才培养模式的研究是高等教育研究的一个重要领域，有许多学者给予了关注和研究。特别是1994年原国家教委全面启动和实施了《高等教育面向21世纪教学内容和课程体系改革计划》，首次明确提出了研究21世纪对人才素质的要求和改革教育思想、教育观念与人才培养模式的任务，因而带动了对人才培养模式的理论研究和改革实践的热潮。尔后，我国政府及其教育主管部门反复强调要"改革培养

---

① 查有梁：《教育建模》，广西教育出版社2000年版，第4页。
② 同上。
③ ［加］丹尼斯·麦奎尔：《大众传播模式论》，上海译文出版社1987年版。

模式""创新人才培养模式"。但是时至今日，对于人才培养模式的研究仍处于理论探讨和理论构建的初级阶段，对于人才培养模式的内涵、外延和特点，在不同社会历史条件、文化视野和时代背景下，从不同的层面和视角出发，形成了不同的认识和观点。对人才培养模式比较权威的定义是由1998年教育部召开的第一次全国普通高校教学工作会议的主文件《关于深化教学改革，培养适应21世纪需要的高质量人才的意见》予以界定的。这一文件指出：人才培养模式是学校为学生构建的知识、能力、素质结构，以及实现这种结构的方式，它从根本上规定了人才特征并集中体现了教育思想和教育观念。时任教育部副部长周远清在这次会议上的讲话中，对"人才培养模式"这一概念又做了简明扼要的阐述：所谓人才培养模式，实际上就是人才的培养目标、培养规格和基本培养方式。

对于人才培养模式内涵的研究，有以下几种观点。

(1) 狭义论

有学者认为："培养模式是教育思想、教育观念、课程体系、教学方法、教学手段、教学资源、教学管理体制、教学环境等教学管理体制、教学环境等方面按一定规律有机结合的一种整体教学方式，是根据一定的教育理论、教育思想形成的教育本质的反映。"[①] 也有学者认为："人才培养模式是在一定的办学条件下，根据既定的培养目标和培养规格，为学生构建合理科学的知识、能力和素质结构而进行的培养方案设计，通过课程体系优化、教学方法与教学手段改革、教学资源与教学组织优化来实施，以有力的教学管理体制为保障，集中体现了特定的教育思想和教育观念。"[②] 还有学者认为，人才培养模式主要指教学方式。[③] 这类研究者的共同特点是将人才培养模式界定在教学活动的范畴内对其内涵进行诠释，强调在教学方式方法上使用

[①] 刘红梅、张晓松：《21世纪初高教人才培养模式基本原则探析》，《齐齐哈尔医学院学报》2002年第5期。

[②] 孙德明等：《高等教育人才培养模式探析》，《中国成人教育》2007年第2期。

[③] 张文皎：《教育国际化与人才培养模式变革》，《教育与职业》2006年第26期。

"人才培养模式"这一概念。

（2）泛化论

研究者认为，可以在泛化的意义上使用"人才培养模式"的概念，他们将人才培养模式的内涵界定扩大至整个管理活动。他们认为："人才培养模式是在一定的教育思想指导下，人才培养目标、制度、过程的简要组合，是为了实现一定的人才培养目标的整个管理活动的组织方式。它是在一定的教育思想指导下，为完成特定的人才培养目标而构建起来的人才培养结构和策略体系，它是对人才培养的一种总体性表现。"①

（3）中介论

有研究者认为："人才培养模式的内涵，是指在一定的教育思想和教育理论指导下，为实现培养目标而采取的培养过程中的某种标准构造样式和运行方式。"② 他们将培养模式内涵的范畴划定于教学活动与整个管理活动之间。他们认为，如果将培养模式仅限定于"教学活动"的范畴内则相对过于狭窄，他们论证说："人才培养模式是贯穿于大学的整个培养过程中，它与专业结构、教学计划、课程设置等之间是包容与被包容的关系，而绝非并列关系。"③ 如果将人才培养模式的内涵泛化至整个管理活动过程中，则对人才培养模式的解释显得不够精准，"认为培养模式所涉及的只能是人才培养过程中带有方向性的管理问题"④。

（4）状态论

有研究者对于人才培养模式内涵的理解，没有明确地将其限定于某一特定的教育系统范畴内，而是从"人才培养"和"模式"这两个核心词出发，对"人才培养模式"的内涵进行审视，认为"人才培养"与"模式"两个词都有"状态"的含义。人才培养是状态的

---

① 马国军：《构建创新人才培养模式的研究》，《高等农业教育》2001 年第 4 期。
② 龚怡祖：《略论大学人才培养模式》，《高等教育研究》1998 年第 1 期。
③ 同上。
④ 同上。

变化，模式是状态中表现出来的特性。由于状态是"系统状态"，系统的结构性内含其中，因此状态也就是结构状态。由两个词组所构成的"人才培养模式"一词，其内涵是在培养人的过程中呈现出的结构状态特征。因此，他们将人才培养模式的内涵总结为："所谓的大学人才培养模式是指在现代大学培养理念和理论指导下建立起来的比较稳定的大学人才培养活动的结构框架和活动程序，其中建立'结构框架'的目的在于指导大学的管理者和教育者从宏观上把握人才培养活动整体及各要素之间内部关系的功能，而'活动程序'，意在突出人才培养模式的有序性、可控性和可行性。"① 这种看法主要是受到"模式"概念的影响，更多地强调培养模式是一种结构体系与运行机制。

从高校实践来看，1994 年，原国家教委开始制定并实施《高等教育面向 21 世纪教学内容和课程体系改革计划》，随后开始启动各种改革项目，而所设研究项目的主要内容是：未来社会的人才素质和培养模式。随着项目的实施，"培养模式""人才培养模式""人才培养模式改革"等词组，频频出现于报纸杂志上，国内很多大学较早开展了对人才培养模式的改革和尝试。

北京大学从 1997 年起开始建立通识教育和宽口径教育相结合的本科课程体系，实行教学计划和导师指导下的自由选课制。其通识课程涵盖五个领域：数学与自然科学、社会科学（包括经济学、政治学、法学、社会学、管理学）、哲学与伦理、历史与文化、语言文学与艺术，在每一个领域必须至少选修两个学分的课程，总计 16 学分，占文化素质课总学分的 29%。清华大学从 1997 年开始，连续召开了两次全校教育思想大讨论，在一系列教育思想观念上取得了共识，逐步确立了"综合性、研究型、开放式"的办学模式，其中，"综合性"是基础，"研究型"是核心，"开放式"是活力所在。在调查研

---

① 陈厚丰、谢再根：《论大学创造性人才培养模式的构建与实施》，《江苏高教》1999 年第 4 期。

究的基础上，清华大学把教育教学改革的总体目标定位为：加速建立研究型大学的人才培养体系，培养"高素质、高层次、多样化、创造性"的骨干人才，同时促进学科交叉，注重培养复合型人才。① 为实现其培养目标，清华大学实行了一系列教学改革：一是在培养模式上实行通识教育基础上的宽口径专业教育；二是课程结构力求简洁，推进个性化培养；三是在教学方式上完善六大教学要素（指课程讲授、课堂讨论、作业训练、课题型实践训练、考核及教材六大教学要素）；四是寓学于研，培育创新思维能力。清华大学的许多学生热衷于具有时代气息与前沿性的 SRT（即大学生研究训练计划），培养了创造性思维与对科学创新的激情。② 中国人民大学在培养创新型人才方面也进行了诸多探索。比如，完善学科布局结构，为培养创新型人才打好基础；促进学科的交叉和综合，是培养创新型人才的有效途径；建设具有创新思维和创新能力的师资队伍，是培养创新型人才的重要保证；倡导"大气"的学术氛围，是培养创新型人才的丰厚土壤；营造鼓励创新的校园文化，是培养创新型人才的有利条件，等等。③ 此外，许多大学进行了"本—硕—博"连读培养模式，"3+1"分段培养模式，主辅修结合自主选课模式，完全学分制模式，"产、学、研"结合等人才培养模式的改革。如哈尔滨工业大学从 1994 年起开办实验学院，试行本硕连读贯通式人才培养。

综合以上观点，人才培养模式主要指一定教育机构或教育工作者群体普遍认同和遵从的关于人才培养活动的实践规范和基本样式，它以教育目的为导向，以教育内容为依托，以教育方法为具体实现形式，是直接作用于受教育者身心的教育活动全要素的总和与全过程的总和，它反映位于教育模式之下、具体教学方法之上这样一个区间的教育现象。教育模式一般受一个国家的政治、经济、技术、文化、社

---

① 陈希：《改革创新，构建研究型大学的人才培养体系》，《中国高教研究》2003 年第 11 期。
② 丰捷：《清华大学探索创新教育》，《光明日报》2003 年 7 月 7 日。
③ 《高校：造就创新人才的摇篮》，中国高等教育信息网，2006 年 7 月 22 日。

会等因素的影响较大。中国教育受几千年儒家思想文化的影响是非常大的，如儒家文化强调的"尊师重道"，使中国学生容易盲从、不会质疑、创造性严重缺失；而西方国家强调教师与学生地位的平等，强调自由的思想会使学生个性得到充分发挥，学生有很大的创新空间，因此创新能力也强。人才培养模式一般受人才培养本身内在规律的影响较大，较少受其他因素的影响，而且一些成功的模式也容易被其他国家所学习和借鉴。不同的教育模式下也有可能实行同一种培养模式。

要正确理解人才培养模式的含义，还需区分人才培养模式与办学模式、教学模式、课程模式等概念的差别。办学模式是一个内涵十分丰富的概念，涉及教学结构、办学层次、办学体制、培养方式和途径、管理体制、招生和就业制度、学校与社会联系等许多方面。高等教育办学模式的变化和改革，必将引起人才培养模式的变化和改革。如新高职的出现、工程硕士等专业学位教育的出现，相应地出现了与之相适应的新的人才培养模式。教学模式是在一定教学思想指导下，影响特定教学目标达成的教学活动诸要素在一定时空范围内形成的以教学程序为外在表现的一种教学活动结构体系，它是围绕教学活动的某一主题而形成的相对稳定的、系统化的、理论化的教学范式[①]。教学模式由教学主体、教学环境和教学过程所构成，师生关系和地位，学校的校风和学风，教与学的关系，教学计划和组织，教学内容选择等构成了教学模式的特色。办学模式、培养模式、教学模式、课程模式同属于教育范畴，但它们的内涵和外延不同。人才培养模式主要是针对人才培养活动的整个过程而言的，课程模式、教学模式等概念只是概括人才培养活动的某一方面，而办学模式、体制模式概念主要是针对办学活动而言的。简单地说，办学模式更宏观，教学模式更微观，培养模式处于二者之间。

---

① 文汉：《人才培养模式探析》，《高等农业教育》2001年第4期。

2. 高校人才培养模式的构成

人才培养模式是由诸多元素有机组合而成的体系或系统，必须用系统的观点和方法来进行分析。在我国，对于人才培养模式的外延及其构成要素的研究和分析比对其内涵的研究要早，并且广泛和深入得多。这主要归功于广大教育工作者，他们纷纷根据自身高校的实际情况创造和总结出了一些适合于自身高校或学科专业的新的培养方式和方法，通过实践成果推导出人才培养模式的外延及其构成要素。随着讨论和研究的进一步深入，尤其是当"模式"的概念被引入高等教育学研究领域后，研究者们拓宽了视野，开始从模式的本质属性延伸至人才培养模式的本质属性，进而引证出人才培养模式所涉及的外延及其所包含的构成要素。[1]

关于人才培养模式的构成要素，主要有以下四种观点，即"两要素说"——培养目标和培养方法；"三要素说"——培养目标、培养过程、培养方法；"四要素说"——培养目标、培养过程、培养制度、培养评价；"多要素说"——培养目标、选拔制度、专业结构、课程结构与学科设置、教学制度、教学模式、校园文化、日常教学管理等。在以上四种观点中，"两要素说"和"三要素说"没能包含人才培养模式的全部要素，而"多要素说"只是对有些要素进行了进一步的细分，所以，"四要素说"的观点越来越受到广大研究者的认同。[2]

（1）培养目标

培养目标是人才培养模式的根本，是人才培养模式其余要素运行的基石和指导。教育目标是全部教育工作的核心，是一切教育活动的出发点和归宿，同时也是确定教育内容、选择教育方法、检查和评价教育结果的依据。在我国现阶段，教育目的指把受教育者培养成什么

---

[1] 李亚萍、金佩华：《我国高校本科人才培养模式理论研究综述》，《江苏高教》2003年第5期。

[2] 成中梅：《学习型高校的人才培养模式研究》，学位论文，华中科技大学，2008年。

样的社会角色或具有什么样的知识和能力结构的人，具体内容是：培养青年、少年、儿童在品德、智力、体质等方面全面发展，成为有理想、有道德、有文化、有纪律的建设人才。这是对整个教育活动的总体要求。培养目标则是教育目的的具体体现形式，是各级各类学校、各学科、各专业的具体培养要求。培养目标一般包括人才根本特征、培养方向、培养规格、业务培养要求等内容。培养目标同时是一个历史范畴，具有鲜明的时代特征，它受学校自身教育教学资源、教育规律和学生成才规律、社会对人才多样性和人才多种属性要求等多个因素的共同制约，它是培养模式中的决定性因素。它对人才培养进行质的规定，也就是培养什么类型的人的问题，体现着所要培养的人才的根本特征。一定的培养模式是服务于实现一定的培养目标这一根本任务的，因而培养目标又是专业设置、课程设置和选择教学制度的前提和依据。培养目标经过分解而转化为显性课程目标和隐性课程目标。显性课程目标按照所设定的专业设置模式体现在课程结构里，隐性课程目标则以有计划或随机的方式弥散在校园文化、社会实践等活动中。高等教育培养的人才应该具有正确的世界观、人生观、价值观，具有良好的道德品质和健全的人格特征，具有现代专业知识技能，具有善于吸纳新知识、探索新领域、解决新问题的能力，具有高度的开拓和创新精神与能力，具有良好的生活习惯、健康的体魄和坚忍的意志品质。

（2）培养过程

人才培养过程是人才培养的核心，是指为实现培养目标，根据人才培养制度的规定，运用教材、实验实践设施等中介手段，相互配合，以一定方式从事教学活动的过程，因而培养过程是人才培养模式的本质属性。培养过程主要包括专业设置、课程体系、培养途径和培养方案等。专业设置是高等教育部门根据学科分工和产业结构的需要所设置的学科门类，是人才培养模式的重要构成要素，它规定着专业的划分及名称，反映着培养人才的业务规格和就业方向。它通常包括设置口径、设置方向、设置时间和空间等内容。设置口径是指划分专业时所规定的主干学科或主要学科基础及业务范围的覆盖面；设置方向是指在专业口径之内是否分化专攻方向以及分化多少，大专业、多方向是专业设置的改革趋势；设置时间和空间是指专业设置的早晚、松紧和弹性与灵活性。课程体系"就是教学内容按一定的程序组织起来的系统"和"教学内容及其进程的总和"，是人才培养过程得以实现的载体。衡量课程体系构造形态的指标主要有课程体系的总量与课程类型、课程体系的综合化程度、结构的平衡性、设置机动性和发展的灵活性五个方面。培养途径是指人才培养活动所借助的一定的载体，通常包括基本途径和综合途径、教学途径和非教学途径等。基本途径就是普遍认同和采纳的课程教学、科学研究和社会实践；综合途径就是"产学研结合"的一体化培养途径；非教学途径是相对于正常教学活动而言的，主要包括一切被称为"隐性课程"的教育环境及教育活动，比如校园文化、社会实践、课余活动等。培养方案是指人才培养模式的实践化形式，主要包括培养目标的定位、教学计划和非教学途径的安排等。其中，培养目标的定位主要是明确人才的根本特征、培养方向、规格及业务培养要求；教学计划具体地规定着一定学校的学科设置、各门学科教学顺序、教学时数和各种活动，它是培养方案的实体内容，一般由课程的设置、学时学分结构和教学过程的组织这样三部分组成。

（3）培养制度

人才培养制度是人才培养模式的关键，是指有关人才培养的重要规定、程序及其实施体系，是人才培养得以按规定实施的重要保障与基本前提。培养制度包括基本制度、组合制度和日常教学管理制度三大类。基本制度有学年制和学分制两种模式。学年制高度结构化，课程有严密的层次划分及先后顺序，课程修习以学时、学年为计算单位；学分制相对弹性化，以选修制为前提，以学习量为计算单位，其变化样式有学年学分制、计划学分制、全面加权学分制等。组合制度原先只是一种权宜性的计划外安排，意在为学有余力的学生提供额外的学习课程。久而久之，随着人才培养目标的多样化，组合制度逐渐成为一种人才培养制度,如双学位制度、主辅修制度等。日常教学管理制度是为维护正常教学秩序,使教学过程正常运转而制定的各种规章、规则等制度体系,如教考分离制度、补考制度及各种奖惩制度。

(4) 培养评价

培养评价是指依据一定的标准对培养过程及所培养人才的质量与效益做出客观衡量和科学判断的一种方式。它是培养模式的调控性因素,是人才培养过程中的重要环节,对培养目标、制度和过程进行监控,并及时对前几种因素进行反馈、调节与优化。有了这种反馈与调节,就可根据实际需要,定位学校办学思想与人才培养目标,提升办学条件,修订专业方向及其教学计划,组合新的课程体系,选择更优的教学方法方式,探索更适合教学要求的组织形式,使之朝着既定的目标前进,最终实现培养目标,并可使培养模式日臻完善。考试考查制度和淘汰制度是两种常见的评价方式,如高校通过设定一定的标准,以能否获得毕业证书和学位证书的方式作为人才培养是否完成的标志。

(5) 四要素之间的关系

在四要素的相互关系中,毫无疑问,培养目标是处于中心地位的,它是培养模式中的决定性因素。一定的培养目标决定了与之相适应的培养过程、培养制度和培养评价,培养目标发生变化,其余三个要素也会发生相应的变化,从而形成不同的培养模式。而培养过程、培养制度和培养评价直接作用于培养目标,是为实现培养目标服务的。培养制度通过一系列的规章制度,对培养过程和培养评价进行严格的规定和限制,由培养过程和培养评价实践予以保证执行,并根据实践和执行反馈情况做出调整或修改。培养评价一方面是对培养目标、培养制度和培养过程的监控,并通过反馈信息对它们产生影响;另一方面也要接受培养目标、制度和过程的影响,为特定的目标、制度和过程服务。培养过程是培养模式中最活跃的要素,要接受培养目标和培养制度的规定,接受培养评价的监控;反过来培养过程会影响培养目标的实现,并通过反馈信息对培养制度和培养评价进行不断的调节和优化。所以，四要素之间是一种相互联系、相互影响的关系，四个要素的相互作用和影响就构成了培养模式的运作过程。在人才培养模式的改革和实践中，可以调整一个要素，也可以同时调整几个要素或全部要素，使培养模式发生变革。

（四）研究思路与方法

1. 研究思路与框架

（1）初步调研，形成研究问题框架

笔者在初步调研的基础上，通过对西部民族聚居区高校与中心城市民族院校、西部民族聚居区高校与中心城市普通院校、西部民族聚居区高校与非中心城市普通院校在区位特点、外部自然人文条件、学校设立背景和服务对象、人才培养要求等方面的比较，对这些院校的办学现状、成功经验和存在的问题进行描述、分析，并在此基础上对此类学校的办学规律、特点及形成发展的内在机制进行概括，发现西部民族聚居区高校不同于中心城市民族院校、普通院校和非中心城市民族院校、普通院校的一些现象和存在的问题，初步形成本书的问题框架。

（2）认真梳理，形成重点研究领域

笔者在认真梳理西部民族聚居区高校特点的基础上，形成重点研究领域。本书将民族聚居区高校特殊的办学功能、人才培养目标、教学模式的多样性、民汉双语教学、师资队伍建设、文化传承创新等问题作为重点研究领域，从理论上概括西部民族聚居区高校在学校办学过程中的一些成功经验。

（3）边实践，边研究，边推广

笔者采用理论与实践紧密结合、相互依存、相互构成的研究方式，主要以甘肃民族师范学院这所极具典型代表性的民族聚居区高校的改革、建设、发展为个案，以"个案"为切入点，逐步推广。在推广探索性研究成果的过程中，笔者不断进行理论与实践两方面的研究，在研究过程中使二者交织在一起、同生共长，实现相互滋养和双重更新，将高深理论转化为指导这类高校办学的实践措施，使这类高校将其在办学功能、人才培养目标、教学多样性、民汉双语教学、师资队伍建设、文化传承等实践方面的成功经验提升到理论层面。在推广探索性研究成果的过程中，促进对已有研究成果和问题的进一步反思，并在推广过程中经受检验，不断生成新的问题和深化已有的认识，生成新的经验和新的理论。此外，从推广性研究切入，本书课题组在原有研究基础的支持下，不断吸收新的研究成员、组成队伍和进入实践状态，使研究范围和规模不断扩大，从而也使得课题组成员能投入更大的精力去研究调研过程中所出现的新问题，克服研究中的障碍和困难，使研究不断深入和拓展。

2. 研究方法

（1）宏观层面

本研究以马克思主义的民族教育理论为指导。在教育的地位和作用上，坚持马克思主义关于科技和教育在社会发展中具有重要作用的思想，强调把教育作为一个民族发展和振兴最根本的事业，作为现代化建设的基础工程，作为实现现代化的根本大计，摆在优先发展的战略地位。在教育的性质和方向上，坚持马克思主义关于教育为无产阶级政治服务、为社会主义服务的思想，鲜明地提出学校要把德育放在首位，坚持社会主义的办学方向，把思想政治教育摆在重要地位上，任何时候都不能放松和削弱。在教育方针和培养目标上，坚持马克思主义关于教育与生产劳动相结合，促进人的全面发展的思想，强调必须全面贯彻党的教育方针，坚持教育为社会主义现代化服务、为人民服务，与生产劳动和社会实践相结合，培养德、智、体、美、劳全面发展的社会主义建设者和接班人。

本研究以中国特色民族教育政策为指导。中华人民共和国成立后特别是党的十一届三中全会后，党中央、国务院高度重视少数民族教育，并根据实际情况制定了许多重要政策，重视培养少数民族干部，加强少数民族教师队伍建设；建立健全各级少数民族教育管理机构；发展少数民族文字，推行双语教学；不断增加对少数民族教育的财政投入；实施有关少数民族教育的特殊措施和倾斜政策等，采取了许多重大措施，从人力、物力、财力等方面给予特殊扶持。除1995年9月颁布的《中华人民共和国教育法》，2004年3月的《中华人民共和国宪法》等外，粗略梳理在民族教育方面的政策主要有：1980年10月《关于加强民族教育工作若干问题的意见》；1984年3月，教育部、国家民委《关于加强领导和办好高等院校少数民族预科班的意见》；1992年10月21日《全国民族教育发展与改革指导纲要（试行）》；2001年2月《中华人民共和国民族区域自治法》；2002年12月《国务院关于深化改革加快发展民族教育的决定》；2004年教育部、国家民委等五部委《关于大力培养少数民族高层次骨干人才的意见》；2005年5月《中共中央国务院关于进一步加强民族工作加快少数民族和民族地区经济社会发展的决定》；2005年5月《国务院实施〈中华人民共和国民族区域自治法〉若干规定》；2007年国家民委、教育部下发《关于大力发展少数民族和民族地区职业教育的意见》；2010年6月《国家中长期教育改革和发展规划纲要（2010—2020年）》。2010年7月13—14日，中共中央、国务院召开的全国教育工作会议也有相关的教育发展要求。

（2）中观层面

①民族理论

本研究以党的民族理论作为根本的理论支撑。党的民族理论强调坚持民族平等和民族团结，认为社会主义时期是各民族共同繁荣发展的时期，各民族之间的共同因素不断增多，但民族特点、民族差异和各民族在经济文化发展上的差距将长期存在。文化是民族的重要特征，少数民族文化是中华文化的重要组成部分。国家尊重和保护少数民族文化，支持少数民族优秀文化的传承、发展、创新，鼓励各民族加强文化交流。大力发展教育、科技、文化、卫生、体育事业，不断提高各民族群众的思想道德素质、科学文化素质和健康素质。

②教育理论

本研究采用相关教育理论阐释作为提出问题、分析问题和解决问题的理论指导。

一是少数民族教育双重性理论。该理论认为，在统一的多民族国家中，少数民族教育既要考虑和适应本民族的文化环境、本民族的发展和需要，又要兼顾以主体民族为主的统一的多民族的发展和需要，这即为少数民族教育的双重性。第一重性是由少数民族自身的文化背景和少数民族教育自身的内部关系决定的，具体表现出少数民族自身的历史、文学、艺术、体育、哲学、宗教、科学技术、政治等有关要素；第二重性是由以主体民族为主的各民族共同的大文化背景的外部影响所引起的，具体表现为在传播本民族文化的基础上，讲授以主体民族为主的民族共同的文化要素。少数民族教育的性质主要取决于第一重性，它体现了少数民族教育对本民族文化的依赖、传承和发展。

二是多元文化整合教育理论。[①] 该理论认为，一个多民族国家的教育在担负着人类共同文化成果传递功能的同时，不仅要担负传递本国主流民族优秀传统文化的功能，而且要担负传递本国各少数民族优秀传统文化的功能。"多元文化整合教育"的对象不仅包括少数民族成员，而且包括主流民族成员。"多元文化整合教育"的内容，除了包括主流民族文化外，还含有少数民族文化的内容。少数民族不但要学习本民族传统优秀文化，而且要学习主流民族文化，以提高少数民族年轻一代适应主体文化社会的能力，求得个人最大限度的发展。主流民族成员除了学习本民族文化外，还应学习少数民族文化。"多元文化整合教育"的目的是，继承各民族优秀文化遗产，加强各民族间的文化交流，促进多民族大家庭在经济上共同发展、在文化上共同繁荣，在政治上各民族相互尊重、平等、友好与和睦相处，最终实现各民族大团结。

---

① 滕星、王铁志：《民族理论与民族政策研究》，民族出版社2008年版，第67—68页。

三是多样性教育理论。随着高等教育进入大众化阶段,"社会发展对人才需求的多样化,人的发展对教育需求的多样化",以及民族高等教育自身办学的特殊性,必须用尽可能多的形式和手段来满足人们对接受高等教育的不同需求,满足社会对人才多层次、多类型、多规格的需求。民族聚居区的经济及人才需求差异、不同专业内涵及学习规律差异、生源差异及个体需求以及民族聚居区高校自身的发展和完善要求人才培养的多样性选择。

四是双语教学理论。该理论把民族教育理解为民族传统教育与现代教育交融进行的大教学观,教学上沿着"双轨"进行,即双语文与双用语并行,既保持民族教育的独立性,又兼顾中国教育的一体化。引导民族教育从传统教育走向现代教育,由单一教育走向复合教育。把学生的学习重点放在以传统的形式承载传统与现代双重内容上,从语文上达到民汉兼通,在一定程度上达到民族人才与现代人才的统一结合。

③组织理论

组织理论认为,社会组织功能源自于内外因素的交互作用,同样的组织因外部条件的不同,其功能呈现会各有差异。设立在民族聚居区的高校,虽然与内地高校同属一类组织,但由于其所处地区在政治、经济、文化以及社会构成上与内地有着较大的差异,办学功能呈现出自身的特殊性。我国是一个多民族国家,民族区域建设与发展在全国发展战略中始终占有重要地位。设立在民族聚居区的高校是民族地区经济社会发展可依赖的重要资源。

(3) 具体方法

①行动研究

行动研究是指由社会情境(教育情境)的参与者为提高对所从事的社会的或教育实践的理性认识,为加深对实践活动及其依赖的背景的理解所进行的反思研究。在行动研究中,被研究者不再是研究的客体或对象,他们成了研究的主体。通过"研究"和"行动"这一双边活动,参与者将研究的发现直接作用于社会实践,进而提高他们改变社会现实的能力。研究强调将研究结果直接用于对待和处理社会问题，而不是对社会现实进行表述和论证。本研究主要选取在民族聚居区高校中具有改革、发展典型性的甘肃民族师范学院为例，运用行动研究法，以改进民族聚居区高校在办学模式上所面临的各种问题，特别是民族教育中亟待解决的问题为指向，把研究与行动结合起来，边研究边行动，把学校正在进行的各项改革既作为一个研究对象，又作为对研究结果的实验，在行动中达到解决问题、改变行为的目的。

②实地调查

实地调查是民族学研究最主要、最基本的方法，也是民族高等教育学常用和最重要的研究方法之一。所谓实地调查，是指深入调查现场，利用观察、访问、座谈等方法收集少数单位的各方面的信息，以便对调查对象做深入的解剖分析。为了深入了解西部民族聚居区高校人才培养模式的实际情况，本书课题组科学确定实地调研区域，认真选择具有区域代表性的西北民族聚居区高校，分组深入部分民族聚居区高校，了解民族地区的社会发展状况和民族院校的办学实际，通过观察、访问、座谈、问卷调查等形式对此类院校的教育教学、人才培养、文化传承和维护社会稳定等方面需要解决的问题和共性问题进行深入调查了解，并把问题当作课题，尽可能多地掌握研究的第一手资料。

③文献法

文献法主要指搜集、鉴别、整理文献，并通过对文献的分析、归纳来获取研究信息的方法。通过 CNKI、万方、维普、数字图书馆等中文学术文献数据库及 Baidu 和 Google 等搜索引擎，搜集和参阅专著近 30 部，论文 300 余篇，内容涉及高等教育学、民族教育学、民族学、人才培养等理论，还查阅了党和国家的有关文件、规定、方案、法律条款以及有关党的民族教育政策、战略规划、措施，包括部分领导人的有关重要讲话精神、重要会议精神，在此基础上对文献进行综合性分析，提出和阐述笔者的观点。

二

四位一体：西部民族聚居区高校的功能模式

大学是承担一定功能的社会机构。大学功能既是大学的基本理论问题，也是大学实践的出发点。随着我国高等教育事业的迅速发展，大学功能不再局限于传播知识、培养人才，而是从服务区域社会经济发展的需要出发，结合不同区域大学的使命以及产、学、研有机结合，呈现出多样化的特点。

（一）高校功能概论

1. 高校功能

"功能"一词在《现代汉语词典》中的解释为："事物或方法所发挥的有利的作用，效能。"①《辞海》的解释为："事功和能力、功效、作用，多指器官和机件而言。"②"功能"一词最初是物理学的概念，指某种物体所做的"功"或产生的某种"能量"。后来人们将其引入社会科学的研究之中。20世纪初，人类学家A. R. 拉德克里夫—布朗（A. R. Radcliffe-Brown）等人最先把功能以及结构功能主义引进人类学研究。此后，一些著名社会学家如帕森斯（Talcott Parsons）、

---

① 《现代汉语词典》，商务印书馆2001年版，第438页。
② 《辞海》，上海辞书出版社1980年版，第508页。

默顿（Robert King Merton）等人进一步拓展了功能概念的内涵，使之成为社会科学中的一个重要范畴。鲁洁在《教育社会学》中，把功能视为"一种社会现象对于一个它所属的更为广大的体系来说具有的被断定的客观结果"①。功能的概念与结构的概念是相对应的。所谓社会结构，是指"社会系统的构成要素间相对稳定的关系"②。系统内部要素与结构间的相互作用及系统本身与外部系统的相互作用所表现出来的能量、意义或作用就是功能，所以，功能是系统或事物本身所固有的，是客观的，是按事物本身的逻辑来发生发展的。

　　高校是承担一定功能的社会机构。高校功能既是高校的基本理论问题，也是高校实践的出发点。③ 高校功能是由高校的本质所决定的。高校功能所体现的是"高校能做什么"的问题，"高校能做什么"必然依赖于"高校是什么"即高校的本质，对高校本质的不同认识必然导致对高校功能的不同理解。探讨高校功能，也就是对高校的特定能力及其界限形成一个比较客观、准确的认识，在此基础上才能使高校的特定能力发挥最大化，从而使高校的效益和贡献最大化。

　　高校作为一种古老的组织机构，由最初游离于社会边缘的行会组织逐渐演变为现今关乎国家和公民前途及命运的社会的中心，高校的理念、精神、使命、责任、功能等也随之发生着改变和转换。关于高校功能的研究和争论也在不断延伸，时至今日，关于大学功能的论辩仍不绝于耳、莫衷一是。薛天祥提出："高等教育的功能是高等级话语所具有的功效以及能够发挥这种功效所具有的能力的总和。"④ 董泽芳等人认为："高等教育的功能是指高等教育系统经过自身运作而产生的促进社会、个人及教育系统自身发展的功用和效能。"⑤ 王亚

---

　　① 鲁洁：《教育社会学》，人民教育出版社1990年版，第611页。
　　② ［日］富永健一：《社会学原理》，严立贤等译，社会科学文献出版社1992年版，第155页。
　　③ 任燕红：《大学功能的整体性及其重建》，学位论文，西南大学，2012年。
　　④ 薛天祥：《高等教育学》，广西师范大学出版社2001年版，第69页。
　　⑤ 董泽芳、张国强：《科学发展观与高等教育和谐发展》，《高等教育研究》2006年第1期。

二 四位一体：西部民族聚居区高校的功能模式

朴指出："高等教育功能是指高等教育系统为达到服务于社会的目的所具备的能力和作用。"① 徐小洲等人认为："高等教育功能是指高等教育系统为达到自身的目的而具有的客观作用、能力和功效。"②

根据高校发展的历史沿革我们知道，人才培养、科学研究与社会服务是关于高校功能的一种比较流行的说法。当前，在高校的发展中，一所高校是否具有先进的、富有创造力的文化，是中国的大学，尤其是高水平的中国大学进一步发展、核心竞争力提升的非常突出的一个问题。2011年4月24日，胡锦涛总书记在清华大学百年校庆演讲中，明确提出文化传承创新是高等教育的第四大职能。这是对高等教育思想的丰富，同时也是我国大学发展的一大核心问题。大学既是文化的有机组成部分，同时还是文化发展的成果。大学自然地肩负着保存、传承和创新高深文化与专门知识的使命。把文化传承创新作为大学的一个新功能，强调大学对文化传承创新的重要作用，既符合大学的本质属性，也与大学的发展规律相吻合。在经济全球化、文明多元化之时代背景下，大学履行文化传承创新的功能，对大学已有的人才培养、科学研究和社会服务功能的实现具有非常重要的促进与提升作用。它将有助于大学在更高层次上为增强我国文化软实力的发展和提升中华文化的国际影响力，为人类文明的进步做出积极的贡献。因此，文化传承创新被认为是继大学传统的三大功能基础上的又一重要功能。

也有学者通过对大学的文化性格、民族性格和社会性格的分析来解释大学的内部结构特征和外部表现特征，提出了大学的第四功能：民族责任功能。这一功能指民族发展作为大学应尽的职责、理念、行动和效果所产生的有利作用。它融入大学的理想之中，表现出了强烈的民族精神和民族气节；它掌握和理解国家的长期发展目标（长短期目标）和对大学的期盼，并在大学的工作目标和计划中自觉地做出力

---

① 王亚朴：《高等教育十论》，华东师范大学出版社1992年版，第80页。
② 徐小洲等：《高等教育论——跨学科的观点》，人民教育出版社2003年版，第1页。

所能及的安排和措施，以落实国家的目标和国家对大学的要求；它以人才培养、科学研究为行动载体，以这些行动产生的效果及其结构体现民族责任功能所达到的程度。①

2. 西部民族聚居区高校的功能

结合前面对西部民族聚居区高校特征的论述来看，西部民族聚居区高校发展既要遵循普通高等教育发展的规律，也要遵循民族高等教育发展的规律。民族高等教育是"以少数民族为主要对象，以少数民族文化为主要内容特色，以促进少数民族及其地区的经济、文化和社会发展为主要目的的跨文化教育"②。国家民委和教育部联合召开的第五次全国民族教育工作会议的主题报告从办学宗旨、教育对象、招生录取、办学层次、学科建设、教学方法、思想政治七个方面全面概括了民族院校的办学特色。一是在办学宗旨上，坚持为少数民族和民族地区服务；二是在教育对象上，主要招收少数民族和民族地区的学生；三是在招生录取上，对少数民族考生适当降分或在同等条件下优先录取；四是在办学层次上，既有本科和研究生教育，又有干部培训和民族预科教育；五是在学科建设上，既有一般大学拥有的学科，又有民族类学科以及与之相适应的专业与课程；六是在教学方法上，针对少数民族学生的文化水平和心理特点，针对民族地区的实际情况，坚持因地制宜、因材施教；七是在思想政治工作上，重视进行四项基本教育，即进行党和国家的民族理论、民族政策、民族法律法规和民族基本知识的教育。③

王军在《文化传承与教育选择——中国少数民族高等教育的人类学透视》中指出，长期以来，对我国少数民族高等教育的本质特征和

---

① 谭志松：《多民族国家大学的使命——中国大学的功能及其实现研究》，民族出版社2008年版，第158—189页。

② 王军：《文化传承与教育选择——中国少数民族高等教育的人类学透视》，民族出版社2002年版，第10页。

③ 国家民委教育科技司、教育部民族教育司：《蓬勃发展的中国民族院校——全国民族院校工作会议材料汇编》，中央民族大学出版社2006年版，第38页。

二 四位一体：西部民族聚居区高校的功能模式

功能研究较少，少数民族高等教育的一些特殊功能，未能得到应有的重视和开发。他提出从教育、民族和文化相互依存的观点出发，扩展民族高等教育的功能，包括少数民族高等教育的经济功能、政治功能、科学技术创造功能、文化艺术促进功能、移风易俗功能、民族素质提高功能、民族关系调整功能、文化继承功能、文化传播功能、文化借鉴功能、文化创造功能等。还有研究者分五项论述了新形势下民族聚居区高校的特殊功能，即政治功能，大力培养造就一支高素质的少数民族干部队伍；先导功能，研究民族问题的新情况，提出新对策，解决新问题；传承功能，注重各民族文化和谐发展；展示功能，进一步巩固和发展平等、团结、互助、和谐的社会主义民族关系；服务功能，千方百计地加快少数民族和民族地区的发展。①

西部民族聚居区高校要发挥好它们的功能，一是要成为培养少数民族高素质人才的重要基地，使少数民族学生成为维护国家统一和民族团结的骨干，推动民族地区改革和发展的骨干，传承和弘扬各民族优秀文化的骨干；二是要成为研究民族理论和民族政策的重要基地，使得民族聚居区高校成为国内民族问题和民族理论的思想库，国外民族问题发展和对我国影响的智囊团；三是要成为弘扬和传承各民族优秀文化的重要基地，作为各民族优秀文化传承的重要载体，传承和弘扬各民族优秀文化。② 同时，《国家民委、教育部关于进一步办好民族院校的意见》明确指出，民族院校是党和国家为解决国内民族问题而建立的综合型普通高等学校，是培养少数民族高素质人才的重要基地，是研究我国民族理论和民族政策的重要基地，是展示我国民族政策和对外交往的重要窗口。

综上所述，民族聚居区高校的功能受到社会文化变迁的影响，与国家教育政策密不可分；与普通高等学校相比在教育方针、制度、管

---

① 薛丽娥：《论新形势下民族大学（学院）的特殊功能》，《贵州民族学院学报》（哲学社会科学版）2009年第4期。
② 国家民委教育科技司、教育部民族教育司：《蓬勃发展的中国民族院校——全国民族院校工作会议材料汇编》，中央民族大学出版社2006年版，第39—40页。

理等方面有许多共同之处,主要功能仍在于人才培养、科学研究、社会服务和文化传承等。但是,西部民族聚居区高校在教育对象、教育宗旨、教育目标和培养规格等方面也有其特殊性,决定其自身有着独特的发展规律,也就是不同于普通高等学校的特有功能。正如时任教育部部长周济所说,根据民族地区经济发展状况和社会需求以及当今世界的发展潮流,确定它们的学科重点、办学特色,将民族的特色、优势和文化结合起来,办出有民族特色的教育。①

(二)四位一体:西部民族聚居区高校的功能模式及其实现途径

组织理论认为,社会组织功能源自于内外因素的交互作用,同样的组织因外部条件的不同,其功能呈现会各有差异。设立在民族聚居区的高校,虽然与内地高校同属一类组织,但由于其所处地区在政治、经济、文化以及社会构成上与内地有着较大的差异,办学功能呈现出自身的特殊性。我国是一个多民族国家,民族区域的建设与发展在全国发展战略中始终占有重要地位。设立在西部民族聚居区的高校是民族地区经济社会发展可依赖的重要资源。如何全面、有效地发挥这些学校的办学功能,对于促进民族地区发展,实现国家发展战略有着重大意义。

综上所述,根据民族聚居区高校的办学实践和功能界定,民族聚居区高校形成了"四位一体"功能模式:一是少数民族人才培养的基地;二是支持地方科技创新的中介和平台;三是传承优秀文化的有生力量;四是维护社会稳定的阵地。"四位一体"功能模式是指西部民族聚居区高校在实现办学功能上,要根据各教育主体的优势和特点,以培养少数民族人才为主线,构建以维护学校、社会稳定为前

---

① 付娜:《民族大学(学院)的特有功能研究》,学位论文,中央民族大学,2010年。

提，以支持地方科技创新的中介和平台为促进，以传承优秀文化为责任的立体办学功能实现模式。

1. 人才培养：少数民族人才培养的基地

西部民族聚居区高校承担着与其他高校一样的人才培养功能。但是，当我们把这类学校放入国家高等教育的宏观布局和整个高等学校的大系统中考察时，其教育功能则有了与其他高校不同的方面，它发挥了平衡民族地区高等教育的作用。

（1）平衡各民族接受高等教育的机会

教育公平不仅是社会公平的体现，也是民族平等的重要体现。实现民族地区教育公平的关键是保证各民族人口受教育机会均等，民族地区受高等教育的学生占所在区域人口比例与内地应大致相等。在推进这一事业的过程中，民族聚居区高校发挥着重要作用。一方面，这类学校给予所在区域一半以上的适龄青年接受高等教育的机会，在数量上保证了各民族接受高等教育机会的均等；另一方面，这类学校是民族语言教育的主要阵地，使用民族语言的学生绝大部分在这类学校接受高等教育，从而在类别上保证了使用民族语言的学生与使用汉语的学生具有同等的交往机会。

（2）平衡民族地区对高等教育人才的需求

在现代化建设的初中期，由于高等教育人才的稀缺，内地大学生很难流向民族地区，而正是民族聚居区高校的存在，填补了人才流向不平衡所造成的民族地区的人才空白，夯实了民族地区进一步发展的基础。统计表明，80%毕业于这类院校的学生留在了民族地区。①

（3）平衡人口流动过程中的层次差别

社会发展的过程必然伴随着人口的流动，由于民族地区经济文化上的相对落后，人口的自然流动通常是以从事简单手工业的低知识层

---

① 张桂珍：《民族高等教育在和谐社会构建中的地位和作用》，《大连民族学院学报》2008年第4期。

人员流入为主。而民族聚居区高校面向全国招生，以本区域为学生的主要就业市场，使得高层次人才得以向民族地区流入，从而有效地平衡了人口流动过程中的层次差别。

2. 科学研究：支撑地方科技创新的中介平台

由于历史的原因，我国民族地区，特别是西北少数民族地区大多是资源生态型地区，在推进国家生态文明建设和经济建设中具有极其重要的战略意义。在民族地区的开发建设中，国家一直强调科学技术的引领作用，以科技进步为支撑，推进民族地区的发展是这一地区开发建设的基本特点。但是，由于民族地区文化科学的相对落后，在较短的时间内，不可能依靠自身力量形成足以支撑民族地区开发建设的科学技术体系，科学技术的应用与发展在很大程度上需要发达地区及其科技部门的帮助，属于典型的引入型发展模式。发达国家在推进科技转移过程中的大量经验表明，科学技术由一地转入另一地，需要有良好的介入平台，它"以专业知识、专门技能为基础，与各类创新主体建立紧密联系，为科技创新活动提供重要的支撑性服务"，"在加速科技成果转移过程中发挥着不可替代的关键作用"[①]。我国民族地区近年来在经济发展过程中所出现的问题也反映出这方面的要求，"长期以来，由于科技与经济在体制和功能上的分离，缺乏中介性组织的服务，使得科技成果的转移成为一个难题"[②]。因此，加快民族地区经济发展，迫切需要建立起一批有效的技术型中介组织，以发挥技术引入的平台作用。而民族聚居区高校无论从主观愿望还是客观条件上都最有可能承担这一工作。

（1）西部民族聚居区高校成为民族地区科技引入中介平台的可能性

民族地区由于其特殊的区位构成，使得该地区经济发展以生态保

[①] 张国安：《西方发达国家科技中介服务模式对我国的启示》，《科技进步与对策》2006年第12期。

[②] 宫敏丽：《青海发展社会组织的必要性》，《攀登》2005年第4期。

二　四位一体：西部民族聚居区高校的功能模式

护为主，科技引入的领域主要集中在与生态保护相关的方面。这一领域的技术开发有三个特点：一是实地观测性实验多，无论动物类还是植物类的研究，都需要实地进行较长时间的相关数据收集，需要一支数量相当，并能够稳定地在当地工作的科技队伍；二是综合性强，它们涉及生物、化学、地理、畜牧、林业、草业等多个学科；三是较大规模的实验场地和相应的设施，需要长期的管理和不间断的投入与更新。这些特点决定了民族地区的科技引入工作不可能单靠引进科技人员来完成，还需要得到当地相关机构的支持，才能搭建平台，构建中介。而这些工作条件只有在民族地区的高校里才具备。

（2）构建科技引入中介平台的主要途径

借鉴国内外高校在服务社会经济发展中的经验和近年来民族聚居区高校的一些成功做法，民族聚居区高校构建科技中介平台的途径主要有以下几个方面：一是依托高校建设实验园区。近年来，国家在加大生态保护投入的过程中，在民族地区实施了许多重大的科技项目，建设了一些实验园区。但由于项目间缺乏统筹，一方面每个实验园区重复性设施较多，另一方面又因资金不足而无法形成完整的、高水平的实验系统。特别是由于应用与管理工作无法协调，造成了很大的浪费。有效的途径应当是将这类园区统一建设在高校里，依托高校管理，既可以解决低层次重复购置硬件设施的问题，也可以将管理、教学、研究统一起来，达到效益的最大化。二是项目联动。在重大项目的队伍构成上，应充分考虑民族聚居区高校教师队伍的优势，他们可以承担引进的科研人员不易开展的工作，这既可带动民族聚居区高校教师的科学研究，又能完成项目。三是促进自身研究工作的开展。通过项目联动、共建实验园区等工作，使民族聚居区高校教师的科研工作逐步围绕地方经济社会发展的要求来开展，这既能为科技引入奠定良好的研究基础，又可促进高校自身的科学研究工作。四是合作培养。民族聚居区高校大多建校时间短，办学层次以本科、专科为主，短时间内难以完成培养本地区急需的高、精、尖人才的任务。而内地科研院所和高校又因多方面的原因，所培养的应用性高层次人才与实际需求之间存在一定的差距。依托民族聚居区高校处在技术应用地的特点,把双方的优势结合起来,将培养工作的重点环节放在这些高校里,可有效解决上述问题。

从系统论的观点来讲,发挥民族聚居区高校在科技引入中的中介平台作用,实际上就是将这些高校纳入全国科研院所和高校的大系统中考虑问题,这样的结合才能有效地发挥出系统的功能扩大效应。①

3. 文化功能:传承优秀文化的窗口

从本质上讲,高等教育是一种文化传承活动。从功能上讲,它"作为社会文化的主体成分,以其强大的反弹,促进着文化的社会功能,变革改造着文化发展的历史轨道,丰富完善着文化的多重内容"。当前,在推进社会主义现代化进程中,民族地区文化建设具有多重任务。一是弘扬主体民族文化,以增强汉族为主体的中华民族文化的认同感和归属感;二是随着改革开放的不断深入,现代强势文化必然对少数民族文化形成极大的冲击,迫切需要挖掘和维护不同区域内少数民族的优秀传统文化,以传承人类文明,丰富中华民族文化;三是沟通多民族文化,使区域内杂居的各民族和谐相处;四是传播现代文明,奠定民族区域走向社会现代化的文化基础。以上任务的达成,对于民族地区的繁荣进步具有十分重要的意义。在推进民族地区文化建设的过程中,民族聚居区高校具有自身的优势和能力。民族地区在文化建设中的多重任务,概括起来,实际上是两个方面,即自身文化的保存、整理和外部文化的传播、吸收。这两个方面涵括在民族高等教育的活动规律之中。有学者总结的"一体双向发展规律"正是这一活动范式的表达,"在多民族国家中,少数民族教育的发展呈现出两种不同的趋势和方向,其一是少数民族教育不断借鉴、吸收主体民族文化教育的积极因素,与主体民族文化教育的共同性或一致性呈现逐步扩大或增加的趋势;其二是虽然在主体民族文化教育的广泛影响

---

① 张俊宗:《试论非中心城市高校的中介功能》,《高等教育研究》2002年第6期。

下，少数民族文化教育的民族性和民族特色，仍然得到坚持、维护、发扬并呈现强化的趋势"①。显然，传承优秀文化是民族聚居区高校不可缺少、不可忽略的功能，"作为民族传统文化的博物馆和现代文明摇篮的民族地区高等院校，在实现民族文化的传承、发展并与现代文明的融合中起着非常关键的作用"②。

西部民族聚居区高校传承优秀文化有以下主要途径。

(1) 研究、整理、保存民族优秀文化

目前，少数民族文化，特别是一些地域性少数民族文化尚处于初步开发阶段，这一阶段的挖掘和保护工作具有三个方面的特点。一是以整理为中心，研究、整理和保存一体化展开；二是多学科性，各民族都经历了一个相当长的历史发展过程，形成了相对完整的民族文化，因此，开发这些民族的优秀文化成果涉及历史民俗学、文学、艺术、哲学、宗教、天文、地理、数学、医学等多方面的内容；三是研究整理与开发同步进行，特别是一些非物质文化遗产在现代文化的冲击下，后继无人，濒临消亡，急需在整理过程中培养后继者。这些特点决定了民族聚居区高校在这一领域具有客观上的优势和主观上的需求。一方面，设立在这一区域的高校大多以师范教育为主，兼有与本地区经济社会发展紧密相关的一些特殊专业，学科门类相对齐全，且师生长期生活工作在这里，有较为充足的田野工作条件，这些优势也是当地有关部门和内地高校所不具备的。另一方面，这一工作的开展对于促进此类高校凝聚学术方向、拓展专业门类、形成办学特色具有十分重要的作用，是高校自身发展的需要。民族聚居区高校在开展此类工作中主要应通过三个方式进行：一是以研究带动整理，即通过确立系统的研究课题，在研究过程中收集和整理文化资料；二是以保存带动整理，建立地方文化文献系统，收集、整理和编译相关材料；三是以教学带动整理，将有关内容纳入课程教学体系，通过教学活动不

---

① 王锡宏：《论少数民族教育特有规律》，《民族教育研究》1996年第1期。
② 唐新平：《民族地区和谐社会建设与高等教育发展研究》，《湖南社会科学》2008年第6期。

断深化提炼。

（2）发挥自身优势，传播民族优秀文化

人们基于对高校学术研究活动的认识，认为高校在传播民族文化方面具有科学、严谨的特点，这些特点对于民族文化的传播具有不可替代的作用。任何传播活动都需要借助一定的载体，高校主要以育人活动、网络和人际交流活动为载体来实现文化传播的功能。首先，教育活动本身就是一种文化传播，而且是一种再创造的文化传播。"学校教育，作为一种有目的的文化价值的引导工作，它需要撷取义化的精华编成教材，提供给受教育者适应社会生活发展变化需要的观念、态度、价值、行为方式以及知识与技能。"[①] 再创造的教育活动可以有效地把民族文化中最有价值的内容传递给学生，并且通过制度化的活动及倡导，强化学生的意识，养成学生的行为。其次，与教学传播一样，交流传播也是一种人际传播活动，所不同的是后者面向学校以外的区域，它通过学校开展的各种交流活动来实现传播民族文化的目的。特别是近年来一些民族聚居区高校建立的面向全国高校的各类人文教学实践基地，通过有计划、有组织的方式，结合实践教学要求，对典型民族文化进行考察，从而进一步拓宽了民族聚居区高校传播民族文化的渠道。最后，网络以其迅速、双向、直观的特点，为高校传播民族文化提供了有效的平台，民族聚居区高校可以通过建立网站，集成各类文化资源，科学、严谨地传播民族文化。

（3）发挥基地作用，传播现代文化

民族聚居区高校往往是所在区域文化资源最为丰富的场所。与广播、电视等媒体传播不同，这类高校的传播活动主要是人际和实物传播，其直观性更强，影响力更大。它通过师生所代表和反映的现代文化行为，在与区域人员进行广泛交流的过程中实现文化传播；以学校资源的公益化理念为基础，通过面向社会开放有关资源的使用方式，

---

① 代树兴：《论教育对文化的选择》，《华北水利水电学院学报》（社会科学版）2000年第2期。

促进区域成员在使用承载现代文化的各类设施的过程中，了解和融入现代文化；通过开展以民族聚居区高校专家为骨干的各类社会化活动，有组织地传播现代文化。

4. 政治功能：促进民族地区政治、社会稳定的阵地

人们的政治行为与建立在一定经济基础上的政治文化密切相关，并受到政治文化的直接影响。民族地区政治文化构成复杂，区域内多民族杂居，民族间产生矛盾、冲突的可能性大；宗教对社会活动的影响巨大，宗教规制与现实制度间存在着一定的冲突；本土民族与国外同一民族间存在着较强的族缘联系，加之宗教的跨国性，易受国外势力的影响；较多地保留着传统文化的社会组织化规制与现实制度间也存在着冲突。这种特殊的政治文化背景，使得民族地区政治与社会变动因素较强。由于历史的原因，我国民族地区主要集中在边疆，即使非边疆地区的民族区域，也因族缘和宗教等原因，与边疆地区的居民联为一体。因此，民族地区的不稳定往往与政治不稳定联系在一起，极大地影响着国家安全，确保民族地区的政治与社会稳定是国家的战略性任务。民族地区高校作为重要的社会组织，是高级知识分子和青年学生的聚集地，它的安全、稳定和民族团结不仅对学校自身发展有重大意义，也对当地社会稳定和边疆安全具有很强的示范和辐射作用，可以在维护本地区政治与社会稳定中发挥自身的作用。

基于大学潜在的功能机理，民族聚居区高校可以在三个方面发挥自身的政治功能。

第一，促进学生的政治社会化。所谓政治社会化，就是社会成员通过学习、接受主导政治文化并形成其政治个性和政治人格的过程，它是政治秩序得以形成和维持，政治系统获得稳定的重要机制。在社会成员接受主导政治文化的过程中，学校教育，特别是以具有政治行为能力的青年为教育对象的高等教育所发挥的作用十分突出。"教育是一种培养人才的社会活动，人才的规格是由统治阶级明确地、毫不含糊地做出规定，以主导政治文化影响大学生的政治社会化，并协调

与统整其他成分的政治文化,目的明确,方式明显。"① 基于这一认识,民族聚居区高校可以在明确民族学生政治社会化目标的基础上,通过建构有效的政治教育体系,培植统一的政治文化,养成政治情感和价值取向,培养政治角色,提高政治能力,使学生在校期间成为本区域政治和社会稳定的可靠力量。

第二,增强校园文化的扩散效应。文化具有扩散效应,这种效应与文化行为者的声誉度相关,声誉度越高,对其他群体的影响力就越大。民族聚居区高校大多是该区域最有影响的文化教育单位,享有较高的声誉。作为社会主义高级人才的培养场所,其校园文化因师生具备了良好的政治素养而形成了一种文化扩散效应,这种效应对当地的政治与社会活动产生着强烈的影响。正如梅贻琦先生所讲:

> 大学之新民之效,初不待大学生成与参加事业而始见也。学府之机构,自身亦正复有其新民之功用,就其所在地言之,大学俨然为一方教化之重镇,而就其声教所暨者言之,则充其极可以为国家文化之中心,可以为国际思潮交流与朝宗之汇点……教化云者,教在学校环境以内,而化则达于学校环境以外,然则学校新民之效,固不待学生出校而始见也明矣。②

在受文化扩散效应影响的群体中,尤其以中小学群体和学生家庭最为直接。民族聚居区高校大都是该区域唯一的高校,在群体行为中,区域内学校系统往往存在着"中小学看大学、学大学"的行为倾向。从这个意义上讲,大学的稳定在很大程度上意味着中小学的稳定。另外,对民族农、牧区的家庭来说,升入大学的子女往往是家庭中最受关注的成员,他们的行为与态度直接影响着家庭成员,学生的稳定往往会促进家庭成员社会行为的稳定。总之,高校可以通过主

---

① 孙爱军:《政治社会化:大学教育的一个基本点》,《中国青年政治学院学报》2000年第6期。
② 梅贻琦:《大学一解》,杨东平:《大学精神》,文汇出版社2003年版,第86页。

动、有效的传播手段,扩大影响力,使校园中的良好政治文化成为维护本地区政治与社会稳定的直接力量和示范力量。

第三,直接参与政治活动。大学作为社会组织"在引导群众有序参与、增强社会自治、协调利益矛盾、维护社会稳定等方面发挥着积极作用"[①]。由于民族聚居区高校通常是本地区高层次人才最为密集的地方,在本地区享有较高的社会声望,并有相当数量的专家、学者在本地区政治团体和社会团体中担任重要职务。这种优势有利于高校通过直接参与政治活动,协助政府与社会成员进行沟通,从而形成政府与社会成员之间的隔离带,扩大社会成员对政治的有序参与,减少和化解社会矛盾,实现社会稳定。

当然,民族聚居区高校在实现上述特殊教育功能的同时,也大大增加了自身办学的复杂性,进一步发挥这些功能,还需要解决好以下问题。

第一,生源结构与教育公平问题。对高等学校而言,教育公平最集中地体现在招生政策上。民族聚居区高校的招生政策面临着两个价值取向:一是以成绩为标准;二是以生源比例为标准,即以招收学生中民族学生所占比例为标准。以前者为标准,生源质量可以得到保证,但由于民族地区基础教育相对薄弱,学生整体水平较低,这一标准取向会大大降低民族学生的入学比例,从而导致民族地区人群受教育机会的不均等。以后者为标准,民族学生的入学机会能够得到保证,但学生的入学成绩会大大降低。这两种价值取向如何选择,需要民族聚居区高校达成共识。

第二,多样化教学与人才培养标准问题。与前述问题相联系,以生源比例为标准的招生政策,必然拉大学生的知识水平差距,一些学校新招学生的高考成绩差距甚至达到 200 分左右,加之民族地区基础教育中文科强、理科弱的情况,理科科目的成绩差距就更大。面对学生知识水平差异巨大的实际情况,民族聚居区高校应更加重视个性化

---

① 李卫华:《社会组织的发展及其作用》,《宿州学院学报》2008年第6期。

教学。由此，学生的培养规格也自然会呈现出多样化形态。民族高校不同的培养规格与国家统一设定的人才培养标准之间如何协调，是民族聚居区高校在人才培养上必须予以重视的问题。

第三，人才流向的变化与就业竞争问题。随着高等教育的大众化，人才资源的稀缺问题在我国正在逐步改变，内地高校学生向民族地区流动的数量不断提高。过去，几乎由民族聚居区高校独占所在地区就业市场的局面发生了变化。究竟采取保护性政策，还是开放性政策是一个关系到民族地区发展战略的问题。从长远发展来看，民族聚居区高校应当以更加开放的态度对待这一现实，将人才就业的着力点放在基层农牧区上，积极调整专业结构，大力设置适应基层农牧区建设的专业，从而使自身与整个高等教育系统形成良性互动。

三

三个要求：西部民族聚居区高校人才培养目标模式

人才培养是西部民族聚居区高校一切工作的核心。这是因为教育的本质就是促进人的发展，高校的所有工作都围绕着人才培养工作而展开，高校的人才培养目标体现着高等教育对培养人才的具体要求。合理定位人才培养目标，不仅有助于高校人才培养工作的顺利展开，而且有助于高校明确办学指导思想，提升核心竞争优势。

（一）人才培养目标的含义

人才培养是高等教育的基本职能，也是高等教育最初的职能。那么，何谓"人才"？关于"人才"一词的定义有很多："人才是指具有较多知识（文化、业务知识）、较高素质（思想品德、身体和心理素质）和技能（技术能力、创新能力和组织管理才能等）并为国家和社会做出较大贡献的人或人群。"[①]"人才是指具有一定专业知识或业务技能、为人类社会进步做出贡献的人……包括名家学者，也包括那些默默无闻、兢兢业业在自己岗位上取得优异成绩的实干家。"[②] 如此等等。笔者认为，这里的"人才"必须首先是一个有

[①] 胡世明、周启元：《论经济全球化条件下人才资源的开发管理》，《青海师范大学学报》（哲学社会科学版）2004年第3期。
[②] 王信国：《人才六要素刍议》，《人才开发》1994年第3期。

较高的思想道德素质、身体素质和心理素质的人，其次是具备一定的专业知识和能力，这样的"人才"才是高等教育培养人才时应该把握的大方向。

"目标"一词在《现代汉语词典》中的解释是："①射击、攻击或寻求的对象。②想要达到的境界或目的。"笔者认为，该词很容易与"目的"一词相等同，但事实上"目的"和"目标"是不同的，潘懋元在其《新编高等教育学》中认为，目的是"抽象的""终极的"和"理想的"，目标则相对具体的、发展的和现实的；A. 比安切里认为："目的与目标根本不同，你能测量目标，但不能测量目的。一个最后的目的是一种哲学力量，它是我们行动的先验的本质。培养自由的人和创造思维，最大限度地挖掘每一个人大的潜力，这就是最后的目的。一个目标是独立于个人而存在的。"① 一个目的可以分解为很多个目标，这很多个目标结合在一起最终实现目的。目标的相对具体、发展、现实和能测量的特性可以被理解为物理学中的"矢量"概念，既要有数值大小，又要有方向才能完全确定。方向就好比指路明灯，而有"数值大小"就好比行进的路程。

由人才和目标的概念进一步探讨人才培养目标的概念，袁振国在《当代教育学》中对"人才培养目标"的解释是："人才培养目标就是各级各类学校或各专业学生的具体培养要求。它由特定的社会领域（如教育工作领域、化学工业生产领域、医疗卫生工作领域等）和特定的社会层次（如普通劳动、熟练技术工作、管理人员、高级行政人员、专家等）的需要所决定，针对各级各类学校的特定的受教育对象而提出，因各行各业、各个社会层次人才需求不同和各年龄层次受教育者的学习需求变化而建立。"② 这个定义用一个"各"字，包罗了各种层次、各种类型的学校和各个不同的专业；用"特定的社会领域"和"特定的社会层次"表明是由外界需求和内在需求两个因素

---

① 转引自联合国教科文组织国际教育发展委员会《学会生存——教育世界的今天和明天》，教育科学出版社1996年版，第183页。
② 袁振国：《当代教育学》，教育科学出版社1999年版，第70页。

共同建立的。

培养目标是众多教育活动的指南针,是人才培养的先决条件。它解决培养什么样的人的问题,涉及人才培养的基本规格,只有在明确基本规格之后,才涉及通过什么方式和途径去实现目标。因此,没有明确的培养目标,教育活动很有可能会迷失方向。

(二) 西部民族聚居区高校人才培养目标研究的意义

在我国,民族高等教育的性质因其在民族意识、民族语言、少数民族居住区特殊的区位和自然条件方面的特殊性,而被作为一种特殊的教育来理解。我国民族聚居区高校的任务在于结合各民族的文化背景,培养大批合格的各类人才,振兴民族地区的经济,使各少数民族与汉民族共同繁荣发展。民族高等教育是我国整个教育事业的重要组成部分,也是我国民族工作的重要内容;既是提高少数民族整体素质,培养各类少数民族人才的重要途径,也是促进民族地区政治经济文化社会和谐发展的基础性工程。民族聚居区高校深深扎根于民族地区,不仅是民族高等教育的重要组成部分,而且对民族地区的政治稳定、经济发展和文化传承起到了不可估量的作用。

对西部民族聚居区高校人才培养目标的研究,从理论层面上看,人才培养目标问题属于大学人才培养理念的问题,对民族聚居区高校人才培养目标的研究,会给高校的人才培养理念增添一些新的内容;从实践层面上看,高校人才培养目标研究是高校进行各种教学和管理活动的现实依据,不同类型和不同层次的高校需要不同的人才培养目标,只有适合某种类型的高校的人才培养目标才能促进该类高校的发展,才能保证它在这个充满竞争的高等教育界,保全自身的优势和特色,得到可持续的发展。

（三）人才培养目标的基本要素

事物是由要素构成的，在了解人才培养目标的概念以后，不禁会产生这样的疑问：各级或者各类学校以及各专业怎样表述培养目标，才能衡量出各自要求的不同？就是说，培养目标肯定有一些基本要素，通过对这些基本要素要求程度的限制，来判断培养目标要求的高低。

《中华人民共和国高等教育法》（1998）第十六条对于高等学历教育应当符合的学业标准有如下规定：

> （一）专科教育应当使学生掌握本专业必备的基础理论、专门知识，具有从事本专业实际工作的基本技能和初步能力；（二）本科教育应当使学生比较系统地掌握本学科、专业必需的基础理论、基本知识，掌握本专业必要的基本技能、方法和相关知识，具有从事本专业实际工作和研究工作的初步能力；（三）硕士研究生教育应当使学生掌握本学科坚实的基础理论、系统的专业知识，掌握相应的技能、方法和相关知识，具有从事本专业实际工作和科学研究工作的能力。博士研究生教育应当使学生掌握本学科坚实宽广的基础理论、系统深入的专业知识、相应的技能和方法，具有独立从事本学科创造性科学研究工作和实际工作的能力。

由这三条规定可以看出，这三个层次的教育对知识和能力这两点的要求程度不同。高等教育法作为我国高等教育领域最重要最核心的法规，它对各个层次的高等教育人才培养目标起到纲领性的作用，在一定程度上指明了各个层次高等教育人才培养的大方向。为此，笔者认为，知识和能力这两点可以作为人才培养目标的基本要素。此外，在众多的教育改革中，素质教育的呼声最高。素质是一个比较综合的

三 三个要求：西部民族聚居区高校人才培养目标模式

概念，既包括身体素质、思想道德素质，也包括文化素质、专业素质和心理素质。1998年教育部公布的《关于深化教学改革培养适应二十一世纪需要的高质量人才的意见》要求，"在知识传授与能力和素质培养的关系上，树立注重素质教育，融传授知识、培养能力与提高素质为一体，相互协调发展、综合提高的思想"①，并且把"加强素质教育"纳入"今后一个时期高等学校教学改革的基本思路"中。因此笔者认为，素质应该和知识、能力一起，作为构成人才培养目标框架的基本要素。

在确定了人才培养目标框架的基本要素后，笔者从基本要素出发，研究人才培养目标，即从人才的知识、能力和素质这三个基本要素出发分析培养目标。"知识"是我们日常生活和学习中使用频率很高的一个词语，但是人们对它的理解却有很大的分歧，从不同的角度可以得出不同的概念。我国和西方对于"知识"的理解存在一定的差异。从不同的学科和角度出发对知识的定义也不同，《中国大百科全书·哲学》关于知识的定义是："人类认识的结果。它是在实践的基础上产生又经过实践检验的对客观实际的反映。人们在日常生活、社会生活和科学研究中所获得的对事物的了解，其中可靠的成分就是知识。"②《中国大百科全书·教育》关于知识的定义是："所谓知识，就它反映的内容而言，是客观事物的属性与联系的反映，是客观事物在人脑中的主观映象。就它的反映活动形式而言，有时表现为主体对事物的感性知觉或表象，属于感性知识；有时表现为关于事物的概念或规律，属于理性知识。"③顾明远主编的《教育大辞典》对知识的定义是："对事物属性与联系的认识。表现为对事物的知觉、表象、概念、法则等心理形式。"④总体而言，我国对于"知识"的理解是

---

① 《关于深化教学改革培养适应二十一世纪需要的高质量人才的意见》，中华人民共和国教育部网站（http://www.moe.edu.cn）。
② 《中国大百科全书·哲学》，中国大百科全书出版社1987年版，第1169页。
③ 《中国大百科全书·教育》，中国大百科全书出版社1985年版，第525页。
④ 顾明远：《教育大词典》第1卷，上海教育出版社1990年版，第144页。

一种可以用语言来表达和传递的事实。而西方的"知识"概念不仅包括事实，还包括用言语往往不能很好表达的技能。通常，前者被称为陈述性知识，后者被称为程序性知识。

此外，"知识"的不同定义角度也带来了不同的分类方式。专家学者对于知识的分类有很多，当代认知心理学家安德森（J. R. Anderson）在前人研究的基础上将知识分为陈述性知识和程序性知识。认知心理学家将知识分为陈述性知识、程序性知识和策略性知识三大类。有的学者从学科领域划分，把知识分为哲学、人文社会科学、自然科学和数学四个类型；有的学者从技术的纵向体系上把知识分为哲学、基础理论、应用理论和专业技术四个层次；有的学者从知识的作用上把知识分为实用知识、学术知识、闲谈与消遣知识、精神知识；有的学者从知识的性质方面把知识分为可以规范化、系统化、易于准确表述的显性知识和个性化、无序化、难以表述的隐性知识，等等。从大学教育内容的角度来看，笔者认为，知识可以有两种分类方法：一种是从所学知识的作用角度把知识分为理论知识与实践知识；另一种是从大学所教授课程的类型角度考虑，把知识分为通识基础性知识、学科基础性知识、专业性知识、素质性知识和实践知识。

什么是"能力"？同"知识"的定义一样，也存在着不同的观点。有的观点把能力看成一种心理特征，一种不包括知识在内，而是仅仅把它看成掌握知识和运用知识来解决问题的一个条件。该观点以《中国大百科全书·心理学》为代表，它把能力定义为"作为掌握和运用知识技能的条件并决定活动效率的一种个性心理特征"[1]，并对它做"认识能力与操作能力、一般能力与特殊能力的划分。认识能力包括学习、研究、理解、概括、分析的能力；操作能力包括了操纵、制作、运动的能力。一般能力如观察力、记忆力、思维力、想象力、注意力等；特殊能力如绘画能力、写作能力等"[2]。也有将能力视为

---

[1] 《中国大百科全书·心理学》，中国大百科全书出版社1991年版，第225—226页。
[2] 同上书，第22页。

完成一定活动所需的整个本领和才能，还有的从广义上把知识与技能的结合称为能力。

总体来说，能力是体现在具体活动中的，能力的强弱是针对不同领域而言的，比如，记忆力强的人，想象力不一定强。同时，能力是一个发展的过程，并不是稳定不变的，丰富的知识可以促进能力的增强，强的能力可以促进知识的获取。同时，智力水平影响个体掌握知识及运用已有知识解决问题的能力，因此，智力和知识是构成能力的有机成分。

为此，培养能力要从两个方面入手：一是传授知识，并把所学知识融入自身认知结构中；二是发展智力，增加认知能力。此外，能力也同样有多种划分方式，笔者认为，可以从接受高等教育的人在接受高等教育的过程中以及此后的需求角度，把能力分为学习能力、研究能力、创新能力、实践能力和适应能力几个方面。

"素质"一词一般从生理学和教育学两个方面加以理解。生理学上的"素质"是生理素质，通常是个体先天所具备的身体方面的特点。"教育学意义上的'素质'，是人在先天生理素质的基础上，通过环境影响和教育训练所获得的内在的、相对稳定的、长期发挥作用的身心特性及其基本的品质结构，教育学上研究的素质属于后者。这种素质并非天生而是派生的，是人在其发展过程中逐步形成的。与生理素质相比，这种素质更具有差异性及可塑性，通过良好的环境与教育，往往能使个体获得更好的素质。"[①]

知识、能力和素质三者之间的关系不是单向的，而是交互的。知识是能力和素质的载体。占有大量的知识是能力形成的基础。一方面，知识为能力的发展提供基础；另一方面，掌握知识的速度与质量依赖于能力的高低。知识与素质又是紧密相连的，知识的积累是素质形成和提高的基础，尤其是在形成人的整体素质方面，知识有着无可

---

① 管平、胡家秀、胡幸鸣：《知识、能力、素质与高技能人才成长模式研究》，《黑龙江高教研究》2005年第10期。

替代的基础性地位。能力是知识的外显形式，素质则是知识的内化表现，这两者的发展有助于促进知识的发展。能力作为外显的东西，比素质更容易操作和评价。素质部分得由能力体现出来，比如，专业素质好，在能力方面可以体现为解决专业问题的实践能力强。①

（四）三个要求：西部民族聚居区高校人才培养目标模式构建

高校人才培养目标是人才培养的规格和标准，是高校培养什么样人的一种价值主张和具体要求，也是高校人才培养工作的出发点和归宿以及人才观的集中反映，还是大学理想和使命的具体体现。从组织管理的角度看，高校人才培养目标定位关系到学校的方向选择、角色定位和办学特色，在教育系统中的地位与作用，以及关系到高校各项功能的发挥，是高校制定发展规划、拟定各项制度的依据，也是高校沿着正确方向健康、稳定、持续发展的保证。不同类型的高校应具有不同的人才培养特点和任务。

根据人的全面发展要求，从高等教育目标体系的构成要素看，人才培养目标一般由品德、知识和能力等基本要素构成。知识是品德和能力的基础，能力是品德和知识的外在表现，三者互为条件，互相促进，自成一体。西部民族聚居区高校在办学实践中，在人才培养目标方面围绕品德、知识和能力要求，形成了这类院校人才培养目标模式，在人才培养目标上突出三个"要求"，即政治可靠、业务适切和扎根基层。

1. 政治可靠——品德要求

品德即道德品质，是指个体在依据一定的社会道德准则和规范行

---

① 余慧颖：《紫金学院人才培养目标定位与课程研究》，学位论文，南京理工大学，2008年。

三 三个要求：西部民族聚居区高校人才培养目标模式

动时，对社会、对他人、对周围事物所表现出来的稳定的心理特征或倾向，主要包括政治、思想和身心等方面的要求。从教育的政治功能来看，教育是上层建筑的一个领域，有其鲜明的阶级性、时代性，不同的时代、不同的社会，对学生的素质要求不尽相同。我国有独特的历史、独特的文化、独特的国情，决定了我国必须走自己的高等教育发展道路，扎实办好中国特色社会主义高校。我国高等教育发展方向要同我国发展的现实目标和未来方向紧密联系在一起，为人民服务，为中国共产党治国理政服务，为巩固和发展中国特色社会主义制度服务，为改革开放和社会主义现代化建设服务。

（1）培养政治可靠的人才是民族聚居区院校人才培养的前提

在民族教育领域要培养现代化建设的合格人才，尤其要把政治素质放在首位。早在中国革命战争年代，毛泽东就强调青年应该把坚定正确的政治方向放在第一位。在中国进入改革开放的新时期后，邓小平根据新形势和新情况又强调："学校应该永远把坚定正确的政治方向放在第一位。"此后江泽民又进一步指出："我们愈是改革开放，愈要加强思想政治工作。""思想政治教育在各级各类学校都要摆在重要地位，任何时候都不能放松和削弱。要说素质，思想政治素质是最重要的素质。"党的十八大以来，习近平总书记多次强调指出，高校要坚持把立德树人作为根本任务，把思想政治工作贯穿教育教学全过程，实现全程育人、全方位育人，努力开创我国高等教育事业发展新局面。这些重要思想既为全国大学生进行思想政治教育指明了方向，也为少数民族大学生进行思想政治教育提供了根本遵循。

民族聚居区高校主要是为民族地区培养和输送学生，这些学生的素质特别是思想政治素质如何，直接关系到民族地区社会主义现代化建设事业后继有人和民族地区的长治久安，关系到民族地区的民族团结和稳定。21世纪以来，西方敌对势力加紧对我国实施"分化"和"西化"，他们与一些民族分裂分子相勾结，打着民族、宗教等幌子大搞分裂破坏活动，并加紧与我争夺青少年，民族高校反分裂斗争面临着严峻的形势。为此，加强大学生民族团结教育，使其正确认识民族认同与国家认同的关系，自觉维护国家统一与民族团结，具有高度政治敏锐性和政治鉴别力，培养政治素质过硬的人才是这类高校必须重点解决的一个问题，也是检验这类高校人才培养质量的根本标尺。

(2) 培养政治可靠的人才是民族聚居区稳定发展的战略需要

众所周知，一方面，我国民族聚居区地处祖国的边疆，经济欠发达，文化教育相对滞后，但战略地位十分重要。当前我国改革开放和现代化建设正处在攻坚阶段，缩小地区间经济发展差距，振兴民族聚居区经济，在民族地区构建和谐发展的社会环境，是实现我国现代化建设目标和创建和谐社会目标的重要举措。可以说，没有民族聚居区的经济发展、政治稳定和社会的和谐发展，就不可能有全国的经济发展、政治稳定和社会的和谐发展。随着改革开放的深入和市场经济的发展，我国经济结构发生了深刻变化，由此引起各种利益关系的变化，随之各种政治思想文化也互相激荡。在民族聚居区，还存在着民族分裂势力、宗教极端势力等思想的影响和活动，严重威胁着社会的稳定和各民族的团结。少数民族大学生历来是分裂势力争夺的对象。另一方面，民族聚居区多层次、多元化的民族社会文化环境，客观上决定了少数民族地区内部不同民族、不同地域的各种民族价值取向存在着较大差异。同时，随着经济全球化趋势的加强，少数民族地区必将进一步与外界进行社会交往、文化交流，也必将与西方文化和意识形态发生碰撞。所以，我们必须培养大批有较高政治素质、立场坚定的少数民族人才，这对于维护祖国统一、边疆稳定，建设强大的经济国防和文化国防，增强少数民族地区的向心力和抵御外部势力的渗透能力，具有极为重要的经济、政治、军事以及长远的国家战略意义。

(3) 培养政治可靠的人才是少数民族地区经济社会发展繁荣的基础条件

近年来，随着我国高等教育的发展，民族高等教育也出现了蓬勃发展的态势，少数民族大学生数量与日俱增。要造就少数民族地区需要的优秀人才，使其肩负起振兴民族地区经济、文化的艰巨使命，他们必须具备健康的思想、高尚的道德情操，正确的世界观、人生观和价值观，切实增强为祖国富强和民族复兴建功立业的历史责任感和使命感。少数民族大学生是民族聚居区经济建设未来的生力军，也是维护民族团结与民族地区稳定的中坚力量，是促进本民族进步与发展的先锋。他们的思想政治素质如何，特别是政治观正确与否，直接关系到民族地区的稳定和发展，最终关系到民族地区和全国的经济社会发展繁荣这个重大问题。"打铁先得自身硬"，只有加强与改进少数民族大学生的思想政治教育，全面提高他们的思想政治素质，才能使他们将来承担起振兴民族地区经济社会发展繁荣的历史重任。

2. 业务适切——知识要求

"适切性"一词是在1998年召开的世界高等教育大会上提出的，主要指高等教育发展是否针对、适应、切合社会发展的需要，是否与高等教育使命相一致，是否与教师的要求和利益相矛盾，是否适应、切合学生的身心发展和就业就职需要。简言之，适切性即适应性和切合性，它包括高等教育发展的个人适切性和社会适切性。高等教育发展的个人适切性，是指高等教育对学生个人的高等教育需要的关注，更多地集中于高校的教育教学活动是否有利于学生的学习，所学的知识和技能是否适合于社会需要，是否有利于学生今后在日益激烈的社会竞争中顺利就业，以及是否能为继续教育奠定知识和能力基础。高等教育发展的社会适切性是指社会对高等教育需求的满足，表现为高等教育供给的有效性。高等教育内部注重的往往是高深学问，高等学校的系科专业，一般是根据知识的完整性、知识的来源以及学科专业的内在逻辑，强调课程教材的科学性。这在历史上有其发展的合理性，也为维护高等教育的学术权力地位起到了不可替代的作用。而社会，特别是对高级专门人才求之若渴的少数民族聚居区所关注的高等教育的适切性，往往是高等教育培养的人才能否"下得来，留得住，用得上"，高校毕业生能否在农村地区扎根，带动农村经济、文化和社会的发展。在历史的长河中，人类积累了丰富的知识。怎样才能在有限的教学时间里向学生传授有用的知识并能适应社会的需要，即什么知识才是有用的，业务知识和能力如何达到适切性，对这些问题的探究，有益于民族聚居区高校人才培养目标的实现和教学效率的提高。

（1）学习内容与人才培养目标一致

在谈到高等教育人才培养目标时，至少应考虑课程目标和专业培养目标两个方面。首先，课程是实现课程目标的具体手段，而课程的本质就在于它是人在形成的实践过程中进行内化的手段，是将目标转化为手段的转化力。因此，如果课程内容与课程目标不一致，就永远也不可能达到课程目标。其次，专业培养目标是专业的灵魂，是高等学校培养目标在不同的专门化领域的具体化。它规定了各专业所要培养的人才应达到的基本素质和业务规格。专业培养目标是设计课程内容的直接依据和参照，反过来说，课程内容必须与培养目标一致，只有这样，课程内容才能为专业培养目标服务，它自身也才具有存在的合理性。

（2）学习内容适应社会的需要

首先，高等学校课程与社会经济、政治、文化发展之间具有直接的关联性。这不仅体现在向工、农、林、医、师范、政法、财经、管理和军事这样一些直接面向社会生产、生活且应用性极强的科类上，同样也体现在文、理、艺术、体育等科类中。因为社会生活的发展和协调离不开自然科学和社会科学中的基础学科，社会生活同样离不开文学艺术和体育。任何一个国家的高等教育作为一个系统来说，与社会经济、政治、文化发展的直接关联性永远不会消失，没有这种直接关联性，也就不能称其为高等教育。高等学校的主要职能之一是为社会培养人才，大学的合理性之一也是解决社会问题。因此，未来人才所学的课程内容或知识必须与社会需要相一致，否则，这些未来的人才就不可能为社会提供服务。

（3）学习内容与个人学习需要相适应

高等学校是培养高级专门人才的专门场所，它通过传递人类所积累的最高成就来武装学生的头脑，并促进其在基本的智力发展和素质养成上，达到某种程度的完善。高等学校课程如果不能在个人的发展完善上起到直接的、有效的作用，就不能体现与普通教育的区别。个人需要与社会需要相比，尽管在重要性上被排在第二位，但在当代各国高等学校课程中，却受到越来越多的关注。19世纪以来，学生选择课程的自由度不断增加，选课制和学分制的创立和广泛采纳是这种关注的最直接反映。如在不损害国家需要的同时能更好地满足个人需要，当然是最理想的状态。另外，个体需要比社会需要更富有积极性、能动性和创造性。由学习者个人的需要所形成的动机是促进学习成功的一个十分重要的因素，故高等学校课程内容的选择应充分考虑学习者个人的志趣、爱好和职业志向。在我国，随着市场经济体制的逐步确立和由此产生的高等教育体制上的变革，学生自主择业和收费上学体制的逐步完善，也都在相当程度上要求高等学校课程必须考虑学生的各种需要。应当注意的是，个人需要在相当程度上与国家需要并非对立的，而是互相吻合的，因此一定要协调好这两者的关系。

3. 扎根基层——能力和态度要求

能力是个体独立完成活动任务的本领，没有独立性就无所谓能力，能力分为一般能力、特殊能力和创造能力。民族聚居区高校主要为本区域培养各类人才，由于所处地域文化多样，生活、工作条件艰苦，除具有同类高校学生的能力外，还必须具备跨文化适应能力、本土化的情结等特殊能力，使其培养的学生能"扎根民族地区"的最"基层"，成为"留得住"的"永久牌"人才。

2003年，国家人事部印发了《国家公务员通用能力标准框架（试行）》，要求公务员应当具备政治鉴别能力、依法行政能力、公共服务能力、调查研究能力、学习能力、沟通协调能力和创新能力等九种能力。这是我国首次出台公务员通用能力标准，参考此能力标准，在培养服务于民族聚居区的各类人才方面，除了以上几种能力的培养外，以下几种能力也是必须具备的。

（1）跨文化适应能力

民族聚居区由于工作和生活环境的特殊性，经常处于多样性的文化氛围中。无论是哪一个民族，只要在民族聚居区工作，就应该成为跨文化的多元文化人。1992年，联合国教科文组织在《教育对文化发展的贡献》中指出，跨文化是"关于不同文化的知识和理解，以及在一国内部各种文化成分之间和世界各国不同文化之间建立积极的交流与相互充实的关系"。据此，跨文化适应能力可以理解为具有不同民族文化间的知识和理解，并拥有能在不同文化间进行积极的交流与开展工作的能力。要基本了解民族文化，熟悉民族习俗，具有正确的民族观和宗教观；具有跨文化知识理念与多元文化实践能力；能在多民族地区工作，容纳与尊重多种民族文化的差异；能欣赏各民族文化教育，自觉抵制文化教育中的偏见和歧视；具有多元文化社会所具备的价值观和态度；能熟练运用多民族语言，有效地进行文化教育沟通，具备在不同文化间进行交流与充实关系的能力，成为跨文化的多元文化人。唯有如此，我们才能拥有一支适应和有效促进少数民族地区发展的人才队伍，从而确实推进少数民族地区教育事业的发展、文化的繁荣、社会的进步与和谐。反之，如果缺乏应有的跨文化适应能力，则"文化震惊"很可能会导致人们的思维混乱和行为上的无所适从，在新的文化环境中实现自我价值也将无从谈起。

（2）本土情结的缔结

在世界高等教育国际化、一体化思潮的影响下，在重视国际意识或全球意识的同时，这类高校不应忘记对本土意识的强化。要对学生展开人文教育，使学生多一份人文素质，多一份人文关怀，多一份民族精神，多一份社会责任感；使学生更多地关注民族的兴衰、国家前途和人类命运，使其成长为社会的精英和国家的栋梁。尤其应把培养热爱祖国、热爱本土社会、理解本土社会，并愿意为本土社会的发展贡献自己的才智和力量的合格公民放在首位。作为肩负着为本土社会培养本土人才的责任，扎根于民族地区的这类高校，要教育学生尽管他们没能走出故土，但决不能因生活在本土而自卑、自弃。相反，他们愿意凭借其根深蒂固的本土意识和本土情结而不断寻找本土归属感和本土认同感，用他们的所学参与本土重建，以其行动和感召力催生

三　三个要求：西部民族聚居区高校人才培养目标模式

故乡人民的本土促进意识和本土发展意识，倾全力为本土社会培养信得过、留得住、用得上、具有民族特色的本土人才。

民族聚居区高校主要是以培养民族聚居区学生和来自民族地区的学生为主，具有明确的针对性和区域性特征，这些人才和民族聚居区有着很深的血肉或情感联系，他们对本地区有深厚的感情，对现实也有着深刻的认识，熟悉本地区的民族风俗和民族语言，更容易在家乡扎根，也更愿意用他们的双手去实现民族聚居区的繁荣。这种本土人才的培养，有利于摆脱对外地人才的依赖，加强自身的造血功能。

四

因材施教：西部民族聚居区高校
多样化教学模式的构建

"社会发展对人才需求的多样化，人的发展对教育的需求的多样化"，① 以及西部民族聚居区高校自身办学的特殊性，要求必须用尽可能多的形式和手段来满足人们对接受高等教育的不同需求。因此，必须以社会需求为导向，走多样化人才培养之路，为西部民族聚居区经济建设和社会发展提供大量的高素质人才，以满足社会对人才的多样化需求。

（一）多样化教学概述

1. 多样化教学的定义

《国际教育百科全书》把多样化教学解释为："一种以个体而非群体为基础的教学形式，与诸如演讲或小组教学等以群体为基础的教学方法相比，在学习步子和学习时间方面，几乎一切多样化教学都允许学生有更大的灵活性，教学适应学生个人需要的程度随所采用的特殊方法而变化。"② 多样化教学是设计一种全新的有助于个性发展的教学模式。它是直接针对传统教育的弊端而提出的。传统教育的根本

---

① 徐同文：《现代大学经营之道》，人民教育出版社 2006 年版，第 25 页。
② 《国际教育百科全书》第 5 卷，贵州人民出版社 2000 年版，第 77 页。

缺陷就是无视人的个性存在，藐视人的个性需要，忽视人的个性发展，只强调教育的社会功能，抹杀教育对促进人的完善及全面发展的功能。因此，素质教育作为教育改革的方向，就是要破除这种无视、藐视和忽视人的个性及其发展的观念，形成承认、尊重和重视人的个性及其发展的新观念。

多样化教学既是重视人的个性发展，即教学要运用灵活多样的方式方法，帮助学生实现个性的发展和个性的完善。要对教育价值取向做出新的认定，确立人在教育中的核心地位。实施多样化教育，将实现学生的个性发展作为合格人才素质的组成部分加以重视；不再以统一的标准、统一的要求、统一的进度、统一的内容束缚甚至妨碍个性的发展，而是通过设计针对学生个性的教育环节来构建开放、兼容、弹性的培养模式，最大限度地促进学生各方面发展，最终形成健全的个性。

2. 多样化教学的理论渊源

（1）人本主义思想

现代人本主义教育思想是西方一种重要的教育思潮。它承袭了文艺复兴时期以来的人文教育，重视人的价值，强调受教育者的主体地位与尊严，追求人的个性、人性、潜能的发展。人本主义教育家从马斯洛的需要理论出发，提出了人本主义教育的主要目标是发展人的个性，帮助学生发挥自身的潜能。人本主义强调"以人为本"，这就要求我们在教学上尊重学生的人格，充分尊重学生作为一个社会人所应有的权利、尊严、思维方式和自身发展方向，尊重而不能忽视学生个性的存在。教学要以学生为中心，学校无论在教学内容的安排上还是教师在教学方法和手段的选择上，有必要以发挥和调动学生的积极性、主动性和创造性，发挥学生的潜能为前提。

（2）多元智能理论

多元智能理论是美国心理学家加德纳所提倡的。加德纳在2000年重新定义了人的智能："智慧是一种处理信息的生理心理信息、心理潜能,这种潜能在某种文化环境下,会被引发去解决或是创作该文化所重视的作品。"① 多元智能理论的提出,突破了传统上将智能定位于数理逻辑和语言能力的认识上,拓展了人们对智能的理解。在教学中给予学生正确客观的评价,看到学生的优势,为他们提供多元的学习环境和展示的机会。作为老师,应学会用较为宽广的角度来看待孩子的一举一动,发掘孩子的不同潜能。因此,学校教学就应当尊重个体在这些方面的差异,创造宽松的学校组织文化,进行多样化教学,以有利于个体不同优势无阻碍的发展。

(3) 大众化教育理论

从高等教育的发展来看,大众化已成为我国高等教育发展的一种趋势。马丁·特罗认为,大众化的高等教育要以多样化为前提。随着社会发展对人才需求的多样化,人的发展对教育需求的多样化,以及民族聚居区高校自身办学的特殊性,必须用尽可能多的形式和手段来满足人们对接受高等教育的不同需求,满足社会对人才多层次、多类型、多规格的需求。从教育公平来看,高等教育的大众化还不是真正的教育公平,只有通过提高教育质量,满足不同学生学习和发展的需要,才是教育公平应该追求的更重要的实质性目标。提高教育质量是实现教育结果公平的重要途径,没有教育质量做保证,教育公平是没有任何意义的。

(4) 差异教学理论

差异教学理论认为,在教育过程中实施差异教学,立足于学生的个性差异,满足学生个别学习的需要,促进每个学生在其原有基础上得到充分的发展,这种发展,无论是从发展的方向还是程度来看,都是有差异的发展,正是这种差异才真正体现了教育的公平及其价值所在,体现了以人为本,全面、协调和可持续发展。由于民族聚居区高校学生来自多民族、多地区,各民族学生在语言、文化背景、生活习惯等方面存在多样性。同时,与其他高校相比,民族地区经济文化发

---

① 霍华德、加德纳:《多元智能》,沈致隆译,新华出版社2000年版,第9—10页。

展程度不平衡，学生接受基础教育程度的差异性也很大，在招生方面依据民族政策一般需降分录取，由于生源密度小，同一专业学生的高考成绩差距很大。为了照顾学生的差异，必须因地制宜，采用多样化的教学模式。

（二）实施多样化教学模式的背景分析

1. 外部原因

（1）国家政策要求

为满足现代社会对人才的多元化需求，1998年教育部在《关于普通高等学校修订教学计划的原则意见》中提出"多样化"概念，2005年"1号文件"又明确指出，高等学校要以"社会需求为导向，走多样化人才培养之路"。《国家中长期教育改革和发展规划纲要（2010—2020年）》把"创新人才培养模式"作为人才培养体制改革的主要内容。有学者指出："我国的人才培养模式千篇一律千人一面，这样的培养模式对于培养创新型的拔尖人才是非常不利的。"[①] 这对高等学校如何深化人才培养模式改革，充分调动学生的学习积极性和主动性，满足社会对人才多样化的需求和学生的个性发展，实现人才培养模式多样化，培养具有创新精神和实践能力的人才，提出了新的要求和政策依据。

（2）高等教育大众化的内在规律和多样化特征

随着高等教育的大众化，量的增长必然引起质的变化，这就要求高等教育管理与培养模式与人的发展关系相适应，即"尊重教育规律和学生身心发展规律，为每个学生提供适合的教育"。而大众化教育背景下同一层次的大学生个体水平差异较大，如果我们用统一模式去培养，必然制约具有不同潜质学生的个性发展。巴黎首届世界高等教育大会通过的《21世纪高等教育展望和行动宣言》特别指出："高等

---

① 刘晓艳、张剑：《南开大学知名学者解读教育改革发展纲要》，人民网，2010 - 03 - 20。

教育大众化的前提是多样化，多样化的高等教育应该有多样化的培养目标和规格，各自的特点和社会适应面。"[①]社会学专家马丁·特罗也指出："高等教育系统在不同的发展阶段有不同特点，精英高等教育具有高度统一性，而多样性是大众化高等教育的主要特点之一。"[②]这就要求我们的人才培养模式必须顺应这种多样化的要求。

（3）少数民族地区人才需求的多样化

西部大开发战略的实施，使少数民族地区社会结构发生了深刻的变化，经济得到跨越式发展，新兴经济不断产生，但少数民族人才队伍与现实需求不相适应，表现在少数民族人才总量不足，不少行业和岗位人才空缺；专业结构不合理和专业不对口情况严重；人才队伍分布不合理，边远地区缺乏人才，制约了人才队伍的整体效应等方面。此外，从人才资源状况看，少数民族人才数量和质量与少数民族地区社会经济发展需求存在着一定差距，不同领域企事业单位对所需人才的知识技能和素质要求各不相同，高校毕业生的就业去向多样化，少数民族地区对人才的需求呈现出多样化的特点。

（4）基础教育师资来源多样化与学生就业意向多样化的矛盾

一方面，我国的特殊国情在教育上呈现出高等教育规模扩大，基础教育规模减小的趋势，而教师资格证制度的实施使基础教育的师资来源多渠道化，许多综合性大学也设立了教育学院，这使基础教育师资供大于求的矛盾更加突出，师范专业毕业生就业受到一定的冲击。另一方面，近年来虽然教师的地位与待遇有所提高，但还没能成为令全社会都羡慕的职业，加之师范专业毕业生必须在教育部门就业的禁令被解除，这使部分学生虽考入了师范专业，但报考师范专业不是基于他们的理想和兴趣，而是基于个人的高考分数等因素。面对不同就业需求的学生，如果高校仍按教师教育专业的要求去培养，不可避免地会出现毕业即失业的现象。因此，构建多样化人才培养模式是解决

---

① 本刊评论员：《培养目标多样化：大众化高等教育的必然趋势》，《教育发展研究》2006年第11期。

② 转引自靖国平《从学科立场到学派立场》，《高等教育研究》2006年第1期。

这一矛盾的途径之一。

2. 内部原因

（1）民族聚居区高校生源类别的复杂性

我国各民族在语言文字、宗教信仰、经济文化水平和生产生活方式等方面存在很大差别。根据云南省第五次人口普查办公室公布的数据，云南省共有55个少数民族，少数民族人口为1415.9万人，占全省总人口的33.43%。民族院校在招生类别中除汉考汉外，还有民考民、民考汉、汉考民和双语实验班等类别，与一般地区相比，少数民族地区呈现出多元化特点，只有不拘泥于任何现成模式，才能满足少数民族地区对人才的特殊需求，促进少数民族地区人才素质的提高和人才结构的合理。生源类别的多样性必定会带来学生个体的差异性和高校人才培养模式的多样化需求。

（2）民族聚居区高校生源基础的差异性

由于地处少数民族地区的大多数民族高校地理区位劣势比较明显，再加上少数民族地区基础教育薄弱，民族高等师范院校在生源市场竞争中始终处于不利地位。特别是随着招生规模的扩大，低分学生和贫困学生多，在一定程度上加重了学校的负担，影响了学校人才培养的质量。学生在进入高校后，对教师组织教学造成了一定的压力，民族高等师范院校要体现因材施教即多样化的人才培养模式，解决学生学习"吃不饱"和"吃不了"的问题。民族高等师范院校多元文化的存在是民族师范院校显著的特征，这类院校的学生大部分由所在区域主体民族、其他少数民族和汉族构成。如甘肃民族师范学院是以藏族、回族学生为主的，由裕固族、保安族、东乡族等18个少数民族构成的多民族院校，少数民族学生占学生总数的70%以上。各少数民族大学生是由许多独特个体汇聚起来的复杂整体，民族、宗教、学习方式等诸多方面的差异性和特殊性构成了自身的多样性，这是此类院校文化生态圈中充满活力的动力之源。教育是文化的组成部分，民族高等教育表现出文化多样性的特点，应当传承多样的民族文化。

五

分类并进：西部民族聚居区高校民汉双语教学模式

当今世界各国都不同程度地卷入全球化的潮流之中，无论各国之间的交流还是各国内部不同族群之间的交流，语言所具有的传统文化载体的功能和在族际互动中所体现的学习交流工具的功能，在现代社会中出现了一些新的发展趋势，产生了不同地域内的"通用语言"。学习彼此的语言是族群间文化交流与融合的必要前提，语言使用的发展态势预示着族群关系的发展前景。①

（一）西部民族聚居区高校开展民汉双语教育的意义

藏汉双语现象在我国藏区是一种很普遍的教育现象，在我国已有了很大的发展。对藏汉双语教学的研究既是国际双语教学研究的一个重要组成部分，也是不断创新民族聚居区高校藏汉双语教学研究成果，推动民族高等教育发展的必经之路。然而，由于民族聚居区高等教育具有起步晚、起点低、困难多、发展慢等特点，加之藏汉双语教学又是藏族聚居区教育发展的核心，藏汉双语教育问题长期以来一直

---

① 马戎：《新疆民族教育的发展与双语教育的实践》，《北京大学教育评论》2008年第2期。

没有得到很好的解决，成为影响教育发展和教学质量的难点之一。况且牧区藏族学生双语能力发展水平不平衡，无论从藏族教育发展视角，还是从藏族学生发展视角来看，它都是制约民族聚居区教育发展的因素之一。因此，我们要立足于民族地区语言功能的现实，客观地认识和预测语言功能的现状和未来发展趋势，制定正确的民族教育政策。"民汉兼通"将是今后我国双语教育的必由之路，必将根据其语言、文化特点，寻找适合本民族、本地区实际情况的双语教育模式，探索具有中国特色的双语教育模式。

1. 民汉双语教育是保存与传承民族文化的重要手段

一方面，民汉双语教育可以通过传授母语而使得民族的语言得以延续，同时，民族语言所承载的民族文化、传统等信息也得以在双语教育中传承下来；另一方面，双语教育有利于掌握主体民族语言，从而更好地吸取、接受主体文化等多元文化的优秀成果。威廉·冯·洪堡特认为，语言是一个民族生存所必需的"呼吸"，是它的灵魂之所在。通过一种语言，一个人类群体才得以凝聚成民族，一个民族的特性只有在其语言中才能被完整地铸刻下来，所以，要想了解一个民族的特性，若不从语言入手，势必会徒劳无功。民族语言是民族的基本特征之一，每个民族的语言都是这个民族文化的重要形式，是维系民族的重要纽带。作为民族特征的语言是一个民族交际的重要工具，是民族之间、民族成员之间交流信息、传承文化和知识经验、维系民族认同感的媒介，促使民族成员之间在认知、行为、情感等各方面产生同质性和一致性。随着各民族自我意识的不断增强，政治经济地位的提高，民族聚居区普遍要求使用本民族的语言，认为只有使用本民族的语言才能最充分地表达他们的情感，它代表着民族的文化和智慧，渗透着民族精神，是民族认同的象征，它可以保持和发展民族文化传统，体现民族个性。因此，一部分转用其他语言的人又强烈地要求本民族语言的回归。由于我国特殊的历史文化原因，一些民族语言的存在与延续面临着十分严峻的威胁。伴随着一些濒危语言即将失传的危机，一些民族文化和传统特别是大量保存在口头文学中重要的民族史料和传说也会面临失传的危险。

2. 民汉双语教育是少数民族现实生活的需要

汉语是中国各民族的族际交际语。汉语之所以成为各民族的共同交流语言，成为全国通用语言，是因为它的社会文化价值、使用范围及其影响等因素。如果不加强汉语的学习，那么语言交际方面的不适应会造成少数民族学生心理上的不适应，从而引发少数民族学生的心理障碍。尤其在走出少数民族地区后，由于语言不通会使他们很难和汉族以及其他民族进行交流和沟通，从而限制了少数民族学生的交际范围，严重影响他们自身的发展，使他们难以适应新时期的挑战，也无法融入当今社会。因此，少数民族需要注重汉语的学习，接受汉族文化的熏陶，更好地为本民族的经济、文化建设服务，这样才能培养出适应现代社会需要的人才。与主体民族语言——汉语的巨大功能相比，各少数民族语言均具有一定的局限性，显得势单力薄，容易造成一种母语不重要的假象。必须承认，在不同语言的接触和竞争中，有少数语言尤其是使用人数少又没有文字的语言会处于劣势，使用这种语言的人群甚至最终会转用其他民族的语言，这是不可避免的。但这种情况会随着民族经济的进一步发展而得到缓解。当然，我们必须看到，民族语言是不可取代的，绝大多数少数民族仍将通过本民族语言文字来开发智力，交流和学习科学技术，在各个领域里民族语言仍发挥着重要的交际作用。

3. 民汉双语教育是发展民族教育、提高民族教育教学质量的有效途径

语言理论特别是第二语言习得理论的研究和发展，以及事实上普遍存在着的双语使用者使人们有充分的理由相信，在理想的环境中，儿童的双语乃至多语的同时习得是完全可能的。美国语言学家克拉申认为，第二语言习得是无意识地形成语言能力的过程，这一过程非常

近似儿童习得母语的过程。母语的学习和第二语言的学习是相辅相成的，是非对立的。本民族语言水平越高，对学习第二语言的帮助就越大。对少数民族来说，对本民族语言的学习有助于第二语言即汉语的学习和掌握。早在20世纪80年代，我国做过双语教育实验，结果证明，不懂汉语的少数民族在通过实施双语教育后，能够很好地理解和掌握汉语。同时，还有利于保持和记忆在复习、巩固汉语教学中所学到的东西。实验证明，凡是认真开展双语教学的学校，学生成绩都高于非双语教学的学生。此外，双语教育能使学生在学习语言的同时提高他们获取知识、交流信息与表达思想的能力，还有利于开发少数民族学生的智力。

4. 民汉双语教育是民族平等、团结、进步和维护社会稳定的重要途径

我国是多民族国家，汉语已成为我国各族人民经济、文化交流、生活交往的通用语。20世纪80年代以后，随着我国双语教育事业的发展，"民汉兼通"这一术语逐渐被广泛使用。"民汉兼通"这一科学提法，是我国双语教育事业发展的产物，具有深刻而丰富的内涵。"民汉兼通"是对党的民族语文政策的高度概括，也是民族教育的指导方针和"目标"要求。① 处理新时期的民族语言和汉语关系的正确方法是在通用民族语言的地区以民族语言为主，兼学汉语，逐步达到"民汉兼通"。

我国的民族区域自治法和义务教育法明确规定："在以招收少数民族学生为主的学校或者班级，可以用本民族通用的语言、文字教学，并使用全国通用的语言文字教学，没有本民族文字的，直接使用全国通用的普通话和规范的文字。"实施双语教育，执行国家的民族语言政策，不仅尊重了各民族的语言文化，而且为各民族培养了少数

---

① 丁文楼：《再谈中国少数民族双语教育学科的形成与发展》，《民族教育研究》2013年第6期。

民族社会、经济、文化、教育发展所需要的人才,促进了民族之间的相互理解,相互尊重,保证了各民族的和睦相处。这是促进各民族共同繁荣进步、共同富裕的必由之路。

(二)西部民族聚居区高校民汉双语教学模式的现状与困境

1. 民汉双语教学模式的研究现状

关于双语教学模式的研究,在国内,严学宭于1985年提出民族地区按地理区域分类的六种双语教学模式,即延边式、内蒙古式、西藏式、新疆式、西南式、扫盲式,他的区域分类对学术界有一定的影响。1987年,周耀文把我国双语教育体制划分为七种类型。1987年,张伟将"双语教学计划"分为三类:单语教学计划、双语过渡计划、长期双语计划。1991年,周庆生提出应从"双语教学计划"和"双语教育体制"两方面对中国双语教育现实进行分类。他根据双语教学计划的附加功能,将中国双语教学分为三大类:保存型、过渡型和权宜型;再根据双语课时比重的大小、设置时间的早晚和教学用语使用的多少,将保存型和过渡型又细分为八个小类。根据教育体制的发展程度将中国双语教育体制分为健全型、发展型和试点型三类。1999年,王鉴又认为,双语教学的模式主要有保存双语教学模式、过渡双语教学模式和权宜双语教学模式三种。周耀文在《论在我国各民族地区建立多种形式的汉语文教育体制》一文中认为,建立民汉双语教育体制要从我国的民族实际、民族关系、语言关系和各民族地区的语言文字使用实际出发,既不能照搬外国的做法,也不能照搬外省、区的经验。根据我国各民族地区语言文字的不同使用实际,他认为,我国各民族地区的民汉双语教育体制可以分别采用高等、中等、初等三个层次。高等层次的体制是:从小学、中学以本民族文字课程为主过渡到大专院校以汉文为主或民汉双语并行的双轨制。中等层次的体制是:从小学、中学以本民族文字课程为主过渡到大专院校除个别系科外都使用汉语汉文。初等层次是：从小学低年级以民族语言为主过渡到小学高年级以汉文为主。在以上分析的基础上，有研究者提出，应从不同角度对我国双语教学进行分类，如从有无民族文字、语言习得的社会环境、两种语言在学科教学中所使用的范围、语言习得的时间等多角度进行归类。另外，还有部分国内研究者对世界范围内的双语教学模式进行了分类。这些研究成果对建立我国民族地区的双语教育体制提供了一系列很有价值的对策。由于我国民族语言使用的复杂性和双语教育的多样性，我们很难对我国双语教育进行统一的划分。从不同的角度对我国双语教育、双语教学进行分类，已得到学术界的普遍认可。在国外，加拿大著名双语教育专家 M. F. 麦凯把双语教学模式区分为双语长期计划与双语短期计划两大类；Colin Baker 从弱势双语教育和强势双语教育两个维度归纳出十种双语教育模式，如淹没式、沉浸式、保留式、过渡式等类型。

2. 民汉双语教学模式发展的机遇与挑战

我国民族成分众多，民族文化深厚，党和国家的民族政策具有鲜明的特色，双语教育具有深厚的基础和迫切的需求，民汉双语教学讨论多，实践少，成体系的双语教学模式一直没有取得突破性进展，探索建立具有中国特色的双语教学模式十分必要。

（1）建立新型双语教学模式，是国家发展战略的需要

《国家中长期教育改革和发展规划纲要（2010—2020 年）》指出："大力推进双语教学。全面开设汉语课程，全面推广国家通用语言文字。尊重和保障少数民族使用本民族语言文字接受教育的权利。"这是国家对双语教学 10 年的一个整体规划，也是双语教学努力的方向和要求。在双语教学领域的重要任务就是大力推进双语教学，全面推广国家通用语言文字。双语教学正处在一个战略重点转移的过程。如何按照新要求建立新型双语教学模式，是国家发展的战略需要。

（2）双语教育需求强劲

近几年来，在国家有关政策的推动下，双语教学的需求规模越来

越大（以甘南藏族自治州为例，2010年以来，双语类高考生占考生的比例分别为14.57%、17.43%、21.44%、22.4%，逐年不断上升，甘南州在整个藏区具有代表性），藏区经济建设和社会发展对双语人才的要求越来越大，现有的双语教学方式既不能满足教育者的需求，也不能满足民族地区对双语工作的需求，加快改进双语教学方式，培养新型双语人才，既是从基础教育到高等教育这一完整体系的迫切需要，也是推进少数民族地区经济社会发展的需要，同时，现行国家政策为藏族学生提供了更广泛的就业机会，接受双语教育的需求随之增加。

（3）多元民族文化的传承，需要进一步加强双语教学

双语教育是保存与传承民族文化的重要手段。一方面，双语教育可以通过传授母语使民族的语言得以延续下来，民族语言所承载的民族文化、传统文化等信息也得以在双语教育中传承下来；另一方面，双语教育有利于掌握主体民族语言，从而更好地吸取、接受主体文化等多元文化的优秀成果。我国是一个民族成分众多，民族文化深厚的国家，党和国家的民族政策特色鲜明，双语教育面临着不同于国外的实际问题，建立有中国特色的双语教育实践模式和理论体系，是解决我国双语教育的需要，也是我国对人类双语教育应有的贡献。

（三）分类并进：西部民族聚居区高校民汉双语教学模式

1. 双语教学模式构建的理论依据

（1）法律政策依据

一是在《中华人民共和国宪法》中就有关于双语教育的规定。宪法规定了国家根本制度和公民基本权利，是具有最高法律效力的根本大法，它是所有部门法的立法依据，也必然是涉及双语教育所有法律的立法依据。宪法第四条规定："各民族都有使用和发展自己的语言文字的自由。"这是宪法关于少数民族使用和发展自己的语言文字的

明文规定,并且它是以少数民族的最基本权利而存在的。第十九条规定:"国家推广全国通用的普通话","招收少数民族学生为主的学校可用少数民族通用的语言文字教学"。国家教委 1980 年《关于加强民族教育工作的意见》要求:"凡有本民族语言文字的民族应使用本民族的语文教学,学好本民族语文,同时兼学汉语汉文。"二是《中华人民共和国民族区域自治法》关于双语教育的规定。民族区域自治制度是国家的一项基本制度,是中国共产党建设多民族国家的创举,是保障民族区域自治的基本法律,因此,双语教育也在民族区域自治法中占有一定的位置。民族区域自治法第十条规定,"民族自治地方的自治机关保障本地方各民族都有使用和发展自己的语言文字的自由";第四十九条规定,"民族自治地方的自治机关教育和鼓励各民族的干部互相学习语言文字。汉族干部要学习当地少数民族的语言文字,少数民族干部在学习、使用本民族语言文字的同时,也要学习全国通用的普通话和规范文字"。这为双语社会的构建起着导向的作用。三是《中华人民共和国教育法》关于双语教育的规定。教育法第十二条对教学用语做出规定:"汉语言文字为学校及其他教育机构的基本教学语言文字。少数民族学生为主的学校及其他教育机构,可以使用本民族或者当地民族通用的语言文字进行教学。学校及其他教育机构进行教学,应当推广使用全国通用的普通话和规范字。"教育法是对国家教育的基本规范,它适用于"中华人民共和国境内的各级各类教育",当然也包括民族教育。甘肃民族师范学院作为民族聚居区高校之一,在藏汉双语教学中既坚持贯彻执行国家的法律政策,也充分考虑学院的办学和学生的实际情况,依据此积极探索适合学院藏汉双语教学的新模式。

(2) 教育理论依据

一是从教学语言来看,教学语言是教师传递信息,提供指导的语言行为方式,它虽不独立存在于教学之中,却是一切教学活动的最基本的教学行为。藏汉双语教学中教学语言的采用必须与学生的基础相衔接,这是藏汉双语教学中确定教学语言必须遵循的客观规律,也是甘肃民族师范学院规划藏汉双语"分类并进"教学模式的科学依据之一。二是从差异教学理论上看，该理论认为，在教育过程中实施差异教学，立足于学生的个性差异，满足学生个别学习的需要，促进每个学生在其原有基础上得到充分的发展，这种发展，无论是从发展的方向还是程度来看，都是有差异的。正是这种差异，才真正体现了教育的公平及其价值所在，体现了以人为本，全面、协调和可持续发展。由于甘肃民族师范学院藏语类专业学生来自不同地区，且在语言、所接受的基础教育等方面存在着多样性和差异性。为了照顾学生的差异，学院因地制宜地探索出符合学生实际的双语教学模式，就显得十分迫切。

（3）教育实践依据

甘南藏区基础教育"双语教学"模式是在党的十一届三中全会以后随着改革开放的实践而逐步形成的。这一教育模式是依据学生生源区不同的语言环境实行不同的教学模式，即完全以藏语为母语，以藏语为语言环境的农牧区，实行以藏语言文字为主，单科加授汉语文，使藏语言文字成为学习各门学科知识的工具，将汉语作为学生的第二语言进行教学，这种模式称为"一类模式"（也称为"以藏为主"模式）；第二种是在汉语与藏语通用的生源区实行以汉语言文字为主，单科加授藏语文，使汉语言文字成为学生学习科学知识的工具，藏语作为他们的母语，用于学习本民族的文字与文化，这种模式被称为"二类模式"（也称为"以汉为主"模式）。目前，在藏区基础教育阶段，藏汉双语教学普遍采用这两种模式。

甘肃民族师范学院在多年的教育教学实践中发现，以汉语为主的学生藏语基础较差，用藏语作为教学语言讲授课程，学生在学习、理解上显得比较困难；相反，以藏语为主的学生汉语基础较差，用汉语作为教学语言讲授课程，学生在学习、理解上也显得比较困难。进入大学学习后，大学均将这两类模式培养出来的学生统一编在一个教学班学习，教师使用汉语或藏语任何一种语言作为教学语言，学生都面临着接受困难的问题，致使教学、学习效果低下，学生学习积极性不高。双语教育的实践证明,在目前和今后相当长的时间里,少数民族语文是少数民族社区主要的交际工具,因此在学校使用民族语文,无论在促进民族语文的发展上还是在提高教育质量方面都具有十分重要的意义。但是,随着社会的发展,现代化传媒手段的普及,民族间文化、经济的交往越来越频繁,势必需要进一步使用功能最强的全国通用的汉语文,这已成为少数民族群众的迫切需求。各民族从自身发展的长远利益着想,在掌握民族语文的基础上,有必要通过学习和掌握汉语文,进而更快地掌握最先进的科学文化知识,了解最先进的科学技术,使他们尽快跟上科技飞速发展的步伐,实现民族的现代化。"民汉兼通"将是今后我国双语教育的必由之路。因此,作为培养少数民族高层次人才的高校,探索符合民族地区经济、社会发展需要的双语人才培养之途是义不容辞的责任。

2. 双语并进:藏汉双语教学模式

双语教学不仅涉及学制、师资、教材等一系列教育内部的问题,也是一个政策性强,涉及面广,比较敏感的原则问题。确立适合的双语教学模式既要考虑到民族语言平等和各民族交流这两层政治因素,也要考虑到民族地区语言环境的现实应用情况;既着眼于民族教育的特点和地区实际,又要着眼于民族的未来发展。民族聚居区高校在多年的教学实践基础上,为实现"汉藏双语兼通"的人才培养目标总结出了"双语并进"的藏汉教学模式,即在藏语类专业教学中,部分课程采用藏文教材,用藏语讲授,部分课程采用汉文教材,用汉语讲授,藏语和汉语两种教材和教学用语并行,始终伴随着学生的专业学习。

(1)"双语并进"藏汉教学模式的理论基础

"双语并进"藏汉教学模式的理论依据,一是把民族教育理解为"民族传统教育与现代教育交融进行"的大教学观,教学上亦沿着"双轨"进行,即双语文与双用语并行,既保持民族教育的独立性,又兼顾中国教育的一体化。二是民族心理学理论中相关的民族语言心理学理论。民族的母语是学习第二语言和进行教学活动的基础,也是教育的主要渠道。强调民族环境、民族心理特征、民族语言特征与双语教学中主体心理的一致性。三是认为双语教学不仅仅看作一种教育的形式,而应把它放到整个文化的视野中加以考察,由此把双语教学作为民族文化传承的一种特殊工具,其功能在于保存和发展民族文化。

(2)"双语并进"藏汉双语教学模式的教学目标

"双语并进"藏汉双语教学模式的教学目标是:引导民族教育从传统教育走向现代教育,由单一教育走向复合教育,把学生的学习重点落在传统的承载形式与现代教育的双重内容上,从语文上达到"汉藏双语兼通",从程度上达到民族人才与现代人才的统一和结合。

(3)"双语并进"藏汉双语教学模式的操作程序

在操作程序上,要正确处理民族语文授课与汉语文授课的关系问题,实现教学用语同学生语言基础及国家语言环境的双向衔接,从而消除教学语言的障碍;要广泛调研,设计合理的专业课程设置方案。

(4)"双语并进"藏汉双语教学模式的操作策略

在操作策略上,关键是规范和提高汉藏双语课程的建设水平,推进课程"七化"建设:一是"两语"基础达标化。基础达标是指各藏汉"双语"类专业学生通过强化汉语、藏语课程教学,使读、写、说、译方面达到基本要求:"读",能够使用"双语"阅读不同文体的报纸、期刊和公文;"写",各双语类专业学生要达到能够运用"双语"撰写规范的公文,根据不同的专业特点,还应会使用"双语"撰写与专业相关的文书和公文;"说",普通话达到统一要求(三级甲等),藏语达到统一要求(藏语等级考试);"译",能够对宣传、报道、公文等进行汉藏互译。在综合能力方面,"以汉为主"的学生通过藏语等级考试,"以藏为主"的学生通过MHK等级考试。二是主体课程汉语化。除中国少数民族语言文学(藏语)专业外,其他各"双语"类专业的专业基础课程、专业发展课程以汉语授课为主。三是藏语课程连续化。即"双语"类专业要保证每学期至少开设一门藏语授课课程，四年不间断。强化藏语语言类课程，加强藏语类翻译课程，根据专业特点积极开发藏语类人文科学素养课程，将专业方向课程和选修课程分配到学生在校的每个学期中。四是选修课程共享化。在开发人文科学素养课程和专业选修课程时，努力建成适应性较强的双语类选修课程，使各双语类专业选修课程资源共享。五是翻译课程针对化。各双语类专业在设置汉藏双语翻译课程时除设置的汉藏翻译基本理论外，还应针对专业特点开设汉藏翻译课程，通过汉藏翻译基本理论和针对专业特点开设的汉藏翻译课程达到使学生能够使用汉藏双语完成作业，每学期每门课程都要至少布置两次运用汉藏双语完成的课程作业；各双语类专业的毕业论文使用汉藏双语撰写和答辩，汉语为正本，藏语为副本。六是讨论课程对接化。教师在安排课程讨论时，每门课程每学期要有针对性地设计汉藏双语讨论题目2—3个，要求学生查阅双语资料，使用汉藏双语讨论发言。七是课程考核"双语"化。双语类各专业每学年至少确定两门课程为口试课程，其中1门为藏语，1门为汉语，笔试课程也应实现"双语"考核，要求命题、答题时使用汉藏双语。另外，还要进一步加强双语师资队伍和教材建设。

六
"两类"和建：西部民族聚居区高校师资队伍建设模式

治校兴业，人才为先；治校兴学，唯在得才。师资是高校的核心资源，"为大学的第一要素"，是学校专业发展和学科建设的依托，是保障学校人才培养质量和提高学校学术水准的关键。哈佛大学前校长科南特说过："大学的荣誉不在于它的校舍和人数，而在于它一代一代教师和学生的质量。一个学校要站得稳，教师一定要出色。"加州伯克利大学前校长麦克黑姆在其就职演说中提出："保持极优秀的教师阵容是我们大学的核心。"高校师资队伍建设是高校核心竞争力的体现，对学校的发展起着决定性影响。

（一）民族聚居区高校师资队伍的现状

为适合区域经济发展的要求，建立在民族聚居区的高校成为民族聚居区人才最聚集的地方，成为促进当地经济发展与社会进步重要的人才资源库，为区域经济和社会发展提供了人力资源和智力支持，对本地区的经济社会发展具有重要的战略意义。近年来，随着高等教育的不断改革和发展，高校教师队伍状况虽得到明显改善，但与高校发展的现实需求及人才培养质量提高的内在要求还有相当的距离。民族聚居区高校由于所处地域经济文化发展状况和自身办学条件等方面的限制，师资力量相对较弱，对高层次人才的吸引力有限，不仅影响了教育质量的提高,而且对其持续发展带来了隐忧,成为制约其快速发展的瓶颈,建设一支高素质、高水平的师资队伍成为极为迫切的任务。

1. 高学历、高职称教师缺乏

学历、职称结构是衡量教师队伍整体水平的重要标志。调研发现,西部民族聚居区高校教师队伍结构不合理,高学历、高职称教师比例偏小,职称结构不合理,且分布不均衡,相对集中于某些学科专业上。近两年来,硕、博比例虽有所上升,但与发达地区相比较,仍有很大差距。这种学历、职称水平使学术带头人的选拔、学科建设、学校的教学和科研水平受到影响。西部民族聚居区高校教师队伍结构不合理主要表现在两个方面:一是高学历教师比例偏小。如研究样本高校——喀什师范学院中具有硕士研究生学位的教师占专任教师总数的21%。青海师范大学民族师范学院取得研究生以上学历的教师为14人,占教师总数的14%。宁夏师范学院具有硕士以上学历的教师,占教师总数的30%。二是师资队伍职称结构不合理。在喀什师范学院专任教师中,具有高级专业技术职务的教师有175人,占教师总数的27.1%,其中教授13名,占2.4%。甘肃民族师范学院专任教师中具有高级职称的占33%,教授占比不到4%,且分布不合理,相对集中于某些学科。许多新增专业中学术骨干和学科带头人缺乏,学科梯队不健全。

2. 教师队伍流失严重

对于民族聚居区高校来说,合理的人才流动变成了残酷的人才流失,这严重影响了民族聚居区高校的正常教学、科研秩序。其主要原因,一是自然条件相对艰苦,社会经济文化发展滞后。民族聚居区地理位置特殊,自然地理条件相对恶劣和艰苦,经济发展迟缓,社会文明程度相对较低,文化环境较差,远离主城区,生活设施不如大城市方便,交通信息闭塞,经济社会发展迟缓,再加上学校办学起点较低，办学经费不足，办学资源相对短缺等，这些都成为长期制约此类高校发展的客观因素，短时期内难以改变。毋庸置疑，这些客观现实环境必然成为人才外流的"推力"；而发达地区相对良好的自然环境、经济环境和文化环境则成了吸引民族地区高校人才流入的"引力"。二是对民族聚居区少数民族文化出现适应困难。民族聚居区交际语言中以少数民族语言等为特殊载体的交际文化，使一些新教师由于对新的环境缺乏深入了解，常常会选择逃避当地的交际文化，甚至把相同文化背景或经历的人际圈子看作"心灵的避难所"，在与民族地区异质文化交往中遇到了文化休克现象；少数民族地区特有的独特风味食品如藏族的"酥油茶"等饮食文化，导致新教师在入职过程中难以适应和接纳，产生饮食上的拒绝与回避现象；从东、中部来到少数民族聚居区，从平原到高原或山区，很多新入职教师面临着生活空间、生活节奏、气候、时差、地形地貌、山川河流等与过去学习生活环境的显著差异问题，个别教师出现气候不适应、水土不服等适应问题，部分教师还出现高原反应，易患感冒、肠胃病、皮肤病等身体病变问题；新教师在工作过程中由于民风习俗的差异，存在着对民族聚居区少数民族民风习俗认同困难等问题。这些文化上的不适应，使一些新进教师流失。三是生活条件及子女的学习、成长环境不理想。不可否认，目前民族聚居区与发达地区相比有着很大差距，配套的生活、文化、教育、娱乐设施差别大，小孩读书可供选择的幼儿园、小学不多；更严重的是由于周边高校少，高学历的人不多，出现高学历教师找不到对象的现象；经济发展滞后，社会发展提供的就业岗位有限，部分教师无法完成子女或者配偶就业；一些在本校工作多年的骨干教师，为了孩子能进一个好学校，有一个好的学习成长环境，也只能舍去对学校的感情而举家迁徙。

3. 适合学校发展要求的高层次人才引进困难

随着我国经济的快速增长，高层次人才成为稀缺资源，人才的价值得到了充分的体现。由于办学历史、办学条件等方面的制约，考虑到今后子女的受教育质量，考虑到自身的学术资源和发展空间，教师到民族聚居区高校任教往往就会望而却步。民族聚居区高校很难在短时间内培养出具有一定社会知名度的学科带头人等高层次人才，这制约着学校的学科专业建设。同时，受地理位置、待遇、人才的特殊素质要求等因素的影响，"民汉兼通"的双语高层次人才特别是理科专业师资紧缺。民族聚居区高校虽在引进高层次人才方面采取了很多办法，但收效不大。

4. 师资队伍年龄结构不合理，青年教师比例偏高

随着民族聚居区高校学生规模扩大，办学场所增大，教师数量也有了很大的增加。然而由于底子薄、根子浅，在师资队伍水平参差不齐的同时，师资年龄结构也不尽合理，仍然处于追求职称的初级阶段。新增加的教师绝大多数是青年教师，调研情况显示，35岁及以下的青年教师占专任教师总数的近45%。对教师个体而言，年龄并不能代表一个人的教学与学术水平，但从整体而言，由于青年教师教学经验不足，流动性大，这类学校面临着教师队伍断层的现实，对学校的发展具有明显的负面影响。

5. 师资数量不足，结构性短缺问题突出

调查显示，少数民族聚居区高校教师总量的不足主要体现在平均当量生师比过高上。另外，这类学校由于办学的民族性、综合性，办学形式的多样性、人员构成的多民族性和"民汉双语"教学的需要，客观上生师比增大，有的学校生师比远大于18∶1。按照《教育部关于深化高等学校人事分配制度的若干意见》所规定的"全国高等学校平均当量生师比要达到14∶1"来计算教师数量的话，少数民族聚居区高校师资总量不足的问题仍然存在。特别是在学校专业结构调整中新增专业教师缺乏，结构性短缺问题突出，影响了教学质量和教育水平的整体提高。

6. 师资队伍综合素质有待提高

民族聚居区高校教师队伍中大多是一般院校的毕业生，省内院校的毕业生，"985"和"211"院校毕业的较少。随着学科知识的互相渗透，知识更加边缘化、综合化，任课教师知识面窄、结构老化、教学方法和手段陈旧，这势必影响高校教学水平的提高。科研工作急功近利，参与率低，团队合作意识淡漠，科学研究远离区域社会的实际需要，对区域社会的影响、辐射、带动、引导和提升能力较小。课题立项级别不高，领域不宽，缺乏有影响的学科、学术带头人。

（二）西部少数民族聚居区高校引进兼职教师的必要性

兼职教师可以成为西部少数民族聚居区高校发展的有生力量。引进兼职教师在突破教师引进的瓶颈上是一种非常实用而有效的引进方式，在民族聚居区高校师资队伍建设方面具有特殊的作用。

1. 以引智方式实现教师资源共享

兼职教师相对刚性引进教师而言，在不改变教师户籍、身份和人事关系的前提下，以咨询、讲学、短期岗位聘用、联合攻关等引智方式，实现教师资源共享。同时，它还具有使用时段灵活、目标明确、方式多样，供需双方相互自由选择，人才能力与价值转化周期短、效益高的特点，对竞争优势不强的少数民族聚居区高校而言无疑是解决高层次或紧缺教师匮乏的有效途径。

2. 教师引进与使用的成本低

少数民族聚居区高校地处偏远的少数民族地区，大部分高校都是省市（地）共建，以市（地）为主，而这些地区经济发展普遍落后，财政紧张，高校也很难拿出大笔资金用于刚性引进高层次教师，而且

六 "两类"和建:西部民族聚居区高校师资队伍建设模式

这在激烈的人才争夺战中相对于发达地区高校来说毫无优势。兼职教师的本质特征是"不求所有,但求所用,共同发展",从实践上看,用这种方式引进教师,不仅可以避免身份改变、家庭搬迁、工作生活环境变化等带来的诸多不便,还可以减少硬性引进所需的工资薪酬、工作设施条件、生活条件等方面的较高投资,实现更多更好的经济效益和社会效益。

3. 可以促进原有教师队伍素质的快速提升

兼职教师的引进,一方面可以给原有教师带来新的思想、观念和知识,发挥兼职教师的"传、帮、带"作用。另一方面不同学校之间教学风格不同,通过改变学缘结构,进行校际教学交流,师生可通过领略不同的教学风格来开阔他们的视野和思路。同时,可以在原有教师队伍中发挥"鲇鱼效应",让原有教师感到竞争的压力,激发原有教师加强学习、更新知识,促进他们主动适应时代的要求,激活民族聚居区高校师资队伍的内在活力。

4. 有利于搭建内地人才来民族地区从事教学科研的平台

西北少数民族聚居区大多是资源型和生态型地区,以科技进步为支撑,是推进这一地区开发建设的基本特点。但是,由于民族聚居区文化科学的相对落后,在较短的时间内,不可能依靠自身力量形成足以支撑民族聚居区开发建设的科学技术体系,科学技术的应用与发展在很大程度上需要从发达地区引入,属于典型的引入型发展模式。发达国家在推进科技转移过程中的大量经验表明,科学技术由一地转入另一地,需要有良好的介入平台。从这一要求出发,民族聚居区高校无论从主观愿望还是客观条件上都最有可能成为承担这一功能的组织。[①] 通过兼职教师这种形式可以为内地人才来民

---

① 张俊宗:《民族聚居区高校的办学功能及其实现途径》,《高等教育研究》2009 年第 7 期。

族聚居区从事教学科研搭建平台，使民族聚居区高校成为吸附内地人才的小高地和促进当地经济发展与社会进步的重要人才资源库。实践证明，一些聘用过的专家学者，无论他们离开原聘单位的时间有多长，也无论他们现在身居何地，有的还继续为原聘单位出谋划策，提供各种信息，有的为原聘单位牵线搭桥，一如既往地为原聘单位做贡献。

5. 可以打破教师的"单位所有制"，调节这种不合理的矛盾

高校师资队伍建设必须打破旧的用人体制的僵化模式，教师资源社会化取向正随着市场经济的日益成熟而得到越来越多的高校认可。教师凭着他们的才能，被不同的学校聘请，既调动了教师工作的积极性，又充分发挥了教师的工作潜能，提高了高校师资使用效率。兼职教师的加盟解决了由于教师来源上"近亲繁殖"所带来的学术交流阻塞、理论沟通失常问题，可以打破教师的"单位所有制"，调节、缓解这种不合理的矛盾。教师的合理调配、使用、共享资源是盘活教育资源的根本途径，也是民族聚居区高校人事管理制度改革的重要内容和努力方向。

6. 用先进的理念管理学校，促进学校科学发展

在兼职教师中还有种管理型教师，他们不仅具有专业知识的教学经验，而且具有管理经验，比一般教师更熟悉制度和人及其关系，对于改变学校的面貌而言是不可多得的人才。民族聚居区高校根据学校发展的需要，聘请学术造诣深、知名度高的专家学者担任名誉领导职务或领导实职，可以为学校注入新的办学理念、新的人才理念，对学校的教学、科研以及管理工作进行指导，或用先进的理念管理学校，促进学校的科学发展、加快发展、跨越发展。

总之，根据少数民族聚居区兼职教师的需要、作用和经验，引进和加强兼职教师队伍成为必要，对促进西北少数民族聚居区高等教育

事业的发展有着十分重要的意义。"兼职教师应广泛地被社会认可,让兼职教师成为广泛支持的职业。"①

(三)"两类"和建:师资队伍建设模式的构建

与前述问题相联系,在积极总结民族聚居区高校师资队伍建设经验的基础上,借鉴国内外高校师资队伍建设的成功经验,西部民族聚居区高校形成了以"自有教师为基础,兼职教师为充实"的切合这类院校发展的师资队伍建设模式。

1. 自有教师

自有教师即西部民族聚居区高校所拥有的教师队伍,是学校师资队伍的基础和主体。针对民族聚居区高校自有教师高学历、高职称人员少,教学和科研能力不适应新时期学校发展的要求,部分新增专业师资不足的实际,这类高校采取了一系列措施,加强学校自有教师队伍建设。

第一,引进紧缺专业和学科专业建设需要的高学历、高职称教师。

人才引进是优化教师队伍的一个有效途径,也是高校解决人才不足,提升高校水平和能力的重要举措。民族聚居区高校加大人才引进力度,解决了教师数量不足的问题,提升了高学历、高职称教师比例,改变了教师队伍的学缘结构,提升了学校教学、科研、学科建设水平,增强了学校发展的实力和活力。

第二,政策引导,鼓励教师在职提高学历水平。

民族聚居区高校都加大投入力度,鼓励中青年教师积极报考在职和脱产的博士、硕士研究生,在政策上给予极大的优惠和支持,尤其

---

① 毛才盛:《高职院校兼职教师队伍建设的对策与思考》,《中国高教研究》2007年第10期。

是积极引导教师抓住国家"少数民族高层次骨干培养计划"这一政策，以不断提升师资队伍的学历，优化知识结构，全面提高教师队伍的整体素质。

第三，积极选派教师进行单科进修、访学和参加学术交流。

鼓励教师多层次进修，参加各种学术活动，是提高学校教师总体素质的重要途径。民族聚居区高校支持教师到重点院校进行学术交流、合作科研；选送业绩突出的教师做访问学者或单科进修；鼓励教师参加各种学术会议、短期研讨班、讲习班；鼓励教师出国进修（或攻读学位，或做访问学者，或参加学术会议，或进行合作科研），使他们在开放的国际、国内环境和高层次学术舞台上开阔视野，追踪前沿，提高参与国际竞争的素质和能力。

2. 兼职教师

西部民族聚居区高校兼职教师主要由两部分构成，统称为兼职教师。

（1）支教教师

在党中央、国务院启动实施"东部地区学校对口支援西部贫困地区学校工程"的情况下，中央对民族地区教育事业继续加大扶持力度，"西部大中城市学校对口支援本省贫困地区学校工程"已启动，民族聚居区高校也得到本省发展条件好的学校的对口支援。对口支援工作强调输血与造血并重，除了在物质资源"硬件"上进行援助之外，更强调在"软件"上促进受援学校的能力构建，尤其是选派支教教师到受援学校工作。支教教师一方面承担一定的教学任务，另一方面，帮助、指导这些高校的教师根据实际情况进行科研选题申报、立项等，也找到了在科研合作、人才培养等领域相互借鉴和提高的利益结合点，促成了双方共同提高和发展，实现了双赢。另外，在学校的管理、学科专业建设、实验室建设等方面也带来了新的变化，使民族聚居区高校能共享师资资源等，从而在一定程度上促进了教育公平，减少"知沟"的出现。从民族聚居区高校的实践来看，强化了学校自我造血功能,加快其师资队伍建设步伐,促进了学校快速、全面发展,对实施民族聚居区人力资源开发有着十分重要的意义。

(2) 兼职教师

社会进步和高等教育发展的客观需要催生了高校兼职教师队伍建设。1985年5月发布的《中共中央关于教育体制改革的决定》指出:"各单位和部门办的学校,要首先依靠自身力量解决专业技术师资问题,同时可以聘请外单位的教师。"这是改革开放以来首次在政策文本中提到兼任教师问题。1999年8月发布的《教育部关于新时期加强高等学校教师队伍建设的意见》指出:"高等学校依法实施用人自主权。按照相对稳定、合理流动、专兼结合、资源共享的原则,探索和建立相对稳定的骨干层和出入有序的流动层相结合的教师队伍管理模式和教师资源配置与开发的有效机制。"该意见确定了兼职教师是高校教师的重要来源,为高校兼职教师的发展提供了总体框架。兼职教师政策的酝酿与推出,促进了人才的合理流动,实现了人才资源共享,既是个人效益最大化的需要,也是提高整体社会效益的重要举措。

七
"三化四育"：西部民族聚居区高校校园文化建设模式

校园文化作为一种亚文化，在学校教育中发挥着不可忽视的作用。文化人类学家认为，人们所习惯的行为，受其文化背景的影响。教育与文化是错综复杂交叉的，教育受到文化的影响和制约。学校作为一个社会组织，其生存与发展都离不开文化。校园文化是一种特殊的文化现象，构成学校生存与发展的基础。校园文化是整个教育系统中不可分割的重要组成部分，对青少年学生具有极大的影响。西部民族聚居区高校作为具有独特文化背景的教育组织，不可避免地也必须强调校园文化建设。西部民族聚居区高校的校园文化建设内容带有强烈的民族性色彩。[①]

（一）高校校园文化的基本内涵

高校校园文化是相对于社会文化而言的，是从其产生、存在、发展和作用的领域、空间及内容来界定的一种亚文化现象。因此，对于高校校园文化的界定和研究，既不能仅仅从狭义的精神文化入手，也不能单纯从广义文化的某个层面入手，而是要从广义文化的各个层面来对高校校园文化进行全面考察。

---

① 滕星、张俊豪：《试论民族学校的校园文化建设》，《中央民族大学学报》（社会科学版）1997年第3期。

七 "三化四育":西部民族聚居区高校校园文化建设模式

关于高校校园文化的认识和理解,学术理论界既有从广义文化视角的审视,也有从狭义文化层面的分析;既有从其属性上的界定,也有从其特征和功能方面的阐述。对高校校园文化的论述目前存在"课外活动说""第二课堂说""文化氛围说""学校准文化(亚文化)说""规范说""校园精神说"等多种观点。"课外活动说"认为,高校校园文化是以大学生为主体开展的各种课外活动的总称,具有娱乐和调剂大学生文化生活的作用;"第二课堂说"认为,高校校园文化是大学生接受道德及艺术教育的第二课堂,是第一课堂的延伸、补充和完善;"文化氛围说"认为,高校校园文化既非课内活动,也非课外活动,而是通过特定的文化氛围使置身其间的大学生受到熏陶和启发,从而获得全面发展的文化形态;"亚文化说"认为,高校校园文化是社会整体文化的一个分支,是从属于社会主体文化的一种区域性文化,同时它又区别于学校主文化范畴,是一种以大学生为主体的亚文化;"规范说"则认为,高校校园文化是以高校在教育实践中逐步形成并为本校师生认同的价值观为核心的群体意识和群体行为规范;[①]"校园精神说"认为,高校校园文化是在大学这一特定的环境范围内生活的全体成员所共同拥有的校园价值观在物质上、意识上的具体化。以上关于高校校园文化的种种论述,根据研究者理论研究或工作实际的需要,从不同的视角或层面对高校校园文化进行了认识和界定。虽然对高校校园文化的确切内涵和概念尚未形成完全统一的认识,但综合各种观点,对高校校园文化的认识和理解却存在着许多同一的或者并不相悖的内容。这些研究都比较明确地指出了高校校园文化的内容、载体、环境等不可或缺的文化要素,不同程度地揭示了高校校园文化运行发展的特征和规律,着重从校园文化的精神层面对其内容和功能进行阐述,概括了校风、学风、教风、大学精神、校园环境等高校校园文化的主要内容,并指出了校园文化对高校师生的思想、意识、观念、情感、行为及学校传统等方面的影响和作用。对于

---

① 周复:《大学文化与大学生思想政治教育》,《高等农业教育》2005年第12期。

我们从大学生思想政治教育的角度开展高校校园文化研究和实践具有重要的参考价值和指导意义。

综上所述，从其范畴属性来看，高校校园文化是置身于社会文化大背景下，依赖于社会文化而存在并对社会文化具有重要影响作用的一种亚文化。作为社会文化系统中的重要组成部分，高校校园文化是高校师生在各类校园实践活动中所具有的物质的、精神的生产能力和创造的物质财富与精神财富的总和。高校校园文化所依附的场所是大学校园，包含着学校传统、办学理念、价值取向、精神风貌、舆论氛围、条件设施、校园环境、规章制度、领导作风、教风学风、人际关系、行为方式等方方面面的内容，对内集中体现为某种校园气候，对外则彰显出学校及其人员的基本形象和个性特征。因此，笔者认为，高校校园文化是以社会文化为基础，以大学校园为空间，以学校传统、办学理念、条件设施、校园环境和师生的实践活动及精神风貌为载体和内容，集中反映了高校的校园气候、形象特征和师生思想、行为及生活状态，并对师生的思想、意识、观念、情感、行为具有重要影响的各种文化要素及其相互关系的总和。[①]

（二）西部民族聚居区高校的校园文化特征

西部民族聚居区高校因其历史的、自然的等诸多方面的原因，其校园文化有其自身的特殊性。[②]

1. 民族性

民族聚居区高校的精神文明和物质文明建设与其他的高校基本上是一致的，都遵循着国家制定和颁布的统一标准。民族聚居区高校的

[①] 徐以师：《基于大学生思想政治教育的高校校园文化建设研究》，硕士学位论文，山东师范大学，2010年。

[②] 金学明：《浅议民族高校的校园文化建设》，《西南民族学院学报》（哲学社会科学版）2002年第5期。

校园文化建设和其他高校具有共同的要求。同时，民族聚居区高校的校园文化又有着强烈的民族特点：

第一，民族聚居区高校的校风、学风等深受某民族或各个民族文化的影响。各民族的传统价值观、思想观及宗教观等都深刻地影响着民族学生的学习，影响着民族高校的学风和校风。

第二，民族聚居区高校的校园文化活动的内容和形式都带有强烈的民族色彩。民族聚居区高校除了开展一些其他学校所具有的文化活动外，还经常组织开展民族节庆活动。比如到了藏历年、羌历年等民族节日时，这类高校都要组织民族学生欢度他们的节日。在校园文化活动的表现形式上，民族聚居区高校也带有强烈的民族色彩。民族歌舞、民族服饰等都体现了校园文化的民族特色。

第三，作为校园文化重要载体的语言和文字，在民族聚居区高校也表现出民族特点。民族聚居区高校教师之间、师生之间、学生之间，在日常学习生活中用不同的民族语言进行交流，文字的使用也是如此。如在甘肃民族师范学院藏语言文学系的教师之间，学生之间以及教师与学生之间进行交流时，绝大多数师生用藏语。

第四，民族聚居区高校校园文化的民族特征还表现在校园物质文化方面。民族聚居区高校的建筑物设计和布局、人文景观的设计等，许多都带有民族色彩。

2. 多元性

不同的民族具有各自不同的独特文化背景，这些不同的文化背景对于各民族学生的思维方式、价值取向、行为方式等都具有深刻的影响。由不同民族学生组成的学校主体的民族聚居区高校表现出多种文化状态。比如甘肃民族师范学院的校广播站播音，板报文字与内容，校园活动的节目主持人等都使用汉、藏、英三种语言与文字。各民族学生在其社会化过程中，深受本民族生活习惯、语言、价值观念、行为方式的影响，他们在学校的校园文化活动中，常常自觉或不自觉地表露出这些影响。民族聚居区高校的教师，也同样深受各自不同文化背景的影响，这些影响也同样体现在校园文化中。因此，民族聚居区高校的校园文化呈现出一种文化多元形态。民族聚居区高校校园的多元文化形态的存在，有助于培养学生的跨文化交流能力，有助于提高各民族学生在多元文化社会里的生存和发展能力。

3. 整合性

在民族聚居区高校，不同民族的学生彼此存在着文化上的差异，这种文化上的差异包括思维方式、价值观念、生活方式等。文化上的差异常常是导致文化冲突的重要原因之一。民族聚居区高校文化冲突一般表现为教师文化和学生文化之间、学生家庭文化与学校文化之间、学校文化与社会文化之间的冲突。民族聚居区高校校园文化的冲突性对学校教育会产生一定的负面影响。同时，民族聚居区高校的校园文化又具有整合性。民族聚居区高校的校园文化对不同文化的渗入进行着整合，使各种不同文化间的冲突得到协调，使各种文化朝社会主流文化趋同，同时又不失其特性。教育人类学认为，学校是主体文化实现其社会目的最重要的场所，它不能替代其他文化的适应过程，而是使这些文化适应获得升华、抽象为文化的现代方式。学校里始终存在着跨文化冲突，同时也存在着主流文化对各种文化的整合。在民族高校里，由于多元文化存在的复杂性，这种冲突和整合表现得尤为强烈。

（三）西部民族聚居区高校校园文化建设的特殊性

西部民族聚居区高校校园文化建设既具有全国各高校校园文化建设的共性，也具有其特殊性。深入研究和把握这种特殊性，是提高西部民族聚居区校园文化建设针对性和时效性的前提和基础。根据高等教育法的规定，育"德"、育"智"、育"体"、育"美"、育"劳"文化的培育是大学校园文化建设的"共性"。此外，刘道玉在对我国传统文化进行反思和对大学生素质进行长期调查的基础上提出德、

七 "三化四育"：西部民族聚居区高校校园文化建设模式

智、技、群、体、美"六育并重"的教育宗旨，时代感鲜明。① 每所成功高校的校园文化都是具有其自身独特个性的文化，即与学校所处的位置、发展目标以及与学校发展战略、发展阶段等相适应的，能体现自身办学特色的文化，也有各高校相似的"共性"文化，即育"德"、育"智"、育"体"、育"美"、育"劳"等以育人文化为特征的群体文化。因此，加强西部民族聚居区高校校园文化建设，必须适应当今国际国内形势发展的要求，把加强对西部民族聚居区高校自身"个性"文化与高校"共性"文化建设有机结合起来，突出以西部民族聚居区高校自身为特色的高品位校园文化，因为校园文化的个性是校园文化的生命力，是学校特色的集中表现，也是西部民族聚居区高校校园文化建设的基本要求。笔者认为，西部民族聚居区高校校园文化建设有其特殊性。②

1. 西部民族聚居区高校校园文化建设所处环境的特殊性

与内地高校相比较而言，西部民族聚居区高校校园文化建设除了要面对共同的挑战外，还具有特殊的环境。西部民族聚居区社会环境对高校校园文化建设具有重要影响。一是西部民族聚居区一直以来都面对着境内外反动势力的煽动与渗透。长期以来面临着分裂势力的渗透破坏活动，分裂与反分裂的斗争长期、艰巨而复杂。境内外分裂主义势力一直在强化意识形态领域中分裂舆论的渗透。二是西部民族聚居区具有多民族文化、宗教意识浓厚的特点。新疆是多民族、多宗教、多元文化并存的地区，少数民族与汉族由于文化传统、人文地理、历史发展、风俗习惯等的不同而造成文化背景上的诸多差异。宗教信仰在民族地区有着比较广泛的社会基础。③ 目前，西部民族聚居

---

① 转引自汪子为《校园文化与创造力的培养》，湖北教育出版社2002年版，第9页。
② 王秋丽：《社会主义核心价值体系视域下的新疆高校校园文化建设》，硕士学位论文，新疆师范大学，2011年。
③ 徐魁峰：《试论民族院校学生思想政治教育的特殊性》，《广西社会科学》2001年第2期。

区的新疆，共有民族成分 47 个，其中世居新疆的少数民族有 13 个，大部分少数民族都有宗教信仰。三是西部民族聚居区作为民族地区，其经济、文化、教育发展相对滞后。要将西部民族聚居区高校校园文化建设置于更宽广的社会文化背景之中，特别是与西部民族聚居区本区域的政治、经济、文化背景紧密联系在一起。

2. 西部民族聚居区高校校园文化建设主体的特殊性

哲学概念中的主体是相对于客体而言的，是指人在一定条件下对客体所具有的某种自觉能动功能的哲学范畴。主体是指行为的发出者，是决定事物发生、发展、变化的主要方面，主体体现出能动性、自主性、选择性和创造性。存在着主体间性校园文化建设的主体不是单个人，而是校园里的每个人。因此，校园文化建设的主体就是曾经在该校园里生活或正生活在这个校园里的每一个"大学人"，包括大学领导、教职员工和大学生。新疆高校校园文化建设的主体具有特殊性。首先，教职员工的特殊性。西部民族聚居区高校教师队伍在民族构成上呈现出多元化格局，民汉教师各占一定的比例，有的西部民族聚居区高校民族教师比例高些，有的高校汉族教师比例高些。在学历结构上，由于经济文化的差异导致教师的学历水平整体上比内地高校低。其次，大学生的特殊性。西部民族聚居区高校都是民汉学生合校，少数民族学生占有一定的比例，在有的高校还占有相当大的比例，各族学生主要使用的是本民族语言，这和内地其他高校相比有着显著的差别。西部民族聚居区少数民族特殊的历史文化传统、社会发展、教育状况以及独特的风土人情和民族心理素质，使少数民族大学生在心理特点和知识素质方面均呈现出独特性。

3. 西部民族聚居区高校校园文化建设内容的特殊性

具体来说，每一所大学的校园文化建设都应该包括以下的内容：物质文化建设、制度文化建设和精神文化建设。而西部民族聚居区高校校园文化建设在内容上还要适应少数民族大学生的文化背景、民族风俗、生活习惯等，要结合西部民族聚居区多民族、多元文化的特点，建设好民族特色、地区特色鲜明的综合性院校。重点就是建设具有地域性特色的西部民族聚居区高校校园文化。物质文化特色是指西部民族聚居区各高校的建筑物、自然环境和人文景观应体现西部民族聚居区的民族文化、民族精神和办学理念。作为西部民族聚居区少数民族地区的高校，校园的主体建筑应同时具有民汉的民族风情。制度文化特色是指西部民族聚居区高校的制度文化除具有约束力、规范性的功能外，还应该具有增强全校师生辨别力和自控力的作用，使其自觉抵制各种不利于民族团结的落后思想和反动势力的引诱与利用。精神文化特色是指西部民族聚居区高校的校园文化活动在内容和形式上应体现民族色彩，例如，在新疆民族的节庆日，可以举办民族特色的庆祝活动，让人感受到不同民族的文化气息，同时增进各民族间的了解，只有相互了解才能相互尊重。西部民族聚居区高校的校园文化受民汉不同的民族传统价值观、文化背景的影响，这在校风、教风、学风中都有体现。

（四）"三化四育"：西部民族聚居区高校校园文化建设模式

"特殊的育人载体"是人才培养的重要组成部分和高等教育的重要内容。校园文化是以校园精神为主要特征的群体文化，是一个学校的精神气质、文化传统、优良作风和理想追求的综合体现。一定的校园文化意味着一定的办学传统、办学模式、办学特点与办学风格。在这种传统、模式、特点和风格中渗透着对大学价值的理解与创造，它们的形成与学校创建者的教育理想，主导性教育理念，历史性文化背景，地域性文化环境，时代性教育模式变迁等都有着非常密切的关系。民族聚居区特殊的文化环境，以及民族地区高校内部特殊的主体构成，使得民族聚居区高校校园文化呈现出鲜明的民族性、文化多元性和民族文化的冲突性等特征。加强民族聚居区高校校园文化建设，有助于协调民族关系，促进民族团结；有助于各民族学生在多元文化环境中的社会化。在办学实践中，坚持以理想信念教育为核心，建设"各美其美，美人之美，美美与共"的民族大家庭，围绕校园文化中物质文化、精神文化和制度文化建设，民族聚居区高校形成了以"三化四育"为载体的校园文化建设模式，并始终贯穿在校园文化建设的全过程里。"三化"即中华民族的认同化、多民族共处的和谐化、生活的现代化；"四育"即系统化的理论教育、课程化的实践教育、民族化的环境教育和严格化的管理教育。

1. 在校园文化建设中重点突出"三化"
（1）中华民族的认同化

高度的国家认同意识，是多民族国家人心所向、国力强大的标志。胡锦涛同志在国务院第五次全国民族团结进步表彰大会上的讲话中强调指出：

> 我国每一个民族都是祖国大家庭不可或缺的重要成员，我国每一个民族都为中华民族发展壮大作出了重要贡献，我国每一个民族都是全面建设小康社会、加快推进社会主义现代化、坚持和发展中国特色社会主义的重要力量。只有56个民族拧成一股绳，中华民族才能拥有强大民族凝聚力，才能不断创造历史伟业，才能战胜各种困难和风险挑战，才能维护祖国统一安全，才能巍然屹立于世界民族之林。我国民族团结进步事业反映了全国各族人民共同意志，符合全国各族人民根本利益。要大力增强我国各民族对中华民族的归属感、对中华文化的认同感、对伟大祖国的自豪感。

2014年5月，习近平总书记在第二次中央新疆工作座谈会上强调："各民族要相互了解、相互尊重、相互包容、相互欣赏、相互学习、相互帮助，像石榴籽那样紧紧抱在一起。"只有最大限度地团结

七 "三化四育"：西部民族聚居区高校校园文化建设模式

各族人民，最大限度地凝聚各族人民的智慧和力量，最大限度地发挥各族人民当家做主的权力，才能同心同德实现"两个一百年"奋斗目标，才能实现中华民族伟大复兴的中国梦。

因此，民族聚居区高校应以校园文化为依托，注重对少数民族大学生加强中华民族的认同教育，以进一步巩固各族人民大团结，增强中华民族的凝聚力，维护祖国统一，建设社会主义和谐社会。民族聚居区高校校园文化建设主要围绕"四个认同"展开，即对祖国认同、对中华民族的认同、对中华文化的认同和对中国特色社会主义道路的认同。

第一，对祖国的认同。马克思主义认为，祖国不仅是指在物质生产基础上形成的特定的经济、政治、文化和社会环境的系统，同时也是指包括一个或多个民族的全体居民在内的社会共同体及其意识形态。我国是一个由56个民族组成的社会主义国家，各族人民既是本民族的成员，也是中华民族的成员。因此，对祖国的认同主要是教育少数民族大学生要深刻认识到我们的国家自古以来就是一个统一的多民族国家，各民族共同缔造了伟大的祖国，共同捍卫了祖国的统一，维护祖国统一和社会稳定是各族人民的根本利益所在，祖国的利益高于一切。各族人民只有把自己的命运同祖国的命运紧密地联系在一起，祖国才能繁荣富强，个人才能得到全面的发展。进一步强化少数民族大学生的国民意识和公民意识，把维护祖国统一和加强民族团结作为其神圣职责，旗帜鲜明地维护国家利益和尊严，只有这样，国家才能因民族团结而兴旺。

第二，对中华民族的认同。对中华民族的认同就是要让少数民族大学生深刻认识到，中华民族是由我国56个民族相互依存、共同发展凝聚而成的，每一个民族都是中华民族的组成部分，都是中华民族大家庭里的一员，都和这个大家庭血肉相连，休戚与共。只有中华民族繁荣昌盛、国家兴旺发达，各民族的权利和发展才能得到保证。各民族要树立中华民族利益高于一切的思想，始终把中华民族的共同利益摆在首位。纵观历史可以看出，中华民族是具有很强凝聚力的伟大民族，中国人民是勤劳、智慧、勇敢的人民，正是由于各民族对于祖国有着很强的向心力和自强不息的奋斗精神，才使中华民族屹立于世界民族之林。只有这样才能促进社会主义祖国的繁荣昌盛，维护社会主义祖国的统一和安全，同心同德为建设中国特色社会主义，实现中华民族的伟大复兴而奋斗。

第三，对中华文化的认同。文化是民族的根，是国家的魂。中华文化之所以能绵延不断，重要原因之一就是这种文化具有兼容并蓄、与时俱进的特征。增强少数民族大学生对中华文化的认同，就是要使其深刻认识到，我们伟大的祖国是历史悠久的文明古国，在历史发展的长河中，智慧、勤劳、勇敢的中华民族创造了千古流芳的中华文化，各民族都为创造和发展中华文化做出了应有的贡献。古老而灿烂的中华文化陶冶了中华民族的高尚情操，培育了中华民族的精神文明。国家的发展和强盛，民族的独立和振兴，人民的尊严和幸福都离不开强大文化的支撑。教育少数民族大学生在复杂的国际背景下要警惕国际敌对势力和民族分裂势力通过思想文化等渠道对我国各族青少年进行渗透和腐蚀。要深入开展反对民族分裂主义的斗争，彻底清除形形色色腐朽文化的影响，坚决抵制利用思想文化手段从事民族分裂活动的反动宣传。在弘扬祖国传统文化精华，吸收国外优秀文化成果的同时，要采取有力措施遏制腐朽文化和丑恶现象的滋生蔓延，净化社会环境，提升精神境界。

第四，对中国特色社会主义道路的认同。对中国特色社会主义道路的认同就是要让民族聚居区高校学生深刻认识到，中国走上社会主义道路是一个客观事实，是正确的选择。坚持社会主义道路，是中国共产党人的坚定信念，是中国历史发展的必然趋势，也是中国各族人民的必然选择。历史反复证明：只有社会主义才能救中国，只有中国特色社会主义才能发展中国，这已成为各族人民的共识。我们经受住了东欧剧变、苏联解体的严峻考验，成功举办了北京奥运会、残奥会，圆满完成了"神舟七号"载人航天飞行任务，沉着应对了国际金融危机的冲击。这些都充分显示了中国特色社会主义制度的强大力量,充分显示了各族人民大团结的强大力量。

(2) 多民族共处的和谐化

民族聚居区高校60%—70%是少数民族学生,他们有着不同的文化背景,有着自己民族性格的烙印和民族习惯的痕迹,这就使这类学校成为文化冲突的场所,多民族学生和谐相处是这类高校稳定和发展的关键,要形成各民族学生之间相互尊重、和睦相处、广容博纳与兼容并蓄的多民族和谐共处的氛围。这类高校在校园文化建设中应积极引导和培植"平等、团结、互助"的基本人际规范。各民族学生要相互尊重,互相学习,互相合作,互相帮助,不断巩固和发展各族师生的大团结,促进校园文化多民族共处的和谐化。

第一,平等是多民族学生和谐共处的基石。要让少数民族大学生认识到,各民族不分大小,不分历史长短,不分先进落后一律平等,是我国解决民族问题的基本立场。平等不仅是政治上的平等,而且是经济、文化和社会生活方面的全面平等;共同发展、共同繁荣是实践全面平等的基本途径。民族聚居区高校多民族和谐发展,要确立各民族平等的观念。

第二,团结是多民族学生和谐共处的保证。各民族学生的团结,是这类高校发展的保证,也是衡量民族聚居区社会和谐程度最重要的指标。民族聚居区高校肩负着民族团结教育的重要使命,教育教学中应始终坚持这一主题。

第三,互助是多民族学生和谐共处的动力。各民族学生共同团结奋斗、共同发展是通过互助实现的。没有互助,就不可能实现"共同"。互助是民族关系充满活力的表现,其特点是各民族之间互动关系的日益密切和相互依存。汉族离不开少数民族,少数民族离不开汉族,少数民族之间也相互离不开,这既是中国形成统一的多民族格局的历史动因,也是实现中华民族伟大复兴的现实动力。

(3) 各类生活的现代化

随着民族聚居区高校的发展,这类高校学生的生活服务也有了新的变化,走向了现代化的轨道,各民族学生在学习知识的同时,享受着现代化的生活。

一是基本建成了数字化校园。这类高校建成了校园网络工程,校内网络连接全面光缆化,实现千兆带宽到主要教学、科研、办公和公寓楼群,百兆带宽到楼层的高速宽带校园网络。并以校园网为载体,建成了集身份识别、校内消费(食堂就餐、商店购物、手机上网、医院诊疗、资料复印、洗澡、理发等可直接支付)、校务管理(图书借阅、自行车存放、门禁出入、考勤考绩、学籍、医疗信息等管理)、金融服务于一体的"校园一卡通"服务系统。

二是文体活动设施先进。这类高校拥有了室内多功能体育馆,400米标准塑胶跑道和标准人造草皮足球场,标准篮球场、排球场、羽毛球场、乒乓馆、健身房、游泳池和全民健身中心等丰富的体育设施。还建有各类优秀艺术作品展览的艺术中心、体操房、钢琴房、舞蹈房、素描室、学生活动中心、楼寓活动室等公共服务设施。

三是各类生活服务设施齐全。这类高校在完善学生公寓硬件设施的同时,采用分区分类安置学生住宿办法,以专业化的物业管理服务为住宿学生创造安全有序、文明整洁、温馨祥和的住宿环境;饮食服务中心能以"多种经营、多层次服务"为理念,注重各地口味菜肴的制作,每天有多种菜肴可供学生挑选。每间餐厅配备了清洁卫生的不锈钢餐具。中心还设置了食品化验室,检测食品原材料、餐厅餐具、水质、空气质量等,确保卫生安全;学生公寓区和校园周边有建设银行、农业银行和邮政局设立的办理处和自动柜员机,为学生提供存取款、汇款、转账等服务。

2. 在校园文化建设中强化"四种"教育

(1) 系统化的理论教育

民族聚居区高校要始终坚持用马克思主义中国化的最新理论成果武装教育学生,要进一步巩固马克思主义在意识形态领域的指导地位;使广大各族师生牢固树立在中国共产党领导下,走中国特色社会主义道路,实现中华民族伟大复兴的共同理想。特别是通过鲜活生

七 "三化四育":西部民族聚居区高校校园文化建设模式

动、丰富多彩的校园文化建设活动,扎实推进党的理论创新的"三进"工作,真正做到系统进教材、生动进课堂、扎实进头脑,使各民族学生认识到中国特色社会主义是当代中国发展的旗帜,是全党全国各族人民团结奋斗的旗帜;只有中国特色社会主义这条道路和这个理论体系,而没有什么别的道路、别的理论体系,能够解决中国今天的问题,从而打牢各族师生团结奋斗的思想基础;开展以爱国主义为核心的民族精神和以改革创新为核心的时代精神教育,使各族师生始终保持开拓创新、昂扬向上的精神状态;深入持久地开展社会主义核心价值观教育,着力解决师生思想道德领域存在的突出问题,建设优良的校风、教风和学风;把社会主义核心价值体系的基本要求贯穿于大学思想教育、教学、管理和科研的全过程,引领校园中的各种社会思潮,使各族师生掌握马克思主义的立场、观点和方法,树立正确的世界观、价值观、人生观和政治观、道德观,从而为校园文化建设奠定坚实的思想基础,形成优秀的校园精神文化,促进大学校园文化的健康发展。另外,这类高校主要通过对学生加强文学、历史、哲学、艺术等人文社会科学方面的通识教育,以提高各民族学生的文化品位、审美情趣、人文素养和科学素质。

(2) 课程化的实践教育

课程理论认为,大学活动课程的实施既是知识与社会准则的内化过程,也是实施创新教育和促进个体社会化的有效实践教育途径,是以学生为中心的教育目的与以社会为指向的教育目的的有机统一,表现为个人本位与社会本位两种价值取向的隐性融合。民族聚居区高校在广泛借鉴国内外课程建设先进经验的基础上,结合自己办学的实际,在办学实践中进行了有益的探索和实践,将活动课程纳入人才培养方案,进行课程化的实践教育,开展独具特色的以"活动课程"为载体的校园文化建设。

一是开设社团类活动课程作为学生选修课程。旨在通过社团类活动课程使某一方面具有潜能和特长的学生得到进一步发展,并对学生的价值观、心理素质和综合能力等各方面产生影响,为其将来的职业生涯打下坚实的基础。

二是开设社会实践类活动课程作为学生选修课程，分团队实践活动和个人实践活动。旨在通过社会实践活动，使学生了解国情和专业领域的基本情况，增强学生的忧患意识、竞争意识，激发学生为报效祖国而努力学习的激情；将学生所学知识应用于社会实践，提高学生分析问题、解决问题的能力；培养学生的创新精神和实践能力。

三是开设科研类活动课程作为学生选修课程，分科学研究和学术报告两门课程。科学研究旨在通过有组织的课题研究使理论知识和实践相结合，拓展学生的思维模式，增强学生的科研参与意识，营造良好的校园科技氛围；培养学生收集信息、处理信息的能力和创新思维与创新能力；提高学生分析问题、解决问题和合作协调与动手的能力。学术报告旨在拓宽学生的知识面，博采百家之长，使学生能更好地了解社会发展的前沿知识和学术动态，完善和发展自我。

四是开设劳动课程作为学生必修课程。旨在通过参加学校内公益劳动，培养大学生热爱劳动的习惯，增强自理能力和动手能力；养成爱护公物、珍惜集体荣誉和他人劳动成果的美德，使学生得到全面发展。

（3）民族化的环境教育

大学校园是朝气蓬勃、思想活跃的大学生学习、生活的场所，每时每刻都在与学生进行着互动。良好的校园环境有利于学生健康情感的熏陶和培养，有利于学生审美情趣的形成和提升，有利于文化知识的渗透和传播，有利于学生道德价值观的形成和提升。民族聚居区高校也注重校园环境的育人功能，在校园环境建设中，注重让校园充溢灵气，将校园中的一草一木作为知识的载体，每一个自然景观和人文景观都蕴涵着中华民族独特的文化底蕴和民族精神，提高校园环境的知识含量、文化价值、审美功能，形成宜人的空间变化、舒适的环境氛围、深厚的文化积淀、确立优美的大学环境所应具备的品质。在潜移默化中增强民族意识，积极体现民族传统文化与现代文化相融、共生的特点，将校园建设成为宜教宜学宜居的人文生态校园，着力建设园林景观型校园和人文生态型校园。

(4) 严格化的管理教育

如前所述,民族聚居区高校各民族学生有着强烈的进取心、求知欲、责任感,他们渴望成才,有着活跃、积极的品质,多才多艺、能歌善舞,但个体差异大,文化基础相对薄弱,受教育水平较低;由于长期生活在人口稀少、自然条件相对恶劣的环境中,在与大自然斗争的过程中养成了不畏艰苦的个性,表现出粗犷倔强的品性,但也因不适应城市生活,学习期间性情烦躁,而表现出自控能力差,和其他同学沟通困难,很容易因为缺乏沟通和换位思考而造成一些小摩擦和矛盾等;多数少数民族学生具有诚实守信、热情好客的优良品德,具有开朗直率、豪放豁达的个性,但情绪自控能力较差。部分学生由于长期养成的一些习性,性情狂躁,不遵守规则,随心所欲,放任自由。一些少数民族大学生情绪自控能力相对较差,看问题有时会比较片面,思想较易偏激,遇到不顺心的事情时不够冷静,不能寻求最有效的方法予以发泄和解决。

严格要求,严格管理是大学生成长成才的导航系统,要把不同生活背景、不同文化修养程度的学生培养成合格的人才是高校义不容辞的社会职能。教育家陶行知说:"什么是教育?简单一句话,就是要养成良好习惯。"大学生活主要是让学生生活上能自理,管理上能自治,思想上能自我教育,学习上能高度自觉。为使学生养成良好的学习、生活习惯,顺利完成学业,为以后的工作打下坚实的基础,这类高校探索出宽严相济的"自由+严格"的管理策略,针对各民族学生的特点在日常的学习、生活管理上做到严而有准、严而有度、严而有情和严而有异,使其在正确的轨道上发展,顺利完成社会化过程。

实证研究篇

一

维护西部民族聚居区高校
稳定的实践研究

——以甘肃民族师范学院为例

西部民族聚居区高校稳定是民族地区社会稳定的能动的重要组成部分。这类高校因其特殊的敏感性，历来是社会稳定的"晴雨表"和"温度计"，也是人们分析和评价社会稳定的一个重要参数。这类高校作为维护社会稳定的重要力量和重要环节，其自身的稳定又往往受制于社会政治方面的各种因素，反之，高校的不稳定又会影响社会政治的稳定。这类高校的稳定是维护社会稳定的有力支持，是高等教育事业改革发展的重要保障。随着高校在我国社会主义现代化建设过程中重要作用的日益凸显，高校与社会的互动必将进一步密切、频繁，高校稳定与社会稳定的相关性将大大增强。

（一）西部民族聚居区高校维护稳定工作的背景

西部民族聚居区高校的稳定工作与全国普通高校相比，既有共性的一面，也有特殊性的一面；既面临相同的问题，也存在特殊的挑战。西部民族聚居区高校的稳定工作，除了按照党和国家的要求，以及各级教育主管部门和当地政府的要求，建立健全维护高校稳定的工作体系与机制外，还应当充分考虑到西北地区民族高校的特殊性，从而制定相应的对策。事实上，从这类高校稳定的历史与现状来看，稳定问题的核心是民族问题、宗教问题及由民族和宗教问题所引发的一系列问题。在这类高校中，即使原本普通的问题和事件，如果处理不好也往往会演化成民族问题、宗教问题，并会在民族地区引起不稳定。

甘肃民族师范学院位于内地通往藏区的门户——甘、青、川三省交界处的甘南藏族自治州首府合作市，这里是安多藏区民族宗教文化中心，同时也是甘肃及周边省区少数民族最为集中的聚居区，学校在维护祖国统一、加强民族团结、促进藏区稳定方面具有特殊地位。

（二）甘肃民族师范学院维护学校稳定工作的措施与经验

2008年以来，随着藏区不稳定事件的频发，学校在维护地区稳定中的作用及影响不断凸显，保持并维护校园稳定，即维稳工作已经成为学校的重要责任。学校维稳工作经历了2008年、2009年的应急处置，2010年、2011年的机制建设及2012年、2013年的体系完善三个阶段，构建起了"防范有序、处置有力、重在教育"的工作体系，探索出了一条适合民族地区高校校园维稳的新路子，为高校校园维稳工作积累了经验。

1. 防范有序

学校根据不同时间段维稳工作所呈现的特点，实施分层、分类管理，健全相关机构，完善相关制度，细化工作措施，从而使防范工作有机构、有制度、有措施，为校园稳定提供了保障。

（1）机构体系的建立

学校成立维稳工作领导小组及其工作机构，全面负责维稳工作；保卫部门建有治安联防队，人事部门建立教职工应急队伍，各系建立维稳信息员队伍及辅导员、大学生自律委员会等队伍，已经成为处突维稳的主体力量。学校在不同时间段组织各级队伍开展应急演练，以提高突发事件应变和防范能力。

（2）制度体系的形成

预案制度体系的确立。围绕维稳三阶段、处突三环节的要求，对各项工作形成制度。制定了《学校安全管理专项整治工作实施意见》《预防和处置突发事件应急预案》《维稳应急工作预案》《校园安全隐患排查整改实施办法》和《地震应急疏散演练方案》，形成了较为完整的预案体系；制定校系领导值周、值班制度，敏感时期实行学校、部门和系三级值班值守制；建立校领导联系点指导工作制度。

岗位职责制度明确。学校维稳工作实行一票否决制，制定具体的岗位工作职责。凡涉及校园稳定的重要工作、重大行动、重大问题，学校主要领导要认真研究，周密部署，履行第一责任人的职责；综治办、维稳办的任务具体，职责明确，各教学系以总支书记为第一责任人，与学校签订《维稳工作目标责任书》，并严格按照责任书确定的目标和内容，层层分解任务，实施包抓责任制，确保责任到位，措施到位，人员到位，实现"系不漏班，班不漏舍，舍不漏人"。

（3）工作措施具体

常态化维稳。维稳工作常年坚持不懈，系领导、班主任和辅导员坚持深入班级、宿舍，了解学生学习和生活情况，掌握学生思想动态；做到"三检查"，检查早操、自习和公寓，落实早操、晚自习点名制度，保证学生在可控范围内；做到"三研判"，即班主任、辅导员每周进入公寓不少于三次，并对所了解情况进行一次分析，各系根据班主任、辅导员分析材料每半月进行一次分析，学校则根据教学系的意见每月进行一次分析，力求做到心中有数，针对不同时期出现的问题及时解决，努力将事态控制在萌芽状态。

敏感期维稳，指每年3月"两会"等重大活动时间段。实行值班制度，全面启动学校、部门和系三级值班值守制；实行联系制度，落实学院领导联系系、系领导联系班、班主任及教职工联系宿舍的工作，广泛开展谈话谈心活动，做到谈心到位，确保每个班级、每个宿舍、每个学生都有人负责，有人教育、引导和关爱；实行逐天研判制度，值班领导每天召集相关人员分析情况，研判形势。如果遇重大事件则召开党委会研究，安排部署工作。

重点期维稳，即有苗头、有可能出现不稳定事件的时间段。启动应急预案，升级维稳工作强度，加大对学生的把控力度，加大深入宿舍频次，班主任每天入宿舍，24小时严控学生，从早操—上课—晚自习—就寝四环节实行无缝隙看管交接；加强技防控制，进行24小时检查，一旦发生聚集事件，各维稳队伍在规定时间内到达，迅速形成合力，全力化解聚众行为，快速处置；严格准入制度，加强校门值守和公寓监管，加大校园巡查督查力度。

2. 处置有力

学校建立快速反应机制，对各种影响稳定的苗头性、倾向性问题，立足防范，抓早抓小；对突发事件，领导小组及时采取措施，各级负责人在第一时间赶赴现场，做到快速反应，及时应对，各支队伍果断处置，快速处置工作机制形成。

（1）以快速反应为基点的处置联动机制的建立

程序明确：重大问题由领导小组讨论决定，统一决策指挥；一般性问题的处理、上报、下达事宜，由维稳办请示领导小组后执行；各系、各部门在维稳办的统一指导、协调下，分工负责，各司其职，积极主动地开展工作。

方式简捷：在发生不稳定事件后，学校进入全面应急状态，启动应急预案，值班人员在第一时间向值班校领导、维稳办、当日值班负责人报告；事件发生时的值班人员、各级队伍快速进入现场，校系两级领导、各系应急分队、治安联防队10分钟内到位，控制局面，进行紧急处置。

保障有力：在发生突发事件后，应急指挥系统保障全面启动，维稳办、综治办实行24小时值班，实行零报告制度，学校各单位值班室及主要负责人的联系网络，保证畅通；学校后勤保障体系应急联动，根据工作职责组织好救助、疏散、安置、后勤保障等工作；发现事态有进一步扩大的趋势,有可能超出自身的控制能力,马上与地方维稳指挥部门联系,实施应急行动。

(2) 以疏导救助为主的处置模式形成

社会稳定类事件的处置以疏导为主,教职工全体动员,实施现场控制,疏散聚集学生,以情绪疏导、劝阻为主,快速平息事态,恢复秩序;学生集会、游行,学生管理人员以劝阻和随队维持秩序为主,防止出现过激违法行为;校外人员群体性围堵、冲击校门,破坏学校财产,干扰正常教学秩序,保卫处、教职工联防队、应急分队严防死守,坚决制止校外人员进入校园,并向州维稳办、维稳指挥部及公安机关汇报,争取支援。

3. 重在教育

学校将学生思想教育作为维稳工作的落脚点,通过教育引导、加强教育针对性、强化行为养成等举措,帮助学生树立正确的人生观、价值观、世界观,努力培养"政治可靠"的社会主义接班人。

(1) 思想教育把握层次性、系统性、多样性特点

坚持以教育引导为主,开展马克思主义宗教观和党的宗教理论政策的教育,引导学生形成正确的政治观、宗教观;开展法制宣传教育,组织宪法、民法、民族区域自治法、国旗法、集会游行法等知识的学习,使每一名学生都能全面地接受一次法制和民族理论政策的教育培训;通过网络、广播、报纸、专栏等媒体宣传党和国家的民族政策,宣传中央和省、州维稳的指示精神,宣传国家支持藏区发展的政策及藏区建设发展的巨大成就。学校将民族团结教育与维护校园和谐稳定相结合,坚持不懈地开展精神文明宣传教育、国防教育和校规校纪教育,使广大师生进一步增强法制意识和民族团结意识,为学校改革发展营造安全稳定和谐的环境。

(2) 思想教育把握学生的心态、热点和关切点

加强思想教育的针对性。在"3·14"事件之后,全面开展"爱祖国、反分裂"系列主题教育,禁止学生组织和参与非法游行、示

威、静坐、集会等活动，坚决禁止编织、传播涉及藏区社会稳定的有害信息；针对分裂势力利用个别家庭矛盾、个人感情问题、学习落后、经济困难及思想消极人员进行教唆、煽动的特性，有针对性地开展工作，做好内部防控、管控，严防学生非法聚集；针对藏区"自焚"活动，开展"珍爱生命、反对自焚"主题宣传教育活动，深入揭批自焚行为反宗教、反社会、反人类、反人性的本质，引导广大师生坚决抵制、自觉抵制自焚行为，教育广大学生珍视生命，热爱生命。

（3）思想教育要把握学生行为养成的切入点

把行为养成作为思想教育的重要内容，以行为养成促进素质提升，广泛开展"厉行节约，反对浪费"教育活动，积极建设节约型校园；以"勤俭节约，反对浪费"为内容，提倡朴素的生活习惯，以"民族团结，反对分裂"为内容，提倡友爱的生活风尚，促进各族大学生文明行为的养成，提升学生的综合素质，使其全面成才。

4. 取得的基本经验

（1）抓住三个重点，是做好维稳工作的前提

深入细致的谈心活动。每学期开学，学校都要广泛深入开展师生谈心活动，学校领导、中层干部和班主任分工负责，面向全校学生开展谈心活动，及时了解摸排学生思想动态，特别对有家庭矛盾、经济困难的学生进行心理疏导，做好人文关怀，帮助解决问题，建立和谐友爱的师生关系，让维稳工作有了良好的群众基础。

科学有效的研判活动。加强情报、信息收集工作，建立信息员队伍，定期开展信息研判，了解掌握学生思想动态，准确把握形势，做到维稳工作有的放矢。

严格具体的学生管理活动。学校建立了符合民族院校实际情况的学生管理制度，加强教室、宿舍管理，创建整洁、卫生、文明向上的学习生活环境；加强安全管理，确保师生人身财产安全；加强校内外大型学生活动管理，确保安全有序；重视和加强心理辅导工作，开展

经常性的心理辅导报告和咨询工作。

（2）抓好三项内容，是强化思想教育的基础

深化理论教育，夯实思想基础。积极发挥"两课"主渠道教育，系统深入地进行马克思列宁主义、毛泽东思想、邓小平理论、"三个代表"重要思想、科学发展观和习近平新时代中国特色社会主义思想教育，帮助大学生树立正确的理想和信念，加强大学生"三观"教育，推进习近平新时代中国特色社会主义思想和党的十九大精神、社会主义核心价值体系与"中国梦"宣传教育进课堂、进教材、进师生头脑，增强学生的理论认同、政治认同、情感认同。

广泛开展民族团结月专题教育。优化民族团结教育"12345"工程，面向全体学生开设民族团结教育课程，把民族团结进步教育贯穿到校园文化活动之中，打造以"民族团结 薪火相传"为主题的文艺品牌活动，旗帜鲜明地开展反分裂专项教育活动，广泛开展党的民族理论和民族政策、宗教政策教育，加强"两个共同"和"三个离不开"教育，推进"四个认同"教育。

积极开展党团组织的主题教育。坚持以党委中心组为龙头，进行以党、团组织生活会、教职工理论学习等为主的学习教育。延伸党团组织教育学生的覆盖面，定期开展学生公寓党团组织生活，增强党团组织对学生教育的影响力。

（3）突出三个要点，是推进维稳工作长效性的关键

提高思想认识。树立"维稳压倒一切"的思想，把维稳工作落实在办学指导思想当中，使维稳工作成为考察、评价学校工作，实现办学目标的重要内容。做好维稳工作也是学校考察、评价部门、教学系工作的主要指标，实行"一票否决制"。

实施常规建设。把维稳纳入常规工作中，年度有部署、阶段有计划、具体有方案；维稳工作已成为学校年度工作计划的主要内容之一，每年3月开展和谐校园建设教育月活动，确定不同主题，制定工作方案。

开展理论研究。把握高校维稳工作的规律，使维稳工作在防控、

处突、教育三个方面有机结合，有序开展。不断归纳、总结，广泛开展理论研究，对校园安全维稳课题加大扶持力度，积极推进理论成果转化，使之成为指导实践的重要依据。

（三）评析

1. 高校领导要切实将稳定工作置于首位，常抓不懈

甘肃民族师范学院的经验证明，对稳定工作重视与不重视不一样，切实重视与口头重视不一样，抓与不抓不一样，临时应对与常抓不懈不一样。西部民族聚居区高校领导一定要将维护民族高校稳定工作置于维护高校稳定、民族地区稳定乃至国家稳定的高度来认识和处理，不能简单地将学校稳定只看成是学校内部问题、一般性问题、局部问题、次要问题，而要将民族高校稳定看成是社会问题、政治问题、大局问题、主要问题。为此，这类高校领导层要时时关注稳定工作，将稳定工作切实纳入学校日常管理规划之中，制定切实可行、符合民族高校实际的工作体系与机制，层层落实，分工负责，将各种矛盾和潜在的不稳定因素消灭在萌芽状态。这类高校一定要做好各部门、各岗位主要领导的选拔任用工作，将那些政治素质高、精通民族事务、业务能力强的干部选拔到主要领导岗位上。这也应该成为民族院校内部各级岗位用人的一项基本原则。

2. 充分认识西部民族聚居区高校学生管理工作的特殊性，积极探寻行之有效的学生管理办法

西部民族聚居区学生管理工作不同于普通学校，有其自身的特殊性，主要体现在管理的对象即学生的特殊性上。首先，学生的民族构成差异大。在这类院校中，各少数民族学生往往占大多数，且民族种类多。不仅少数民族学生与汉族学生之间有差异，而且在少数民族学生中，不同地区、不同民族之间存有差异，不同地区同一民族与同一地区不同民族之间也有一定的差异。这就使得民族院校的学生在生活

方式、风俗习惯、语言文化、宗教信仰、思想观念等方面存在很大差异。其次，少数民族学生心态既单纯又复杂。许多少数民族学生来自文化传统相对纯朴的民族地区，一些学生甚至来自相对闭塞的农村、牧区，较少受到现代社会思想和行为的影响，对现代城市多元文化缺乏直观感知和体验。当他们远离家乡来到城市，来到多民族社会大家庭后，会产生许多不适应，会出现焦虑、烦躁、苦闷、孤独、自卑等各种不良心理反应，孤独感、无助感油然而生。在这种情况下，他们往往通过与本民族同学加强联系、紧密团结、共同行动，来寻找一种安全感和归属感，并对其他民族同学产生自觉不自觉的远离和不信任心理，表现出其复杂性的一面。再次，民族小团体意识强。由于生活方式、风俗习惯、语言文字等多方面的差异，极易使少数民族学生从归属需要出发而依附于某一个小团体，以便从中获得安全感和安慰。小团体的类型和规模常常处于变化之中，有的以地区为组合，有的以民族为组合。小团体往往有很强的凝聚力，但这种小团体也容易使各民族学生间产生一种隔离、封闭，甚至是对立的状态，小团体的消极作用往往大于积极作用。

3. 加强对少数民族学生进行民族宗教政策教育

少数民族学生普遍有较强烈的民族宗教认同意识，这是由民族问题和宗教问题的历史性、复杂性所决定的。因此，正视民族宗教问题，加强对少数民族学生进行民族宗教政策教育，使他们正确理解党和国家的民族宗教政策，是民族聚居区高校一项不可或缺的重要任务。加强民族宗教政策教育，让广大少数民族学生形成正确的民族观、宗教观，真正理解国家的民族宗教政策，是维护民族高校稳定的基础性工作。

参考文献：

丁志刚：《新时期维护西北地区民族高校稳定的主要举措》，《民族教育研究》2008 年第 4 期。

李长贵：《我国高校稳定工作的对策》，《江苏高教》2001年第5期。

何峰：《民族院校校园稳定与学生教育研究》，《青海民族研究》2013年第1期。

（甘肃民族师范学院王莅）

二

民族文化传承中民族聚居区高校的作用分析

——基于西北四所民族院校的调研报告

  随着社会的经济发展和现代化进程，我国多姿多彩的少数民族文化正面临着传承和保护的严峻挑战。在对民族文化传承和教育进行系统研究方面，我国还处于起步阶段。对于民族文化的传承和发展，如何从教育角度进行系统性的研究和探索，是多元文化背景下的教育工作者，特别是民族地区的教育工作者值得深思和探讨的领域。本文以教育部人文社会科学重点研究基地西北师范大学民族教育发展研究中心"西北少数民族聚居区高校办学模式研究"课题调研组分赴新疆、甘肃、宁夏和青海四省（区）民族聚集区高校的调研材料为基础分析、民族文化传承中民族聚居区高校之特性，旨在为民族文化的传承和发展提供一些有益的尝试。

  所谓民族文化是指"各民族在其历史发展过程中创造和发展起来的具有本民族特点的文化"[①]。它既包括一个民族物质文化的内容，也包括精神文化的内容。文化传承"是指文化在民族共同体内的社会成员中做接力棒似的纵向交接的过程"。民族文化传承有广义和狭义之分。广义的民族文化传承是指一个国家（可以是多民族国家也可以是单一民族国家）的文化传承，如中华民族文化的传承。狭义的民族

---

① 《中国大百科全书·民族卷》，中国大百科全书出版社1986年版，第313页。

文化传承是指某单一民族的文化传承。这里提及的民族文化传承是狭义的民族文化传承，特指少数民族的文化传承。文化传承依靠什么途径？其主要传承工具就是教育。教育人类学家认为，教育是文化的生命机制。正是在教育的作用下，文化才得以产生、保存和积淀，得以弘扬、创造和发展。可以说，教育是民族文化传承的内在动力。

民族聚居区高校特指狭义教育（学校教育）中的少数民族高等教育。少数民族高等教育包含三层意思：第一，少数民族高等教育的对象主要是少数民族；第二，主要建在少数民族地区，直接为少数民族地区社会发展服务；第三，少数民族高等教育的专业教育中有一部分是少数民族传统科技与文化专业及其与常规专业相交叉的专业教育。

从办学特色上看，民族聚居区高校是指建在民族自治地区内，招收少数民族和汉族学生，为本自治地区培养人才，直接为少数民族自治地区经济和社会发展服务的高校。它不但特指少数民族高等教育中主要建在少数民族地区的高校，直接为少数民族地区社会发展服务的高校，而且它所涵盖的对象主要是少数民族和一部分少数民族传统科技与文化专业及其与常规专业相交叉的专业教育。如西北民族聚居区的喀什师范学院（新疆喀什市）、甘肃民族师范学院（甘肃甘南藏族自治州）、青海民族师范学院（青海海南藏族自治州）、宁夏师范学院（宁夏固原市）。

首先，该类高校均地处民族聚居区，民族学生占学生总数的70%以上（青海民族师范学院占80%以上，甘肃民族师范学院占70%以上，喀什师范学院占76.1%，宁夏师范学院生源大部分来自宁夏各地区，外省籍学生不到10%）；其次，设立在这一区域的高校基本上以师范教育为主；第三，从文化限定而言，这一区域主要包括两大民族文化圈：一个是以藏族、蒙古族等少数民族为代表的佛教文化圈；另一个是以回族、维吾尔族等少数民族为代表的伊斯兰文化圈。[①]

[①] 曹能秀、王凌：《少数民族地区的学校教育和民族文化传承》，《云南师范大学学报》（哲学社会科学版）2007年第2期。

二 民族文化传承中民族聚居区高校的作用分析

我国少数民族高等教育在文化取向上具备"二重性",即在中国这样一个统一的多民族国家中,少数民族高等教育在国家的教育方针、政策及民族理论的统一指导下,既具有普通高等教育的共性,在其培养目标、教学内容、教学用语等诸多方面又具有民族自身的独特性和多样性。这样,由文化引发的统一性与多样性,共同性与独特性的"两面兼顾""和谐统一"① 就构成了现代少数民族高等教育的二重性。即少数民族高等教育既要考虑本民族的发展和需要,适应本民族的文化环境,体现本民族的文化特色,为本民族和本地区的现代化建设培养各类高级民族人才,这是少数民族高等教育的第一性或民族个性;同时少数民族高等教育又要兼顾以汉民族为主体的统一的多民族国家的发展和需要,兼顾多元一体的国家共同的大文化背景,培养具有多元文化适应能力和跨文化学习能力的现代人才,这是少数民族高等教育的第二性或多元性。第一性与第二性有机统一就构成了少数民族高等教育的"二重性"。

少数民族高等教育的"二重性"决定了对民族传统文化进行深入的调查、挖掘、整理、传承和发展是民族聚居区高校的重要职责,也是其主要特色和办学的重要资本。民族聚居区高校使民族传统文化走向普及化、科学化、规范化,具有进行民族传统文化传承的系统功能。相对于其他非民族聚居区民族院校,民族聚居区高校在民族文化的传承方面具有其自身的特性,是民族文化在教育系统中的主传承场。

(一)将民族文化的传承根植于民族文化的土壤

在四所调研院校中,青海民族师范学院所在地藏族占总人口的57%,甘肃民族师范学院所在地藏族占总人口的54%,喀什地区汉族人口仅占总人口的8.5%,宁夏师范学院所在地回族占总人口的

---

① 王鉴:《西北民族地区多元文化与教育问题研究》,《当代教育与文化》2009年第1期。

44.5%。院校所在民族聚居区的主体民族是当地的少数民族，主体文化是少数民族文化。民族聚居区民族文化氛围浓厚，底蕴深厚，绵密长久。民族聚居区高校是民族文化背景下的民族高等教育机构，它把民族文化的传承与发展根植于民族聚居区的民族文化土壤，同时也将民族文化的传承植入了日常生活，民族文化支撑着民族聚居区高校，民族聚居区高校传承、发展着民族文化。

如甘肃民族师范学院藏语系针对藏族学生汉语水平较低的现状，结合民族文化将教育学、心理学等教师教育类课程改为藏语授课，并翻译出版相关教材，提高了民族学生对教育理论的理解和掌握。喀什师范学院所在地喀什，是维吾尔族占主体的聚居区，是维吾尔族古典名著《福乐智慧》的作者玉素甫·哈斯·哈吉甫的诞生地；是世界语言学名著、第一部《突厥语大词典》的编纂者麻赫穆德·喀什噶里的故里，是维吾尔音乐瑰宝——木卡姆的发源地，是极富传奇色彩的香妃的故乡，有闻名伊斯兰世界的全国最大的伊斯兰教礼拜寺——艾提尕尔大清真寺。民族的历史文化积淀十分深厚。诗人郭小川曾盛赞道："不进天山，不知新疆如此天高地远；不走南疆，不知新疆如此人强马壮；不到喀什，不知新疆如此源远流长。"①

（二）在当地民族文化传承中具有不可或缺的作用

第一，中华人民共和国成立以来，在党和政府的高度重视下，通过全国各族人民的艰苦努力，我国已建立起了包括幼儿教育、基础教育、高等教育等在内的较为完善的民族教育体系，教育规模不断扩大，教育质量显著提高。但不容忽视的是，由于多方面的原因，我国少数民族教育从总体上讲还落后于全国教育的平均发展水平，特别是

---

① 王锡宏：《少数民族教育双重性理论的提出及意义》，《内蒙古师范大学学报》（教育科学版）2004年第1期。

二 民族文化传承中民族聚居区高校的作用分析

民族聚居区的高等教育尤为明显。民族聚居区高校大多是从 20 世纪 80 年代开始创建或恢复的,从建校至今,作为民族聚居区高等教育组织,民族聚居区高校责无旁贷地担负起了服务民族地区,传承民族文化,为民族文化的传承与发展担当排头兵的重任。其作用和功能是其他内地院校包括民族院校所无可替代的,对于当地民族文化传承的作用不可或缺。

四所调研院校都是当地民族聚居区内唯一的高等院校。喀什师范学院是新疆南疆唯一的一所高等师范院校,也是祖国最西部的大学。学校已成为南疆地区培养少数民族师资的摇篮。在新疆教师教育和民族教育中,它承前启后,发挥着不可替代的重要作用。"该地区民族学生把喀什学院作为心目中的'清华'与'北大'。"[①] 本地区民族学生大多数考入该校,主要因为两个方面的原因:一是地理因素;二是社会文化氛围熟悉。青海民族师范学院位于青海海南藏族自治州,是青海省唯一一所建在牧区的民族师范院校,是青海省六州农牧区中培养小学合格双语师资的重要基地。

第二,双语教学既是民族文化传承的有力保障,也是使民族文化完成现代化转型的有效模式。民族聚居区高校普遍采用双语教学模式,培养民汉双语兼通的少数民族人才是其重要的培养目标之一,是双语人才培养的摇篮。如喀什师范学院,汉族或汉语有坚实基础的学生学习维吾尔语等少数民族语言,维吾尔族或维吾尔语过关的学生则学习汉语,以提高双语教学水平和教育教学质量。青海民族师范学院是全国唯一一所用藏汉双语教授数、理、化、计算机等学科的民族本科院校,并在此基础上进一步培养藏英双语人才。

(三)使民族文化载体具备活化性——教师、学生

第一,相对于社会分散的个人与其他团体,民族聚居区高校不仅

---

① 根据 2008 年 10 月 27 日晚的访谈材料而得。

是民族聚居区民族文化人才聚集的地方，而且有相当数量的民族文化专家、学者。在四所民族院校调研的教师中有50%以上的教师为少数民族。民族聚居区高校中的民族教师是民族文化的集中体现者和承载者，使民族文化传承的载体不再局限于单一的书本等物质形式。另外，特定的教师职业在民族文化传承方面，其影响力也是其他社会分散的个人和团体所无法比拟的。

第二，民族聚居区高校民族文化专家的社会兼职，可以为政府建言献策，以利于民族文化的传承和发展。如甘肃民族师范学院的赛仓·罗桑华丹教授，获得国家"有特殊贡献专家"荣誉称号，并享受国务院政府特殊津贴，兼任政协甘肃省委员会常委、政协甘南州副主席、中国佛教协会理事、甘肃佛教协会副会长、甘肃省民族研究所副所长、甘肃民俗研究会副会长等职。因为身处民族聚居区，熟知民族文化的内涵及特点，他通过建议、提案等方式为政府的各项民族文化政策出谋划策，使民族文化的传承与发展更为有效，更能与现代社会接轨。

第三，民族学生是民族文化传承的最佳主体。在四所民族院校调研的学生中有70%以上是民族学生，80%以上的学生毕业后服务于民族聚居区，民族学生增添了使文化传承更富生命力的人这一活化载体。作为民族聚居区青年中的佼佼者，在高等教育中他们是民族文化传承与发展的接受者，毕业后他们是民族文化的现实传播者。再加上少数民族均有尊重知识和人才的传统，使得民族文化的传承覆盖面更广，影响力更大。

（四）通过学科和课程设置整合、优化、传承和发展民族文化

在学校教育中，学科和课程是民族文化传承的主要载体和集中反映。民族聚居区高校学科和课程设置与其他院校若没有差异，就没有区别；没有区别，也就没有民族文化的特点；而没有民族文化的特

点，就难以传承和发展民族文化。立足于聚居区民族文化，民族聚居区高校学科与课程设置中除传统的民族语言、民族文学和民族历史外，还有结合当地民族文化的现状与历史建设，反映本校民族文化特色的学科和课程，对民族文化进行了有效整合、优化、传承和发展。

如青海民族师范学院结合青海地方特色和藏族文化传统，开发了《因明学》《藏族历算》《藏医概论》《佛学概论》等课程，其中《因明学》获省级优秀教材二等奖。并创建适合当地文化特点的民族经济学、民族文化学等一批特色学科，构筑了新的学科高地来整合、优化、传承和发展民族文化。

（五）通过科研整理、保存、传承和创新民族文化

民族聚居区高校的科研是整理、保存、传承和创新民族文化的有效手段。它在保留民族文化和地域文化的多样性，继承和发展民族传统文化，丰富中华民族文化宝库，促进各民族传统文化与现代化的融合等方面，扮演着重要角色。

如甘肃民族师范学院于1998年对赛仓·罗桑华丹教授此前的著述进行搜集，近400万字，其内容涉及语法修辞、佛教源流等藏学多种学科领域，将其整理为《赛仓文集》（共六册）。该文集2002年获甘肃高校2000—2001年优秀哲学社会科学成果一等奖；同年获甘肃省优秀社会科学成果二等奖；2004年获国家民委、新闻出版总署等单位组织评选的民族类优秀图书二等奖。青海民族师范学院藏文信息技术研究事业在李延福教授（享受政府特殊津贴专家）等人的带领下，承担了国家高技术"863"计划项目"汉藏科技机器翻译系统""实用化汉藏机器翻译系统"和国家自然科学基金项目"汉藏词汇翻译系统"的研究，并已通过国家级验收，使民族文化的传承与发展迈入信息化的轨道。

（六）民族聚居区高校是民族文化的综合作用场

民族聚居区高校往往是所在区域民族文化资源最为丰富的场所。除前面所述内容外，民族聚居区高校还通过成立民族文化中心、组织校园民族文化活动（校园民族歌曲大奖赛、民族舞蹈、音乐、服装设计等）、参与民族特色节日等，使民族文化传承的意识具体化、行动化、大众化，使民族文化的影响全方位、多层次、立体式展开，充分发挥了聚居区高校在民族文化教育中的核心作用。

如喀什师范学院设有"新疆少数民族民俗馆"，2005年9月作为新疆高校民俗馆，第一个被列入"中国高校博物馆专业委员会"的会员单位名录中。目前有藏品1000多件，主要是维吾尔等少数民族的生活用品、生产工具以及部分县（市）志等。立足喀什、辐射全疆，立足现存，辐射古今，展示出一些逐渐趋于消亡的物质和非物质文化的原生态。图书馆保存民族文化书籍13万册，涉及民族文化的各个方面。

多元文化教育理论强调文化的多元性和相对性，尊重文化间的差异，谋求各种文化的并存。"各美其美""美美与共"[①]。民族聚居区高校在进行当地主体民族文化传递的同时，还进行其他民族文化的传播，是文化纵向和横向运动的场所，是维系各族人民情感的纽带（语言的借用、互用），是展示各民族文化的窗口。

民族文化传承是一个多位一体的系统工程。对此，我们不得不承认民族聚居区高校在民族文化传承方面还存在诸多不足，如民族文化积淀不厚，办学实力不足，有的民族文化内容的传承尚处于起步或未开发阶段，等等。在现代信息社会里，民族文化的传承还离不开现代信息技术的支撑，民族文化的传承和现代信息技术的结

---

① 王鉴：《试论中华民族多元文化与一体教育观的形成与发展》，《广西民族研究》2002年第4期。

二 民族文化传承中民族聚居区高校的作用分析

合，也是民族文化传承中不可回避的现实。民族聚居区在经济发展上相对落后。因此，在民族文化传承方面需要政府在财政上给予必要的支持。

参考文献：

曲木铁西、黄秀华：《试论少数民族教育的分类》，《民族教育研究》2009年第4期。

孙亚娟、曹能秀：《学校教育促进民族文化传承的实践探索》，《学术理论与探索》2007年第6期。

陈立鹏、李娜：《我国少数民族教育60年：回顾与思考》，《民族教育研究》2010年第1期。

张俊宗：《民族聚集区高校的办学功能及其实现途径》，《高等教育研究》2009年第7期。

王鉴：《西北民族地区多元文化与教育问题研究》，《当代教育与文化》2009年第1期。

钟志勇：《学校教育视野中的民族传统文化传承》，《民族教育研究》2008年第1期。

吴日娜：《少数民族高等教育的二重性——蒙古族高等教育的民族性与多元性发展研究》，硕士学位论文，内蒙古师范大学，2005年。

滕星：《族群、文化与教育》，民族出版社2002年版。

王道俊、王汉澜：《教育学》，人民教育出版社1999年版。

（甘肃民族师范学院陈多仁）

三

高校人才培养目标定位的实践研究
——以西部民族聚居区四所高校的调研为例

高校人才培养目标是人才培养的规格和标准，是高校培养什么样人的一种价值主张和具体要求，也是高校人才培养工作的出发点和归宿以及人才观的集中反映，更是大学理想和使命的具体体现。从组织管理的角度看，高校人才培养目标定位关系到学校的方向选择、角色定位和办学特色，在教育系统中的地位与作用，以及关系到高校各项功能的发挥，是高校制定发展规划、拟定各项制度的依据，也是高校沿着正确方向健康、稳定、持续发展的保证。不同类型的高校应具有不同的人才培养目标定位和任务。

（一）民族聚居区高校人才培养目标定位研究的意义

在我国，民族高等教育的性质因其在民族意识、民族语言、少数民族居住区特殊的区位和自然条件的特殊性，而被作为一种特殊的教育来理解。我国民族高校的任务在于结合各民族的文化背景，培养大批合格的各类人才，振兴民族地区的经济，使各少数民族与汉民族共同繁荣发展。民族高等教育是我国整个教育事业的重要组成部分，也是我国民族工作的重要内容；既是提高少数民族整体素质，培养各类少数民族人才的重要途径，也是促进民族地区政治、经济、文化、社会和谐发展的基础性工程。民族聚居区高校深深扎根于民族地区,不仅是民族高等教育的重要组成部分,而且对民族地区的政治稳定、经济发展和文化传承起到了不可估量的作用。

对民族聚居区高校人才培养目标定位问题的研究,从理论层面上看,人才培养目标问题属于大学人才培养理念的问题,对民族院校的人才培养目标的研究,会给高校的人才培养理念增添一些新的内容;从实践层面上看,高校人才培养目标研究是高校进行各种教学和管理活动的现实依据。不同类型和不同层次的高校需要有不同的人才培养目标,只有适合某种类型的高校的人才培养目标才能促进该类高校的发展,才能保证它在这充满竞争的高等教育界,保全自身的优势和特色,得到可持续的发展。民族聚居区高校应该培养什么样的人才?怎样定位它们的人才培养目标?本文试图在这些方面做初步探讨。

(二)民族聚居区高校人才培养目标定位的现状分析

目前,我国民族聚居区高校人才培养目标定位的情况如何呢?表1是部分民族聚居区高校在人才培养目标定位方面的规定。

表1　　　　　民族聚居区高校人才培养目标定位

序号	院校名称	人才培养目标定位
1	甘肃民族师范学院	努力培养适应民族地区要求的政治可靠、业务适切、扎根基层的社会主义建设者和接班人
2	四川民族学院	培养政治觉悟高、专业基础扎实、适应能力强、具有创新精神和实践能力的、扎根民族地区的管理人才、教育师资和地方经济建设急需的应用型专门人才
3	喀什师范学院	培养扎根边疆的、服务少数民族地区基础教育事业和经济社会发展所需要的"靠得住、下得去、用得上、留得住"的人才
4	青海师范大学民族师范学院	培养具有一定专业基础知识、基本技能的藏汉双语师资和经济社会急需的人才

资料来源:根据四所院校调研资料整理。

根据材料并结合我国民族聚居区高校的实际,根据人的全面发展要求,从高等教育目标体系的构成要素看,人才培养目标由品德、知识和能力这些基本要素构成。

1. 品德方面

从国家的政治价值观对高等教育目的的规定性和高等教育的个体社会化功能来看,民族聚居区高校在人才培养目标定位上注重少数民族大学生的政治社会化,突出少数民族大学生政治态度和信仰的形成。由于这类学校所处特殊的区位特点和面向民族聚居区培养人才的办学要求,如甘肃民族师范学院所在地——甘南,地处甘、青、川三省交界和安多藏区民族宗教文化中心,在战略上具有特殊意义,费孝通曾在甘南考察时说:"这里地处藏汉接触的前哨,它有条件成为藏族现代化的跳板。""甘南藏族现代化可能是整个藏族现代化的先行者,而走这条道路的第一步是培养人才,教育要先行。"喀什师范学院作为新疆南疆唯一的高等师范院校,是古丝绸之路南北两道的交汇点,在"稳疆兴疆、富民固边"方面的战略地位突出;四川民族学院在历史上是"汉藏走廊","治藏依托"的战略地位也十分突出,担负着国家"稳藏安康"的重任,样本中的三所高校分别用"政治可靠""政治觉悟高"和"靠得住"来描述,把培养具有坚定的政治信念的人才作为它们培养人才的重要任务。

2. 知识方面

从少数民族大学生需要掌握哪些必备的知识并形成合理的知识结构来看,由于人才培养的特色是高校追求的首要目标,这类高校坚持人才培养服务民族地区地方社会经济发展所需的人才,按照民族地区人才需求的特点,坚持培养"专业基础扎实"、所学知识"用得上"的"业务适切"的"藏汉双语师资"和"应用型"人才,使其成为"社会主义建设者和接班人"。既体现了这类学校人才培养的特色,又基于准确地对民族聚居区人才需求预测的适切性。

3. 能力方面

由于能力是个体独立完成任务的本领，没有独立性就无所谓能力，能力分为一般能力、特殊能力和创造能力。这类高校由于所处地域、一般生活、工作条件艰苦，除要求学生具有同层次高校学生的能力外，还对适应民族地区气候环境的身体素质等提出要求，因此从适应民族地区工作、生活和学习方面做出"适应能力强"的定位，实现人才培养上的"扎根民族地区"最"基层"，使其成为"留得住"的"永久牌"人才。

在这类高校人才培养目标定位较为准确的同时，我们也发现了它们的一些不足：

第一，突出培养具有坚定的政治态度和信仰的人才定位的同时，在培养形成少数民族大学生健康的情感与意向的心理品质、道德品质与道德行为和形成科学的世界观、积极的人生观、合理的价值观等方面略显不足。从政治视角来看，由于发展民族高等教育是我国解决民族问题的需要，是我国实现民族平等的重要措施，也是我国维护国家统一的重要手段，民族高等教育肩负着培养维护民族地区稳定和建设者的重要使命，而民族人才又是民族地区社会生产力发展的关键因素，因此民族高等教育必然成为支撑民族地区发展的基础工程。随着国内、国际新形势的发展，民族聚居区高校在人才培养定位上，应把学生的政治态度和信仰放在首位，但个体思想品德目标的形成是以心理情感因素为基础的，是在社会环境与教育的影响下由具体的行为到自觉的信念逐步递进的。

第二，培养高级专门人才应该明确进入这类高校人才培养定位中。《中华人民共和国高等教育法》第五条规定："高等教育的任务是培养具有创新精神和实践能力的高级专门人才。"该条款包含在培养目标的性质上，区别于基础教育和中等职业教育，高等教育直接、根本的任务是培养"高级专门人才"。对照民族聚居区高校的人才培养目标定位，深感在培养"高级专门人才"方面的定位略显缺失。

第三，坚持多元文化教育，培养具有跨文化素质的民族人才定位有待凸显。民族聚居区高校民族的多样性，更显示出民族文化的多元性。从民族聚居区高校的办学任务和使命看，加强多元文化教育是学校履行传承民族文化使命的必然选择。历史赋予民族聚居区高校的一项重要使命是传承和发展民族文化，为和谐社会发展服务，为中华民族多元文化发展做贡献。走文化融合与创新的道路，进行多元文化教育，培养具有跨文化素质和能力的民族人才，是实现教育平等，保持中华民族文化多样性的战略举措，也是民族院校坚守办学使命的必然要求。因此，民族聚居区高校在多元文化理念下培养具有跨文化素质的民族人才定位要凸显。

（三）民族聚居区高校人才培养目标定位的对策与建议

与普通高校不同，民族聚居区高校建立在少数民族聚居区，主要以当地学生为招生对象，应该培养为本民族地区经济建设、科技进步和社会发展服务的具有本民族区域特色、适应本民族区域特色的民族人才。

1. 民族聚居区高校在培养人才定位上始终坚持培养学生坚定的政治态度和信仰

教育作为培养人的社会活动，既是社会生产力和再生产的必要条件，又是培育一定社会意识形态的重要手段。民族高等教育与政治的关系，主要表现为民族高等教育受国家政治方向、政治制度所制约，对政治的稳定、发展、改革起着作用，民族高等教育具有维系国家和社会政治稳定，促进社会政治发展的政治功能。发展民族高等教育既是我国解决民族问题的需要，也是我国实现民族平等的重要措施，更是我国维护国家统一的重要手段。因此，民族聚居区高校要从巩固和发展平等、团结、互助、和谐的社会主义民族关系的需要和确保国家长治久安的需要出发，根据教育对象、教育宗旨、教育目标以及培养规格等方面的特殊性，将高等教育一般规律与民族教育特殊规律有机结合起来，将高等教育普遍规律与民族工作规律有机结合起来，坚持"为少数民族服务、为民族地区服务"的办学服务方向，以服务于少数民族和民族聚居地区为最终目标，培养和造就具有坚定的政治态度和信仰以及政治责任感的人才。同时，在培养形成少数民族大学生健康的情感与意向的心理品质、道德品质与道德行为和形成科学的世界观、积极的人生观、合理的价值观等方面也应有要求。

2. 民族聚居区高校在培养人才定位上要凸显培养高级专门人才

高级专门人才是一种复合型的概念，它具有全面性、专业性和创造性的特点。一是高等教育同其他各级各类教育一样，其培养对象是人，因此，高级专门人才的培养，应是人的培养，其根本目的是促进人的全面发展，保证受教育者必须具备作为一个国民的基本素质。二是人才是人群中比较优秀的部分。只要具有一定的知识或技能，能够进行创造性劳动，为推进社会主义物质文明、精神文明、政治文明、社会文明、生态文明建设，在建设中国特色社会主义伟大事业中做出积极贡献，都是党和国家需要的人才。从整个社会的资源来说，人才并不限于有一定学历的人，况且有一定学历的人不见得是人才。尤其民族高校是少数民族人才培养的摇篮，它所培养的更应是在人品、学问上具备人才素质，并能为社会做出贡献的人才。三是创造劳动是对人才的普遍要求，作为高级人才，对其创造性应有更高的要求，理应成为社会创造人才的主体。因此民族聚居区高校在培养人才的定位上也应做出明确定位，以此提升人才培养的水平和质量。

3. 民族聚居区高校在培养人才的定位上应始终坚持多元文化教育，培养具有跨文化素质的民族人才

民族聚居区高校是区域经济发展和文化传承的重要载体。有研究表明："多元文化教育可以培养学生的跨文化适应能力，帮助学生学会从其他文化的角度来观察自己民族的文化,并获得最大限度的自我理解。"民族院校开展多元文化教育,不仅可以使少数民族学生加深对本民族文化的理解和认同,加强对主流文化和其他文化的跨文化适应能力,而且可以使其他民族加深对少数民族文化的理解,促进民族团结与进步,促进社会繁荣与稳定。我国的民族文化具有多样性,这要求民族高等教育应该培养具备跨越文化边界,与不同文化背景的人进行交流、沟通与理解的能力及在多元文化场景中具有适应能力的大学生。这不仅是大学生综合素质提高的重要体现,也是大学生在学习工作中必备的重要技能之一。在民族教育中,要开阔学生的文化视野,使其在了解和欣赏本民族文化的历史渊源与文化精粹的同时,也能了解和尊重其他民族文化的精神实质;要重视培养学生的跨文化意识,使其不仅具有对本民族文化深刻理解基础上的民族自豪感和认同意识,而且具有对所有文化的尊重、宽容与接纳的意识;要注重对学生跨文化情感的熏陶,既不沉醉于本民族文化而盲目排外,也不羡慕其他民族文化而崇洋媚外,养成自尊、自爱、平等、开放、互尊的文化态度;要注重培养学生掌握不同文化间对话、交流、理解的能力,提高在多元文化碰撞与冲突的局面下能够敏锐把握文化动向、调整自身观念与行为的全面的跨文化适应能力,使其具有现代意识,适应现代生活。

总之,由于民族聚居区高校作为民族聚居区文化的重要载体和表现形式,基于民族的、历史的和地域的环境与条件的不同,它们对于促进民族聚居区经济社会发展发挥着不可替代的作用。因此,科学定位民族聚居区高校人才培养目标,对改变我国民族聚居区的落后面貌,全面建成小康社会,维护民族聚居区稳定发展将提供强有力的人才支撑和智力保障。

参考文献:

《中共中央关于进一步加强人才工作的决定》,《光明日报》2004年1月1日。

王军：《文化传承与教育选择》，民族出版社 2002 年版。

王处辉主编：《高等教育社会学》，高等教育出版社 2009 年版。

杨德广、谢安邦主编：《高等教育学》，高等教育出版社 2009 年版。

肖海涛：《大学的理念》，华中科技大学出版社 2001 年版。

陈·巴特主编：《亚太地区原住民及少数民族高等教育研究》，中央民族大学出版社 2009 年版。

（宁夏大学马丽）

四

基于多样化人才培养的课程体系建设实践研究
——以甘肃民族师范学院为例

　　课程体系既是高校人才培养目标、课程结构和教学管理模式等的综合体现，又是为学生构建的知识、能力、素质结构的具体反映。课程体系建设是高校人才培养的核心内容，其科学与否是高质量实现人才培养目标的关键。作为新建的民族高师院校，刚从专科学校转型而来，这类院校如何改革传统的教师教育模式和课程体系，适应基础教育和教师专业发展的要求，从开办教师教育本科专业就有一个高的起点，显得十分紧迫。当前对教师教育改革的探讨只是停留在对改革的背景、思路和定位等宏观层面的讨论上，而极少关注对教师教育课程体系和教学内容问题的探讨。甘肃民族师范学院作为建立在西部民族聚居区的一所新建本科院校，在改建本科院校之初就非常注重教师教育的培养模式和课程体系建设的改革，在广泛借鉴国内外教师教育的培养模式和课程体系建设先进经验的基础上，结合学院办学的实际，在几年的办学实践中进行了有益的探索和实践，形成了它独具特色的教师教育专业课程体系。本文以该校为例，对课程体系构建与实践进行探讨。

（一）新建民族聚居区高校课程体系建设的背景

1. 课程体系不适应本科人才培养的要求

作为新建的民族聚居区高校，由于长期的专科办学形成了基于注重知识教育和专业教育的思想，具有知识系统性强，而知识相互渗透性差；知识的专业化、深度性强，而知识面狭窄、课程学时数多；理论知识、传统知识多，而实践环节、新技术与新知识少；必修课程、专业课程多，而选修课程、基础课程少；理工基础类课程多，人文社科类课程少的特点。长期以来形成的课程体系与其他普通院校一样，表现为"公共课＋专业基础课＋专业课"三层楼式的构建模式，很难体现学生中心、能力本位和市场需求导向等价值取向。随着高等教育的大众化和市场经济的不断推进及本科办学的要求，课程体系已经不适应民族地区经济、社会发展对人才需求的多样化趋势。又由于这类院校生源类别的复杂性，生源基础的差异性，学校文化的多样性等，解决这些问题的根本出路在于改革人才培养方案和培养模式，构建符合其自身的课程体系，只有这样，才能为民族地区社会、经济发展培养适切人才。

2. 教师教育专业课程体系与教师专业化的发展不适应

民族聚居区高师院校教师教育专业的课程体系，存在着明显模仿普通院校的痕迹和一些不合理的现象与问题：一是作为培养教师职业素养的教育学、心理学、学科教学论及教育实践等教育课程总是被置于专业学科课程的"边缘"地位或从属地位，得不到重视；二是教育课程内容比较陈旧，缺乏国内外新的教育流派、教育改革动态，缺乏多元文化教育和民族心理学等知识，且课程结构只强调学科体系的逻辑性理论知识，轻视实用性，导致与基础教育要求严重脱节；三是教育实习时间难以保证且形式主义严重，缺乏教学基本技能训练和实践经验积累。基于此，师范教育所培养的师范毕业生多数是不合格的

"半成品"，据对历届毕业生的追踪调查反馈，有相当多的毕业生认为他们的教学行为与在校所学理论关系不大，不少人承认他们是在模仿实习指导教师或他们以前教师的教学行为，这在很大程度上不能不说是师范教育的悲哀。

（二）新建民族聚居区高校课程体系建设的指导思想和原则

新建民族聚居区高校课程体系建设要结合当前民族地区经济、社会发展对人才的需求以及基础教育和教师教育发展趋势，以市场需求为导向，坚持以"通识教育基础上的专业教育"思想为指导，构建"平台+模块"课程体系的多样化人才培养模式，力图实现"三个有利于"的指导思想。一是课程的设置与构成要有利于学生学习。设置要充分照顾学生的知识积累与构成，减少课程设置上的重复内容，在拓展与深化知识上下功夫；要充分尊重民族学生知识结构上的差异性，扩大分层、分类教学，促使不同学习层次的学生学有所成。二是课程设置要有利于学生工作。学校的各项工作要紧紧围绕人才培养目标进行，教学工作的全过程都要与人才培养目标保持一致。三是课程设置与构成要有利于民族学生的发展。学校的教学工作要让学生学会学习，不断提高学生的学习能力，使他们具备终身学习、进步的先决条件。

基于上述指导思想，新建民族聚居区高校课程体系构建应遵循如下基本原则：一是适应性原则。即适应民族地区社会和基础教育发展的需要，特别是民族地区中小学的需要。根据国家高等教育的培养标准、基础教育发展对毕业生知识结构及能力素质的要求，并根据学生的学习需要和学习特点，确定课程教学体系。二是先进性原则。课程体系必须充分吸收国际国内最先进的学术研究和实践成果，使这类院校的人才培养站在一个新的水平和层次上。三是开放性原则。面对社会发展和教师教育的专业化趋势、新课程改革的挑战，课程体系的构建必须具备开放性的特点。在课程结构上以必修与选修的课程形态呈现，给课程实施者更大的创造空间，同时也让学生根据他们的兴趣、爱好、学习需要等选择学习内容；在课程内容上要随着科技的进步不断增加新的研究成果；在课程的设置上要密切联系社会需求的实际。此外，还要广泛征求国内外本领域的专家和用人单位的意见。四是差异性原则。指在民族高师院校课程体系构建中要因时、因地、因人而宜，杜绝一切不顾差异的统一安排，统一设置。

（三）新建民族聚居区高校课程体系建设的实践

课程体系的构建实际上就是课程体系构建所采取的结构形式，它从总体上规定着课程体系构建的价值取向。近年来，在充分调研民族地区人才需求的基础上，广泛借鉴国内外高校课程体系构建先进经验，结合学院实际，构建了适应民族地区人才需求，有别于其他院校的"平台+模块"课程体系的多样化人才培养模式。"平台"是根据不同学生的共性发展和学科特征要求而设置的，由学科专业通识课程组成。体现了基础教育和共性教育，反映了人才培养的基本规格和层次要求。"模块"是根据不同学生的个性要求和专业发展趋势而设置的课程，体现了专业和个性教育人才培养的专业特征和个性要求的结合，主要实现不同专业方向的人才培养，以解决民族地区人才需求"少批量、多样化"问题。该课程体系紧紧围绕培养"政治可靠、业务适切、扎根基层"的人才，一方面为人才培养提供一个更加宽厚的专业基础，另一方面，还充分考虑到学生今后的就业及适应职业不断变化的需要。力求实现通识教育与专业教育的有机结合，实施素质教育，强化学生个性培养，满足民族地区对各类人才的需求，为提高学生综合素质与个性发展创造条件，有一定的借鉴意义。

1. "平台+模块"课程体系的主要内容

甘肃民族师范学院构建了通识教育平台、学科专业平台、实践平台和教师教育平台4个课程平台，每个平台下面又设置3个课程模块。

（1）通识教育平台

旨在对少数民族学生围绕人类普适的价值观念、理想人格、行为规范和思维方式进行学习引导，尤其是把中华民族数千年积累的价值理想、品格情操、智慧精神和科学成就传授给学生，使少数民族学生能洞察人生、完善心智、净化灵魂，担负起中华民族赋予的历史使命与责任。通识教育平台包括综合素质课程、人文与科学素养课程、活动课程三个课程模块。综合素质课程模块设有4组课程，包括两课、大学英语、体育和计算机课程；人文与科学素养课程模块设有5组课程，包括文学与艺术、社会与历史、数学与科学、政治与经济和语言与能力，每组课程开出了25门左右的通识教育选修课；活动课程模块设有3组课程，包括社团活动、社会实践、科学研究与学术报告。

（2）学科专业平台

根据教育部《普通高等学校本科专业目录》及学科专业教学指导委员会对学科专业主干课程的要求，既充分体现专业特点，又反映学校办学特色、地域特色和学生个性的发展，建立多层次、多类型培养规格要求的刚性与弹性有机结合的学科专业课程体系。专业平台课程的设置分学科专业基础、专业发展和专业选修或方向3个课程模块。学科专业基础课程模块是学科专业主干课程，旨在为学生在本学科专业领域的学习与发展奠定基础。按照"打好基础"的要求，遴选在本学科专业中占有重要地位、奠定学科专业基础知识的课程为学科专业基础课程。又根据基础教育教师应"具备两门或两门以上学科专门性知识和技能"的素质要求，学科课程开设体现宽厚、多学科，有发展后劲和较强适应性的专业口径和学术水准；专业发展课程模块的目的是使学生拓宽专业口径、扩展专业视野、加深专业知识，可以继续提高与发展的专业课程、交叉课程、特色课程；专业方向（选修）课程模块按照"多课程、少课时"的要求设置课程，旨在结合社会需求和专业特点，进一步扩展专业口径，发展学生的个性和特长,增强学生职业生涯的适应性,开设不同的专业方向或选修课程。

(3) 教师教育平台

旨在使学生具备现代教育理念,熟悉基础教育课程改革,掌握必要的现代教育知识与技能,具备教师的基本专业素质和进行教育科学研究的能力与从事教育工作的能力。课程的设置分教师教育基础、教师教育发展、教师教育选修3个课程模块。基础课程模块旨在使学生获得和形成教师教育理论的基本知识、基本原理、基本理念,解决为什么而教的问题。主要开设基础心理学与职业实用心理学、教育学原理与教学实务、现代教育技术。发展课程模块旨在对学生进行教育科研意识、科研能力、创新能力、专业精神的培养,解决怎样教、如何教的问题,主要开设学科教学论、学科教学策略。选修课程模块旨在使学生了解基础教育改革的现状,了解中小学课程改革及课程教学的基本理念,进一步拓展教师教育的知识体系和基本技能,解决怎样教得好的问题。根据基础教育和教师教育改革发展,主要开设选修课程。

(4) 实践平台

旨在培养学生对文化知识、学科专业理论、教育理论、教育技能、师德的综合应用,是对教师教育教学能力的培养和检验。实践课程贯穿师范生入校到毕业的全过程,从教师职业所需要的各方面进行实践体验和能力训练。实践平台课程开设基础实践、专业实践、综合实践3个课程模块。基础实践课程模块旨在培养学生的基本技能与素质。根据教育部《高等师范学校学生的教师职业技能训练大纲(试行)》,开设教师职业技能训练(包括"普通话和口语表达技能训练""书写规范汉字和书面表达技能训练""教学工作技能训练""班主任工作技能训练")、计算机应用能力训练;专业实践课程模块旨在使学生了解我国现阶段基础教育的现状,了解学校教育教学活动各环节的实施过程,训练学生的教师职业技能,激发学生学习专业的兴趣,开设教育调查、教育见习、教育实习(教育实习采用"援教顶岗"

方式、各专业混合编队,安排一学期)、教育实习反思;综合实践课程模块旨在培养学生收集信息、处理信息和创新思维与创新能力,提高学生分析问题、解决问题和合作协调与动手的能力,掌握必要的劳动技能与解决实际问题的能力。开设年论文(设计)、毕业论文(设计)、集体劳动课程。

2. 课程体系实施的保障措施

课程体系的构建是一项系统工程,需要具有必要的保障措施,才能保证课程体系的全面落实。一是重视教育思想观念的转变,进行教育思想观念大讨论;二是针对少数民族学生文化背景、语言、接受基础教育的差异,充分适应学生个性特点需要,推行分层、分类和分级教学;三是针对改革教师教育类课程,以"援教顶岗"教育实习方式为依托,突出实践教学;四是结合学校所在地区气候特点及师资现状,因地制宜,推行"三学期制、单休日制";五是依托"三学期制"搭建的平台,加强教师队伍建设,探索出解决师资问题的"以自有教师为基础,以外聘教师为充实,以兼职骨干教师为带动"的师资队伍建设模式;六是从课程预习、作业、中期考核、讨论和阅读5个方面加强学生课堂教学延伸学习;七是实施学分制教学管理改革;八是规范活动课程建设,使之成为课堂教学的有益补充;九是拓宽民汉专业和教学;十是加强校园文化建设。

综上所述,新建民族聚居区高校课程体系的建构与实践是在探索中形成的,在实现通识教育与专业教育的有机结合,满足学生的个性化发展、民族地区对人才的多样化需求,以及实施素质教育等方面均具有突出的特点,已形成明显优势且呈现出勃勃生机。课程体系的构建与实施在一定意义上成为甘肃民族师范学院教育教学改革的切入点与加速器,并成为它的办学特色之一。

参考文献:

万明钢:《教师教育课程体系研究》,《课程·教材·教法》2005年第7期。

四　基于多样化人才培养的课程体系建设实践研究　◆◆◆

冯志敏、林麒、贾让成：《"平台+模块"课程体系的结构及特征》，《中国高教研究》2002年第11期。

刘旭东：《论师范大学教师教育课程体系的构建》，《高教探索》2009年第4期。

（甘肃民族师范学院 王茬）

五
大学活动课程的实践探索
——以甘肃民族师范学院为例

（一）引言

大学活动课程是我国高等教育课程现代化的产物。从理论渊源上看，"活动课程"的思想在裴斯泰洛齐、卢梭、福禄培尔和杜威的著作中都可以看到。从西方课程发展来看，"活动课程"最初的确是与传统的学科课程相抗衡而出现的。顾明远主编的《教育大辞典》明确指出：课程是指"为实现学校教育目标而选择的教育内容的总和，它包括学校所教的各门学科和有目的、有计划、有组织的课外活动"。也就是说，学校课程应包括学科课程和活动课程两种类型。大学活动课程的设立，是大学课程建设的关键环节和大学课程体系的重要组成部分，如果没有活动课程，学科课程功能就不能得到充分发挥，大学课程的整体价值就难以实现。大学活动课程实施既是知识与社会准则的内化过程，也是实施创新教育的有效途径，它有利于促进个体社会化。大学活动课程是以学生为中心的教育目的与以社会为指向的教育目的的有机统一，表现为个人本位与社会本位两种价值取向的隐性融合。

我国新一轮基础教育课程改革设计了"综合实践活动"这一综合性、实践性课程。教育部 2001 年出台的《基础教育课程改革纲要（试行）》（以下简称"纲要"）明确提出："从小学至高中设置综合实践活动并作为必修课程。"为落实纲要精神，教育部又于 2003 年出台了《普通高中课程方案（实验）》（以下简称"方案"），在八个学习领域要求学生"每学年必须参加 1 周的社会实践，高中三年必须参加不少于 10 个工作日的社区服务"，需修满 8 学分。近年来，作为我国同一教育模式下生长的高等教育，它与传统的基础教育有着类同问题与急需革新的地方。因此，改变单一学科课程体系，开发以社会、生活、学生为中心的高校活动课程就显得紧迫与必要。一些高校应对这一变化，按照中宣部、中央文明办、教育部、共青团中央《关于进一步加强和改进大学生社会实践的意见》，"把大学生社会实践纳入教学计划，规定学时学分，对大学生参加社会实践提出时间和任务要求"，"全面深入开展'三下乡（文化、科技、卫生）'和'四进社区（科教、文体、法律、卫生）'等活动"，在多年发展经验的基础上，突破原有单一的学科课程体系，加强活动课程建设，并将其纳入人才培养方案。因此，很有必要对高等学校活动课程建设进行进一步的讨论与研究，从而进一步提高大学活动课程的质量，更好地发挥它提高当代大学生综合素质的特殊功能。

（二）实践探索

甘肃民族师范学院作为一所新建本科院校，在改建本科院校之初就非常注重活动课程建设，在广泛借鉴国内外课程建设先进经验的基础上，结合学院办学的实际，在几年办学实践中进行了有益的探索和实践，将活动课程纳入人才培养方案，形成了自己独具特色的大学活动课程体系。本文以该校为例，对其活动课程的实践探索进行阐述，以期对高校的教学改革有一定的借鉴意义。

1. 活动课程的类别及目的

甘肃民族师范学院在课程体系中设置了活动课程，并根据不同的教育教学目的在课程类别上做了详细划分，可供学生选择。

(1) 社团类活动课程和学生选修课程。旨在通过社团类活动课程使某一方面具有潜能和特长的学生得到进一步发展，并对学生的价值观、心理素质和综合能力等各方面产生影响，为将来的职业生涯打下坚实的基础。目前，学院发展成熟的学生社团有文学艺术、体育、知识学术和专业技能4类社团类活动课程。

(2) 社会实践类活动课程和学生选修课程，分团队实践活动和个人实践活动。旨在通过社会实践活动，使学生了解国情和专业领域的基本情况，增强学生的忧患意识、竞争意识，激发学生为报效祖国而努力学习的激情；将学生所学知识应用于社会实践，提高学生分析问题、解决问题的能力；培养学生的创新精神和实践能力。

(3) 科研类活动课程和学生选修课程，分科学研究和学术报告两门课程。科学研究旨在通过有组织的课题研究使理论知识和实践相结合，拓展学生的思维模式，增强学生的科研参与意识，营造良好的校园科技氛围；培养学生收集信息、处理信息的能力和创新思维与创新能力；提高学生分析问题、解决问题和合作协调与动手的能力。学术报告可以拓宽学生的知识面，博采百家之长，使学生能更好地了解社会发展的前沿知识和学术动态，完善和发展自我。

(4) 劳动课程和学生必修课程。旨在通过参加学院内公益劳动，培养大学生热爱劳动的习惯，增强自理能力和动手能力；养成爱护公物、珍惜集体荣誉和他人劳动成果的美德，使学生得到全面发展。

2. 活动课程的要求

(1) 社团类活动课程要求

凡按照规定列入活动课程的社团，必须有翔实的活动课程方案（以一学年计），方案一般由指导教师、活动目标、活动内容、活动时数、活动要求、考核与评价等内容组成，每次活动结束后要形成书面总结。

(2) 社会实践类活动课程要求

活动要制定详细的方案，包括活动目标、活动内容、器械（设备)准备、活动要求、组织管理、考核和评价、指导教师等部分。活动结束后参加实践活动的学生须向指导教师、所在系和活动课程指导办公室提交个人社会实践日记、总结和社会实践活动报告。报告要求目的明确、内容切实、数据确凿、论点正确、文字通顺、条理清楚。

(3) 科研类活动课程要求

①科学研究。学生以成立某项专题研究小组或参与学院教师承担的课题研究的形式进行科学研究。课题采用小组申报，各系评审推荐，系科研小组组织专家评审立项。立项的课题，报教务处和活动课程指导办公室备案，课题主持人应编制具体课题任务书，明确工作任务和研究进度，课题研究时间为一年，每年度4月立项，次年3月底结题。根据课题计划，按期向系科研小组报送阶段性成果。课题组成员要积极参加并完成所承担的工作任务，按期结题，成果可以是科研论文、设计、调查(咨询)报告、科技产品(制作)、专利等。科研论文要求具有较高的理论意义和现实意义；调查(咨询)报告要求具有现实性及完整准确的数据统计，问题分析透彻，所提建议和意见明确，具有可行性；科技产品(制作)应具有创新价值和应用价值。

②学术报告。学生积极听取与个人兴趣、所学专业有关的学术报告，每次听完学术报告后一周内，将听报告笔记、报告心得体会以书面的形式上交所在系。撰写的心得体会要求目的明确、内容切实、论点正确、文字通顺、条理清楚。

(4) 劳动课程要求

保质保量完成学院后勤处、所在系及其他部门安排的劳动任务。

3. 考核与学分认定

学生参加社团活动、社会实践、科学研究等活动课程，考核由指导教师负责；学术报告由班主任负责。按照活动课程要求、活动方案、考勤记录、相关成果等在课程学习结束后进行成绩评定。劳动课成绩由学院后勤处安排专人负责评定，每周劳动结束后将成绩表送至相关系。成绩原则上采取"百分制"评分。为充分反映学生活动课程的信息质量、效果，根据学分制有关规定，采用学年平均绩点和累计平均绩点进行区别。具体为：本科学生在修业期内要修够9个学分，专科学生在修业期内要修够7个学分。社团类活动课程以10个学时为基点，计0.5个学分；社会实践类活动课程每天按5个学时计，团队计1.5个学分；个人计1个学分；课题研究类活动课程按期完成研究任务，课题小组每个成员计2个学分；学术报告类活动课程以8个学时为基点，计0.5个学分；劳动课程每天按5个学时计，服从安排、保质保量完成劳动任务计2个学分。同时，对课程学习过程中的缺勤、社团活动总结、社会实践活动报告（总结）、课题小组结题成果等捏造、抄袭、剽窃他人成果者也给予制度性规定，以加强活动课程的有效实施。

此外，还建立创新奖励学分制度，创新奖励学分既能代替活动课程学分，又可以创新学分的形式予以认定，记入学生毕业总学分和学籍档案。

4. 初步成效

（1）优化了人才培养模式，完善了课程结构体系

在"学生本位的课程"理念指导下，通过在人才培养方案中纳入活动课程，融学科课程与"活动课程"于一体，确立了学生在学习（教学）中的主体地位，使学科课程与"活动课程"不再泾渭分明，彼此对立，形成了学科课程与活动课程兼有的人才培养方案，打破了以往人才培养方案只是由单一学科课程构成课程体系的局面，形成一个互相兼容、互相作用的课程结构，优化了人才培养模式，也是对通识教育的"非正式课程"进行了有益尝试。

（2）加强活动课程管理，构建了完整的活动课程实施管理体系

按照课程实施的要求，制定出了课程教育教学目标、教学内容、教学方式、教学进程及评价措施。为加强课程实施管理，一是学院在团委成立了活动课程指导办公室，与团委两块牌子、一套人马，负责全校活动课程的管理工作，同时教务处、科研处、学生处等相应的部

门也积极协助活动课程的实施，各系也有相应的管理人员负责本系的活动课程，使学校团学的活动紧紧围绕教学、学习活动开展，彻底改变了传统重管理，轻育人的团学工作方式。二是建立了与活动课程准入、实施和评价相关的规定，并将活动课程成绩记入学籍档案管理，并核计学分。

（3）为培养锻炼学生的能力搭建了平台

活动课程的教育价值主要在于使学生的主体意识、行为能力、情感态度得到全面发展。活动课程的实施，一方面促进了少数民族大学生的社会化，加强了跨文化交往和合作能力。活动课程打破了系、年级、专业的界限，使不同年级、不同专业和不同民族之间的学生能够在活动课程的学习中广泛交流，开阔了学生视野，扩大了学生求知领域。使师生之间、生生之间、师生与其他社会成员之间通过对话、交流与沟通，开展丰富多彩的活动，培养了各民族学生的人际交往能力，为今后走向社会、与同事合作打下基础，使学生的竞争意识、合作意识、跨文化沟通能力等得到了进一步的提高。另一方面培养了学生自我管理能力。活动课程的开展，本着"自我教育、自我锻炼、自我服务"的宗旨，最大限度地使学生学会自行操作、自行调控，掌握和运用自我管理的方法，提高自我管理能力。学生通过学习，无论是在知识的获取还是在能力的培养和提高方面，都有了进步。

（4）成为加强和改进少数民族大学生思想政治工作的又一新阵地

活动课程在大学生思想政治教育中发挥着独特的、不可替代的作用。丰富的活动课程，不仅促进了校园文化和精神文明建设的健康发展，而且为高校的团、学组织延伸了工作手臂，扩大了组织覆盖面，增加了工作内容，为更好地促进学生成长奠定了良好基础，是加强和改进大学生思想政治教育的有效组织动员方式。学生依据兴趣爱好自愿组织起来，其成员有着共同的意愿和切合点。共同的兴趣、特长把少数民族大学生凝聚在一起，使活动课程日益成为高校中具有一定影响力和凝聚力的群体，成为学校加强和改进大学生思想政治工作的得力助手。

（三）结语

在我国大学课程现代化进程中，活动课程的地位具有不可替代性。近年来，活动课程的理论研究与实践探索取得了一些进展，然而，关于大学活动课程的研究还有待深入。甘肃民族师范学院在活动课程方面的探索，尽管对高校实施活动课程具有一定的借鉴意义，但在课程设计开发和管理等方面还需进一步加强和完善，以使活动课程彰显其内在价值。

参考文献：

江山野：《简明国际教育百科全书·课程》，教育科学出版社1991年版。

顾明远：《教育大辞典》，上海教育出版社1990年版。

刘创：《论大学活动课程》，《黑龙江高教研究》2004年第2期。

（甘肃民族师范学院王莅）

六
民族聚居区高校多样化教学模式的探索与实践
—— 以甘肃民族师范学院为例

（一）背景

随着民族聚居区社会经济的发展，高等教育发展步入大众化阶段，少数民族群众接受高等教育的意识增强，使得民族聚居区高校呈现出生源类别的复杂性、生源知识基础的差异性和学校文化的多样性，促使这类高校提高人才培养质量，满足劳动力市场对人才的需求，就必须对人才培养目标、教学内容、培养方式和培养过程等进行多样化教学模式的改革，构建与之相匹配的科学的教学模式。民族聚居区高校指设立在我国少数民族自治区省会城市以外和少数民族自治州的高校。

民族聚居区高校具有生源类别的复杂性、生源知识基础的差异性和文化的多样性，如甘肃民族师范学院是由藏族、回族、裕固族、保安族、东乡族等17个少数民族构成的多民族院校，少数民族学生占学生总数的70%以上。各少数民族大学生是由许多独特个体汇聚起来的复杂整体，成长过程中不同的种族、宗教、学习方式等诸多方面的差异性和特殊性构成了自身的多样性，促使这类高校要提高人才培养质量，满足劳动力市场对人才的需求，就必须构建与之相匹配的科学的教学模式。

（二）民族聚居区高校多样化教学模式实践

甘肃民族师范学院作为建在甘肃省甘南藏族自治州的一所新建的本科院校，现设有14个教学系，建成了以教师教育为主体，民族学科为特色的人文、社会、理科学等6个学科门类。主要面向甘肃民族地区及青海、四川、云南、西藏等省区招生，现有普通本、专科学生8500人，其中少数民族学生占学生总数的70%。近年来，学校根据甘肃及周边少数民族地区社会经济发展对人才需求的变化，结合学校发展实际和教学培养模式的相关理论，针对大学英语课程，实行分层教学模式；针对理科专业课程，实行分级教学模式的"三分"教学，在构建多样化教学模式方面进行了积极的探索与实践。

1. 针对大学英语课程，实行分层教学模式

从2003年开始，教育部在全国陆续启动了新一轮高等学校教学质量和教学改革工程，并将大学英语教学改革列为分步实施的四项工程之一。2007年9月，教育部公布的《大学英语课程教学要求》指出，大学阶段的英语教学要求分为三个层次，即一般要求、较高要求和更高要求。鉴于全国高等学校的教学资源、学生入学水平以及所面临的社会需求等情况不尽相同，各高等学校参照课程要求，根据本校的实际情况，制定科学、系统、个性化的大学英语教学大纲，指导本校的大学英语教学。随着民族聚居区高校扩大招生规模，受地区差异、城乡差异、少数民族基础教育的差异以及学生偏科等因素的影响，民族聚居区高校对学生进行的民语、汉语和英语三种语言和文字的教育，要体现民族文化、主流文化、异域文化的结合，体现知识培养和能力培养的有机统一，使民族聚居区高校大学英语的学习有很强的特殊性，如果继续采用传统教学模式，即统一的课程，统一的教学进度，统一的教学内容，难免会阻碍教学质量的全面提高。

基于上述情况，在最近发展区理论、人本主义理论、语言学习的可理解性输入原则等理论的指导下,鉴于可理解性输入原则在语言学习过程中的关键作用,为调动学生的积极性,把学习者的最近发展区转化为实际发展水平,并培养出新的更高水平的最近发展区,民族聚居区高校在大学英语教学上采取了分层教学模式。目的是调动来自不同地域、具有不同英语水平的各层次学生的英语学习积极性,有利于将基础差的学生提升上来,同时为英语水平较高的学生开阔了更高更宽泛的眼界,使各层次水平的学生都能有机会在他们的发展区内开发潜力,不断进步,达到"培优、促中、转困"的目的。

（1）学生分层

在大学英语分层教学中,科学地进行分层分班事关整个教学过程、教学内容和管理等环节的实施。经过几年实践,基本形成了在分层时,一是参照学生高考英语单科成绩;二是根据学生个人学习情况选择不同级别的班级意愿;三是组织分级测试考试;四是结合三者的总体情况综合做出选择。另外,对于处在边缘线上的学生需进行具体分析,不仅依据总分,还要考虑分项成绩,甚至是听力和口语成绩等,根据客观、公正的原则,尽量满足学生的要求。一般把各类学生分成A、B、C三个层次进行教学;A、B级针对普通专业的学生开设;C级针对藏语类零起点的学生开设。

（2）目标分层

根据教育部《大学英语课程教学要求》,结合学生实际,针对不同层次的教学班级,从听力理解能力、口语表达能力、阅读理解能力、翻译能力和推荐词汇量进行不同层次教学目标的制定。

（3）实施策略

一是制定比较全面、客观、科学的考核标准,各级考核测试严格根据教学大纲要求进行科学统一命题,使考核测试具有一定的权威性,以反映学生的英语实际水平。二是在分层教学中,实行学籍的"滚动制"管理,即在学期或学年结束时,根据学生的学习成绩和实际语言运用能力进行层次的调整,按照一定标准和比例把更低层次班级的学生选拔到更高层次的班级,学习成绩较差的高层次班级的学生流动到更低层次的班级。这种淘汰与上升的制度不仅可以使学生具有危机感,调动学生的积极性和竞争力,给所有学生创造平等竞争、平等求学的机会,而且是分级教学中因材施教原则贯彻实行的制度保证。三是对各层次采用不同级别的教材,以适合不同培养目标的需要。在教材选用上,选择同一体系的大学英语教材,使得各个层次的教学大纲和教学内容能合理衔接。四是加强教学建设,建立大学英语自主学习教室、听力播放系统、进行多媒体辅助教学,注重加强课外学习活动。

2. 针对理科专业课程,实行分级教学模式

由于生源地基础教育发展的不平衡,以及少数民族文化知识体系中人文知识占据大部分,民族聚居区高校学生对理科专业的兴趣爱好、对理科知识接受能力的差异非常明显,传统的"大一同"的教学模式、"一刀切"的教学形式和"满堂灌"的教学方法,完全不顾学生认知水平和实际能力的差异,误以为教学就是把学生集在一起上课,沿用过去统一大纲、统一计划、统一教材、统一教法、统一考核来实施教学,势必造成"优生吃不饱,差生吃不了"的现象。这样既不能面向全体学生,充分照顾学生的个性差异,也不能很好地贯彻因材施教、循序渐进的原则,不利于学生的充分发展,甚至出现严重的两极分化现象,这样不符合素质教育的要求。实践证明,在民族聚居区高校理科专业课程教学中实行分级教学势在必行。

分级教学就是允许同一专业的学生在同一门课程上达到不同目标,教师通过准确把握同一层次学生的认知规律和特点,有的放矢地进行教学,使教师的"教"适应学生的"学",教学中针对不同层次学生的实际,在教学目标、教学内容、教学途径、教学方法和教育教学评价上加以区别对待,使各层次的学生都能在各自原有的基础上得到较好发展的一种教学策略。分级教学的教育价值目标是坚持以学生为本,注重学生差异,追求人的全面发展;主张人人掌握"必需"的知识;不同知识水平的人按照不同的要求学习"不同"的知识,使处在"不同"起点上的学生都能在原有的基础上获得较好的发展，增长知识，激发潜能，发展能力，提高素质。从实际出发、因材施教，循序渐进，才能使不同层次的学生都能在原有的程度上学有所得，学有所成，逐步提高，最终取得预期的教学效果。

（1）目标分级

根据分级教学课程标准的基本要求和所用教材的主要特点，将教学目标细分为针对不同基础和面向全体学生的不同等级，但总体设计依据学生都应达到的教学的基本目标要求。

（2）学生分级

开课前，依据学生高考成绩，其他与学习该门课程相关联课程的成绩，在对学生进行摸底、征求个人意愿的基础上，在本专业内打破班级界限，依据每届学生实际情况划分为 A、B、C 三个等级或 A、B 两个等级，混合编班进行相关课程的学习。

（3）实施策略

一是依据课程教学的总体要求，分别制定切实可行的分级教学课程大纲。教学大纲既相互联系，层次递进，又有所区别，不尽相同，分别用于指导各层面上课程的课堂教学。二是根据各级学生的实际情况，按不同等级分头授课，在实施课堂教学的过程中，在教学内容、教学目标、教学步骤、教学方法和教学手段等诸方面不尽相同，对级别不同的班级采取不同的讲课方式，高级班要讲深，中级班要讲清，低级班则要求深入浅出，力求讲细，真正做到以人为本，因材施教。三是对学生学习的考核要求分级考核，即从学生所在层次进行考核，主要从每个学生的学习态度、课堂表现、作业情况、到课率和分级考试成绩等方面来进行综合评价，注重学生学习的课前预习、课后作业等课堂教学延伸。

（三）结语

经过不断探索，甘肃民族师范学院通过教学多样化培养模式的实践，取得了良好效果：一是改革成果得到广泛认同，发挥了良好的示范和带动作用，学校大学英语分层教学被甘肃省教育厅列为省级教改示范项目。二是学生学习积极性和主动性明显提高，创新意识与实践能力显著增强。本科学生大学英语四级通过率有了大幅度提高，近几年来，学生在"CCTV 杯"全国英语演讲大赛、大学生英语教学竞赛、全国大学生数学建模竞赛等方面获得各级奖项 30 余项。三是人才适应性显著提高，毕业生得到用人单位普遍认可。四是社会声誉不断提升，新生录取分数线逐年提高。此外，多样化教学模式的改革与创新，促进了学校办学特色的发展。

参考文献：

王鉴：《民族教育学》，甘肃教育出版社 2002 年版。

张俊宗：《民族聚集区高校的办学功能及其实现途径》，《高等教育研究》2009 年第 9 期。

王莅、张俊宗：《民族高等师范院校多样化人才培养模式探索》，《新疆职业大学学报》2011 年第 1 期。

李子鹤、李佩武：《论教学模式及其演变》，《教育探索》2010 年第 8 期。

（甘肃民族师范学院 王莅）

七

学科专业学院制 学生生活书院制

——甘肃民族师范学院书院制改革案例研究

　　甘肃民族师范学院书院制学生教育模式在借鉴中国传统书院和英美大学住宿学院制度的基础上，坚持以学生为本和人才培养宗旨，秉持"大爱无华、昂扬向上、追求和合、自强不息"的阳光精神，构建"各美其美、美人之美、美美与共"的和谐书院，使书院成为学生进行自我教育、自我管理、自我服务的社区和文化家园，持续推进科学生活观教育，引导学生树立现代公民意识和社会责任感，养成高雅的生活情趣、朴素的生活习惯、友爱的生活风尚、严明的生活纪律，培育学会求知、学会做人、学会合作和学会做事的优秀人才。书院是学习和生活社区，构建了师生共处的新型育人平台，改进了传统的学生管理模式，其目的是使培养的人才同时具有学术能力和社会融合能力。书院制改革符合人才成长规律，顺应了我国本科教育内涵提升的要求。

（一）实施书院制的背景

1. 探索高等教育大众化下西部民族聚居区高校人才培养的新模式

　　甘肃民族师范学院学生构成的总体特点是少数民族多、文化背景和风俗习惯差异性大、高考录取分数悬殊较大。通过推行"学科专业学院制、生活社区书院制"管理模式，目的是创建融生活、学习和教育为一体的育人环境，为各民族学生的发展提供更多的自由交流学习的广阔平台和丰富的文化资源，引导学生实践自我教育、自我管理、自我服务，满足学生的个性化和自主发展的需要，实现专业教育和素质教育的有机结合，促进学生的全面发展。

2. 探索西部民族聚居区高校大学生德育教育的新途径

将生活社区书院制纳入学校大德育体系，通过党建工作、社团、团学等组织进公寓和开展丰富多彩的书院文化教育活动，调动学生自主发展的积极性，探索大学生德育教育的新途径，实现学生之间的朋辈教育、相互影响和互助发展，提高思想政治教育的有效性。

3. 建设西部民族聚居区高校独具特色的校园文化

以书院文化建设为目标，以学生社团、兴趣小组和书院经典活动为依托，构建基于大学生学术兴趣和自主发展需要的文化组织，凝练精品文化主题活动，提升校园文化活动品位，增强吸引力，形成甘肃民族师范学院独具特色的校园文化。

（二）书院制改革的主要措施

1. 完善组织架构，建立健全制度

为保障书院的健康发展，协调书院与专业教学系、书院与学生管理部门、书院与其他行政管理机构的关系，学校成立了书院内部管理机构，逐步完善书院运行的组织基础，建全相关制度，为住宿书院制改革的全面推行奠定组织和制度基础。

书院设院务委员会作为书院的审议和决策机构，院务委员会下设四个专项委员会，分别是：导师委员会、导生委员会、通识教育委员会和学生教育管理委员会。院长任院务委员会主任，常务副院长任副主任。书院内部组织机构人员实行聘任制，均非行政级别。

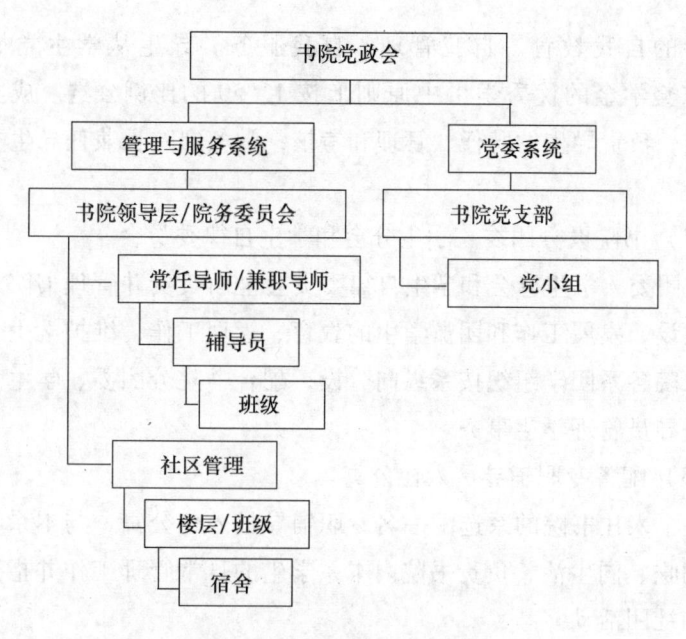

```
                    ┌──────────────┐
                    │  书院党政会   │
                    └──────┬───────┘
              ┌────────────┴────────────┐
       ┌──────┴───────┐          ┌──────┴──────┐
       │ 管理与服务系统 │          │  党委系统    │
       └──────┬───────┘          └──────┬──────┘
   ┌──────────┴──────────┐        ┌─────┴──────┐
   │ 书院领导层/院务委员会 │        │  书院党支部 │
   └──────────┬──────────┘        └─────┬──────┘
        ┌────┴────────────┐          ┌──┴───┐
        │ 常任导师/兼职导师 │          │ 党小组│
        └────┬────────────┘          └──────┘
           ┌─┴────┐
           │辅导员 │
           └─┬────┘
           ┌─┴──┐
           │班级 │
           └────┘
        ┌────┴────┐
        │ 社区管理 │
        └────┬────┘
         ┌───┴────┐
         │楼层/班级│
         └───┬────┘
           ┌─┴──┐
           │宿舍 │
           └────┘
```

图1 书院管理架构示意图

(1) 书院实行院长负责制

院长由学校校长从学校知名教授或副教授中聘任，设常务副院长主持日常工作。书院下设院务办公室作为办事机构，协助院长和导师开展工作，同时管理导师室、导生室、会议室、资料室等功能室和学生活动场所。

(2) 书院实行导师制

学业导师的主要职责是结合学生特点，采取各种形式对学生的学习、科研、生活、工作、交友、择业、就业等各方面进行全方位指导。学业导师原则上按一定的师生比（1∶400）聘请校内外具有副高以上职称、治学严谨、深受学生欢迎的优秀教师、学者和科研人员担任。各社团的指导教师任兼职导师。成立导师委员会，负责导师的聘任、管理和考核，院长兼任导师委员会主任。

(3) 书院实行导生制

导生的职责是协助导师指导学生社团开展工作并做好书院学生

有引导的自我教育、自我管理、自我服务。导生从学生党员和获得励志奖学金的优秀学生中原则上按 1∶50 的比例公选。成立导生委员会，负责导生的聘任、管理和考核，常务副院长兼任导生委员会主任。

（4）书院设分团委、学生分会和学生自律委员会

分团委、学生分会和学生自律委员会全面负责并管理书院团学组织的建设、发展工作和团员学生的教育、管理工作，维护学生合法权益；入院各系团学组织按系纵向分设，配合书院分团委、学生分会和专职辅导员管理学生事务。

（5）配备专职辅导员入住公寓

每个入住书院的系选配一名专职辅导员入住公寓，与本系学生同住、同吃、同生活，负责书院内本系学生的日常管理工作并指导团学工作和社团活动。

2. 确立书院育人功能

（1）实行人文化管理

书院教育把传授知识与学习做人做事紧密结合在一起，秉承求知求实的理念，追求知行合一。书院制的推行从以往的以教育者为中心，以说教、约束为主要手段，以保证学生守纪律、不出事为目的的保守型管理模式，向以学生为中心，以调动学生自我管理、自我服务的积极性，激发学生向以发展动力为目标的开放式、激励式管理模式转变，促进学生的全面发展。

（2）加强对学生的养成教育，塑造健全人格和公民意识

书院的养成教育，不仅要跟学生讲清楚德育的内涵，而且要教会学生如何做，促使学生养成良好的道德行为与习惯，进而内化为良好的道德素质。

（3）推进通识教育，培养全面发展的优秀人才

书院打破学科专业界限，构建学术社团和兴趣小组，开设活动课程，满足学生的个性发展，提高人文素养。

3. 以活动课程等为平台，丰富书院教育内容

书院学生的素质拓展，以非正式教育的活动课程设置为平台，以书院文化活动为载体全面推开。为此，书院组建了各种学生社团和个性化小组，创立团队合作机制，通过开展社团活动，营造学生社区的公共文化氛围，丰富书院文化的内涵。

（1）开设书院"活动课程"

根据书院学生的特点，主要开展名师进书院的个性化人文讲座和辅导活动，营造学术文化氛围。书院活动课程的设置是为了弥补学科教育、专业教学、课堂教学的不足，满足学生个性发展，特别是人文发展的需要。书院活动课程既要体现书院育人的价值，又要贯穿社会主义核心价值观教育，体现对学生科学生活观教育的导向作用。甘肃民族师范学院莲峰书院正在推行的活动课程是系列讲座，有文学、历史、社会、经济、农牧区传统与现代文明的接轨、民族文化习俗、人际交往与礼仪规范、文明对话与世界视野、科学精神与科学探索、生态环境与生命关怀、艺术创作与审美体验等讲座。

（2）建立专题读书沙龙

书院建立读书小组，由导师确定读书主题、阅读书目和读书计划，学生自由报名参加，定期导读和举办读书沙龙，学期末进行总结和讲评，成绩合格可获得相应学分。读书内容以中国文化经典选读、西方文化经典选读、经典名曲欣赏、经典名画欣赏等为主；同时师生也可以选择阅读书目之外感兴趣的专题，并组建相应的读书小组。书院筹划建立内部刊物，作为经典读书计划的交流平台，刊登读书小组及个人撰写的读书心得。经典读书计划是书院推进通识教育、建设书院文化的重要举措。其核心是通过引导学生阅读经典，培养学生的阅读习惯、学习兴趣和思考能力，提升学生的人文素养。同时也通过读书小组的形式，促进老师与学生间的良性互动，增进师生交流和朋辈交流。

（3）积极推行素质拓展活动

通过书院班会辅导、职业生涯规划大赛、创业成功学长面对面

交流活动进行职业认同—生涯辅导；通过"我是教师"演讲比赛、三笔字培训、技能交换活动等进行教学技能训练；通过学导活动、学习互助小组、课外兴趣小组活动进行朋辈教育，实现共学共进。

4. 以"三自"为依托，全面推行科学生活观教育

（1）书院倡导学生进行自我管理、参与民主实践。书院学生的自我教育、自我管理和自我服务，主要是通过书院分团委、书院学生分会和书院学生自律委员会实现的。书院分团委、学生分会和自律委员会由书院团员代表大会和学生代表大会选举产生。书院分团委、学生分会和自律委员会全面负责书院团学组织的建设，维护学生的合法权益，同时，负责收集学生对于书院建设的建议和意见，具体行使学生自我管理的职能，促进书院文化建设。

（2）书院学生在自我教育、自我管理和自我服务中，以全面推行科学生活观教育为主线，出台了《甘肃民族师范学院大学生科学生活观践行细则（试行）》。不仅将传统上学生的学业成绩和违纪行为纳入奖惩评价体系，而且将学生日常生活中的良风美俗、佳言懿行或不文明行为、宿舍卫生情况、是否适度消费等全面纳入奖惩评价体系中，针对个别学生在校园内吸烟、说脏话、衣着不整洁、随地乱扔垃圾、浪费粮食水电、生活搞攀比、消费失度等不文明行为进行了专题教育；对在宿舍内饮酒滋事、私接电源、卫生脏乱差、夜不归宿等违纪现象进行了专项整治，以引导学生牢固树立高雅的生活情趣、朴素的生活习惯、友爱的生活风尚、严明的生活纪律，实现书院培育学会求知、学会做人、学会合作和学会做事的优秀人才目标。

5. 塑造书院文化元素

（1）拟定了具有深邃文化内涵和深远教育意义的院名。学校第一所书院被命名为"莲峰书院"，其建院题记如下：

中国书院，硕儒大德昌明正学、化育人才之垣所。历时千载，弦歌不绝。陇上洮州于清乾隆时建莲峰书院，其址在今甘南州临潭县新城镇。往事已矣，来者可追。我校远承古代书院知行合一之人文精神，近采欧美大学博雅教育之优良传统，推行学科专业学院制，学生生活书院制，建莲峰书院，上承历史，下启新知，故名之。以期所育人才品如莲洁，志比峰高。是为记。

（2）确立书院的培养目标。激励书院学生奋发图强，健康成长，培养学会求知、学会做人、学会合作和学会做事的优秀人才。

书院通过特有的育人环境条件和文化氛围，鼓励不同背景的学生互相学习交流，实现学生文理渗透、专业互补、个性拓展，满足学生的个性化发展需要，最终促进学生的全面发展。

（3）塑造书院文化标识。书院正在发挥学生的创造性和集体智慧，设计凸显书院文化的标识，包括书院院徽、院训、院刊、院歌，书院画册、网页、各类宣传品、报刊，打造文化品牌。

6. 完善书院服务体系

（1）设立公共文化设施

莲峰书院公寓以中国传统四合院为建筑模式，中庭除建有羽毛球场、乒乓球台外，按照文艺演出舞台标准安装了各种射灯，配备了音响、LED 显示屏等设备，把中庭打造成户外学生素质拓展活动的场所和聚会交流的大舞台。除布设相关办公室外，莲峰书院还开设了兼具阅览室、会议室、职业辅导室等多种功能的共享学习室及团学活动室，购买了 700 余册纸质图书和近 30 套音响资料。

（2）打造服务学生的信息平台

为了方便开展社团文化活动，为学生的相互交流和自主发展服务，书院门顶上安装了 LED 显示屏，在书院舞台背景墙上悬挂了 20 平方米的 LED 显示屏，及时发布各种信息、通知和社团文化活动标语。正在布设宣传橱窗、文化长廊，建设书院论坛等有利于学生广泛交流的网上互动栏目以及校内手机短信发布平台，提高信息传递覆盖面和传送速度，优化书院公共信息栏定期发布平台。

7. 试点运行，逐步推广

学科专业学院制，学生生活社区书院制改革是一个新事物，需要不断探索和总结，如在物质条件、基础设施、环境设计、组织管理和活动形式等方面不断加以改进和协调，边实践边总结，完善运行方案，为在全校推广书院制学生管理模式做好准备。为此，甘肃民族师范学院在考察借鉴国内几所院校的基础上，于2013年9月成立了"莲峰书院"，首批进入书院的有汉语系、外语系、物理系、藏汉双语理科系共四个系2500多名学生，实现了不同专业、不同民族、不同性别学生在同一个楼宇（社区）共同生活、共同学习、共同活动的"三异四同"。2014年在全院进行推广，新建两所书院。

（三）评析

1. 书院制改革有利于提高学生协作精神

传统上新生入学后一律分专业分系学习、生活，各专业院系负责学生的学籍管理、专业教育和思想政治教育，包括注册、选课、成绩管理等。书院建立了融生活、学习于一体的模式，不同系的学生自由交流相处，又拥有一定的公共空间和指导教师，书院的导师通过指导学生们的专业修读，与学生们进行学术对话、分享经历，为学生们拓展学术素养、导航人生；书院的辅导员入住进来，与学生们共同生活，对学生们的日常学习事务答疑解惑，这种超越专业学习局限的育人环境对学生认同书院，培养协作精神产生了巨大的作用。莲峰书院组织入住书院的四个系部共同举办诸如迎新晚会和公寓文化节、棋艺、体育、书法比赛、篝火和锅庄舞会等活动，改变了以往各系部分别举办校园文化活动而出现的节目质量低、结构单一、观众热情不高的局面，合理释放了学生的心情，培养了学生的才能；书院首次在学生公寓倡导宿舍美化设计和征文活动，增强了学生对美好生活环境的憧憬和向往，增进了对书院的归属感。

2. 书院制改革有利于拓展学生的交际视野

书院实行文、理学科不同专业学生共同生活、共同学习、共同进步的管理模式，通过全面推行导师制，借助导师开阔学术视野、导航人生；通过全面推行导生制，借助高年级学生对低年级学生、优秀学生对普通学生在生活和学习方面的指导，能够加强学生之间的交往，对于学生的性格养成、学术兴趣、价值取向等会产生许多正面的积极影响，有助于促进学生文理渗透、专业互补和全面发展。

3. 书院制改革有利于提升学生的文明素养

书院推行融生活、学习为一体的社区管理模式，实行学生的自我教育、自我管理、自我服务，锻炼了学生的独立生活能力，培养了学生的公民意识和社会责任感；书院密集的社团活动、素质拓展训练营活动，培养了学生的协作精神；书院改变了男女学生分楼住宿、公寓管理人员严密监控的学生公寓管理模式，建立了男女学生同楼分区居住，规定时间内自由交流和公寓管理人员指导生活的学生生活管理模式。高校学生基本上为具有完全民事行为能力的公民群体，追求爱情是这一年龄段青年学子的正常需求。莲峰书院推行男女学生生活于同一栋公寓、同一社区的模式，促进了男女学生的正常和自然交往，有利于异性学生坦然面对之健康心理的形成。正如生活在莲峰书院的学生所反映的：部分抱着好奇、怀疑，甚至是否定态度的学生在入住莲峰书院以后，通过亲自参与，普遍接受了这一生活学习模式。他们总结认为，生活在莲峰书院的男生是女生的镜子，女生是男生的镜子，书院里女生更加淑女，男生更加绅士。

4. 书院制改革有利于强化学生的社会适应能力

学生在大学里应该得到的，不仅是专业方面的知识，而且是在课堂之外的成长、培养、锻炼。书院不仅仅是一个住宿的空间，更是一个活动空间，在课外提供了一个让不同专业的学生进行交流、学习、讨论、研究的平台。书院是通识教育氛围最浓郁的地方，也是最能感受到大学文化气息和生活魅力的地方。

通过搭建书院文化平台和有效开展各项社团活动，为书院学生提供了更加广阔的交流空间，培养学生文理兼容的知识底蕴，拓宽大学生就业面，丰富人生经历，帮助学生开阔视野，积累人脉，培养他们的自信心、独立性、社会责任感和团结协作精神，增强学生的社会适应性和竞争能力。

5. 书院制改革对推行科学生活观教育创造了更好的平台

科学生活观教育是指以在大学生中营造和养成高雅的生活情趣、朴素的生活习惯、友爱的生活风尚、严明的生活纪律为主线，从学生的日常管理、生活引导和校园文化活动等方面入手，提高管理水平，加强养成教育，促进学生成长。书院推行的融生活、学习为一体的社区管理模式以及特有的育人环境条件和文化氛围，通过非课堂教育、多元文化交流和社会实践活动，鼓励学生互相学习，实现文理渗透、专业互补、个性拓展、知行结合，积极引导学生"自我教育、自我管理和自我服务"，促进学生全面发展的教育管理体制，目的就是将生活和教育相统一，让生活成为教育的一部分，这是推进科学生活观教育的最直接、最有效的途径。

随着"书院制"管理模式的进一步实践、探索和完善，书院在整合校内资源、完善互动渠道、实现优势互补，培养学生的协作能力和团队精神，增强学生的公民意识和社会责任感，提高学生综合素质和社会适应能力，促进学生全面发展等方面将发挥越来越重要的作用，成为引导校园文化建设、培育校园原创能力、凝练学校办学特色、传承大学精神的重要平台。

参考文献：

陈晓斌：《新型书院制：高校学生社区管理模式探索》，《教育探索》2013 年第 8 期。

曹红旗：《书院制与香港中文大学》，《当代教育科学》2009 年第 9 期。

李文君：《书院制：学生管理的另类可能》，《教育与职业》2011 年第 2 期。

（甘肃民族师范学院王莅）

八
西部民族聚居区高校大学生科学生活观教育实践研究
—— 以甘肃民族师范学院为例

生活方式是制约大学生尤其是民族聚居区高校大学生成才的一个重要课题。在大学期间，对走出家门的来自民族聚居区的民族大学生来说，他们既受到民族传统生活习惯的影响，又不断受到现代化生活方式的冲击，在民族传统生活方式和现代化校园生活方式的双重影响下不断发生着变化。这种变化着的生活方式也潜移默化地影响着他们的成才。促使他们自觉自愿地纠正长期以来已形成的不良生活习惯，帮助他们建立正确良好的生活方式，要通过思想道德教育、审美教育和实践活动，引导学生形成文明、健康、科学的生活方式。甘肃民族师范学院近几年在这方面有着很好的实践，对同类院校有较强的借鉴意义。

（一）实施科学生活观教育的背景

近年来，党中央多次提出要在全社会形成适应现代化生产力发展和社会进步要求的、文明健康科学的生活方式，并要求把形成这一生活方式作为社会主义精神文明建设的重要内容。随着社会主义精神文明建设的深入进行，人们的生活方式和精神状态正在迅速发生着变革，这种变革也必然会影响到当代大学生。对大学生的生活方式问题进行探讨，引导他们形成文明、健康、科学的生活方式，既是新时期思想政治工作的重要内容，也是把大学生培养成为社会主义事业的建设者和接班人的重要条件。

大学时期是生活方式形成的重要阶段。一是民族聚居区高校大学生大多远离父母，而大学管理相对宽松，这类高校的学生不得不亲自安排自身的生活，这就需要思考选择自身的生活方式。二是在当前社会转型时期，各种生活方式变化较快，这类高校学生不仅需要学习适应，而且需要根据自身的实际情况来做出理性思考和选择。因此，及时对学生进行教育引导就显得尤为重要。生活方式教育既包括思想观念教育，也包括知识技能教育。对于大学生而言，重要的不是逐一教会他们所需的各种生活知识、生活技能，而是应当强调有关生活方式的理论和观念。甘肃民族师范学院学生由18个民族构成，70%为少数民族学生，为提高教育教学质量，落实学校"政治可靠、扎根基层、业务适切"的人才培养目标，学校开展了科学生活观教育。

（二）主要措施

开展科学生活观教育主要以在大学生中倡扬和形成高雅的生活情趣、朴素的生活习惯、友爱的生活风尚、严明的生活纪律为主线，从学生的日常管理、生活引导和校园文化活动等方面入手，提高管理水平，加强养成教育，促进学生成长。

1. 以提高校园文化活动品位为主要手段，加强思想政治教育，引导学生倡扬和形成高雅的生活情趣

（1）开展文化活动精品化教育

学校以校园文化艺术节、心理健康文化节、公寓文化节及社团文化节等活动为抓手，丰富活动内容，打造精品节目，提高文化品位；帮助学生制定"中外优秀文化艺术必读、必听、必知目录"，逐步开展大学生读书节、诗歌节、书画节、音乐节、电影节等活动，拓宽校园文化活动平台，努力提升活动品位。

（2）社团活动规范化

各级各类学生社团贴近学生实际、优化活动主题、丰富活动内容、突出思想内涵，注重社团活动的知识性、艺术性和趣味性，加强了对社团活动的管理，不断提高规范水平。

（3）活动课程普及化

学校切实把第二课堂纳入教学管理，使第二课堂成为第一课堂有效的补充形式，丰富了学生课余文化生活，充分发挥、发展学生的个性和专长，努力使活动课程成为学生展示才华的重要平台。

（4）通识课程特色化

进一步提高通识课的教学质量，通过通识课加强学生的审美修养，培养学生感受美、鉴赏美、创造美的能力。引导学生尽可能地涉足文学、美术、音乐、摄影、戏剧等诸多领域，通过建设富有特色的通识课程来促进学生升华理想、丰富生活、促进身心健康，提高学生综合素质。

（5）宣传阵地科学化

充分利用校园广播、电视、报纸和网络媒体，广泛开展大学生科学生活观教育宣传工作，开辟专栏专版，注重正面教育，挖掘典型，积极营造良好的氛围。

2. 以教育引导为主要手段，倡导学生养成朴素的生活习惯

（1）学校通过思想政治课和各种主题教育活动，加强中华民族勤劳节俭的美德教育。引导学生勤俭生活、合理消费，提倡学生在校内食堂就餐，使学生养成朴素无华的生活习惯，自觉抵制互相攀比和奢侈浪费的陋习。

（2）教育学生清楚地认识到我国人口多、资源贫乏的国情，关注生态平衡，牢固树立人与自然和谐共存的理念，积极开展节约一度电、节约一滴水、节约一张纸的"三个一"主题教育活动，引导学生循环利用生活物品，抵制一次性物品的使用，分类处理生活垃圾，提倡低碳生活，增强环保意识。

（3）继续加大校园禁烟令、禁酒令的执行力，创建无烟无酒校园；坚决制止赌博、偷盗、打架等违纪违法行为，净化育人环境。

（4）进一步完善奖助学金评选与监管机制，发挥好奖助学金的激励作用。对用奖助学金请客、购买高档消费品等奢侈浪费行为进行曝光，并取消其申请奖助学金和评优选先的资格。

（5）教育学生讲究卫生，爱护公共环境，注意自身及公共场所的卫生，自觉打扫宿舍和校园环境卫生，严格落实每周末学生处和各系对学生公寓楼及宿舍卫生大检查的相关制度。

（6）加强学生劳动实践课的育人功能。引导学生积极参加勤工俭学，弘扬"艰苦不怕吃苦、缺氧不缺志气"的精神，培养学生形成艰苦奋斗、自食其力的创业理念。

3. 以宣传教育为主要手段，帮助学生养成友爱的生活风尚

（1）积极开展民族团结进步教育月系列活动。通过民族团结教育活动引导学生牢固树立大中华观念、祖国意识以及"三个离不开""两个共同"的思想，确立"各美其美，美美与共"的理念，自觉维护民族团结。

（2）大力推广普通话。教育学生规范使用国家通用语言文字，使普通话成为学习、工作、联系的语言桥梁和情感纽带，通过普通话的推广来增强学生的国家意识，进一步增强中华民族的凝聚力。

（3）制作校区、课堂、宿舍和其他公共场所文明礼仪提示牌，规范、引导学生的言行，营造文明的社交环境。

（4）加强心理健康教育，提高学生的心理自控和调适能力。通识课适度增加"婚姻""恋爱"等方面的内容，教育学生树立正确的恋爱观。

（5）加强对家庭经济困难学生和后进生的资助、帮扶工作。以经济资助、提供勤工俭学岗位等为手段，辅以感恩教育，帮助家庭经济困难的学生学会自立自强，顺利完成学业；以结对帮扶为手段，发挥各种校园文化活动的引导作用，帮助后进学生摆脱自卑和自我放逐的思想障碍，鼓起勇气、提振信心，努力拼搏、赶超先进。

（6）广泛开展"学雷锋活动"。通过"学雷锋"活动砥砺学生的道德品质，增强集体荣誉感和凝聚力，发扬"助人为乐、无私奉献"的雷锋精神，树立"爱校如家，校兴我荣"的理念。

4. 以规范管理为主要手段，教育学生形成严明的生活纪律

（1）加强制度建设。根据学生工作中出现的新情况、新问题，修订和完善教育管理制度，健全和完善制度体系。遵章办事，规范学生的教育、管理和服务工作，引导学生养成遵纪守法的习惯，以严明的纪律保障良好的学习和生活秩序，营造严肃活泼、奋发进取的学风、校风，树立阳光品质，办好阳光大学。

（2）定期开展大学生文明修身教育活动。要求学生做到"三遵、十不"，即"遵守学校纪律，遵守公共秩序，遵守国家法令"；"不迟到，不早退，不旷课，不打架，不吸烟，不喝酒，不赌博，不随地吐痰，不乱扔垃圾，不破坏公物"。

（3）建立校园不文明言行曝光台。学生工作者和学生自律委员会成员对学生中的不文明言行进行现场"抓拍"，并在校园广播和电视等媒体上进行曝光，取消其当年评优选先和奖助学金申请资格。

（4）加强早操、早读、晚自习的组织管理；严格落实教师课堂考勤和学生作息制度；加强考场管理，严明考试纪律；引导学生遵守学术规范，恪守学术道德，诚信做人，踏实学习，不作弊，不剽窃，营造健康向上的学术风气，培养学生形成良好的学风。

（5）教育学生珍爱同学友情，住集体宿舍，过集体生活，重集体荣誉，严禁校外住宿，杜绝网瘾，确保学生人身安全。

（6）严格落实《甘肃民族师范学院学生违纪处分条例》，从严、从速处理违纪学生，以教育本人和警示他人。

（三）评析

甘肃民族师范学院以促进学生科学、健康、文明生活方式的养成，引导学生科学发展、健康生活、文明成才为目标，使其成长为知行合一、德才兼备、全面发展的中国特色社会主义合格建设者和可靠接班人。

1. 明确生活方式教育的基本内涵与目标

将生活方式教育作为学生思想政治教育的切入点，纳入学校系统的管理制度中，实施统一管理，既要有"自由"也要有"集中"，"自由"指放手发动学生在其闲暇时间安排更多有意义的活动，同时，又要通过学校的有效"集中"来引导学生的生活方式，通过学生对良好生活方式的实践，形成健康的自我意识、行为习惯和社会关系，并表现出优秀的思想道德品质。

2. 开展实践教育，实现知行统一

"知行不统一"是当代大学生行为失范的主要原因，即道德认知水平的提高并不能必然地导致道德行为的发生。而要克服这种知行不一的弊病，思想政治教育就不能单纯地立足于静态理论的讲述和灌输，而应该深入实践，将静态理论运用于动态的社会实践中，以理论灌输和社会实践相结合的方法进行教育，更好地增强实效。通过科学生活观教育，在校园范围内广泛组织并引导学生参与公益劳动、社会调查、社会观察、社会服务等各种实践活动，在活动中提高大学生良好的礼仪礼貌的修养意识，将这种意识通过实践固化到学生个体的人格中，使其从内心深处懂得如何尊重他人，尊重自己，达到修养教育的良好效果。通过大量的实践教育活动，使学生把思想教育内容见之于实践，使思想教育过程社会化；把知化行，使集体主义等价值目标变成生活的行为实践，使学生从日常做起，从小事做起，受到身体力行的锻炼,在多层次的实践中体验追求真善美的愉悦感。

3. 科学生活教育观所崇尚的生活方式是一种高雅的生存方式

所谓高雅生存就是追求各种需要得到充分和协调的满足的同时追求更高层次需要的满足,在追求各种才能自由和尽情发挥的同时追求更高层次的才能发挥方式。高雅生存方式具有如下特征:第一,从利益至上转向高扬个性;第二,从追求占有转向充实精神;第三,从扩张物欲转向珍视生命;第四,从尽情享受转向全面发展;第五,从自我中心转向博爱众生。这是对自利性、物欲性、贪婪性、异化性和破坏性生存方式的扬弃和超越。

苏格拉底曾说:"道德哲学涉及的不是小事,而是我们应当如何生活的问题。"甘肃民族师范学院把学生发展眼光聚焦于人的生活的科学发展,必将在谱写学生美好生活新篇章,构建以公民为主体的社会和谐,以国家为主体的世界和谐,以人类为主体的宇宙和谐的伦理目标中发挥其应有的作用。

参考文献:

江畅:《和谐社会与优雅生存》,《哲学动态》2005年第3期。

刘高岑:《论科学发展观的新范式地位和意义》,《郑州大学学报》(哲学社会科学版)2009年第6期。

[美]詹姆斯·雷切斯特:《道德的理由》,杨宗元译,中国人民大学出版社2009年版。

周晓光:《当代大学生活方式问题浅见》,《烟台大学学报》(哲学社会科学版)2001年第7期。

杨晓慧:《当代大学生生活方式问题及对策研究》,《东北师大学报》(哲学社会科学版)2006年第6期。

(甘肃民族师范学院 王茌)

九
基于三学期的师资队伍建设实践研究
——以甘肃民族师范学院为例

2007年,甘肃民族师范学院立足办学区位特殊性,开始实施春、夏、秋"两长一短"的"三学期制"。夏季学期主要外聘省内外知名专家教授来校授课、讲座。截至目前,累计外聘各高校、科研院所教授、专家437人次。依托"三学期制"建立了稳定的外聘教师工作平台,有效缓解了师资总量不足和优质师资奇缺的矛盾,从而确立了"以自有教师为基础,以兼职教师为充实"的师资队伍建设新模式,紧缺专业教师得到有效补充,师资队伍学历、职称、学院结构得到有效改善,初步形成了一支结构相对合理,基本能够满足教学科研需要的师资队伍,开创了办学条件相对艰苦、地处偏远的民族高校师资队伍建设的新路子。

(一)实施背景

1. 教师数量不足,结构不尽合理

2007年初,学校按照教育部《普通高等学校设置条例》《关于"十一五"期间普通高等学校设置工作的意见》,适时提出"升本"改建目标,全面启动了"升本"改建工作。2007年学校有专任教师230多名,高级职称比例不足20%,专任教师中具有研究生学历的教师数占专任教师总数的比例在15%左右,专任教师中60%来自西北师范大学和西北民族大学。根据教育部《普通本科学校设置暂行规

定》"专任教师总数一般应使生师比不高于 18∶1；学院在建校初期专任教师总数不少于 280 人；专任教师中具有研究生学历的教师数占专任教师总数的比例应不低于 30%；具有副高级专业技术职务以上的专任教师人数一般应不低于专任教师总数的 30%；其中具有正教授职务的专任教师应不少于 10 人"的要求，学校师资总量不足、职称结构、学历结构、学院结构不合理，高级职称教师专业分布不均衡的问题尤为突出，严重制约着学校升本改建目标的实现。

2. 教师队伍不稳定，高层次人才引进困难

甘肃民族师范学院位于内地通往藏区的门户——甘、青、川三省交界处的甘肃省甘南藏族自治州首府合作市，海拔约 3000 米，气候条件欠佳，对民族聚居区少数民族文化适应困难、生活条件及后代的学习、成长环境欠佳成为学校师资队伍建设的主要障碍，高职称、高学历、在专业和学术上稍有建树的教师很多都选择到内地工作，受区域经济发展的限制，高层次人才引进难度大，学校师资队伍建设面临着引进和稳定两大难题。许多新增专业的学术骨干和学科带头人缺乏，学科梯队不健全。

3. 师资队伍综合素质有待提高

随着学科知识的互相渗透，知识更加边缘化、综合化，任课教师知识面窄、结构老化、教学方法和手段陈旧，这势必会影响高校教学水平的提高。科研工作急功近利，参与率低，团队合作意识淡漠，科学研究远离区域社会的实际需要，对区域社会的影响、辐射、带动、引导和提升能力较小。课题立项级别不高，领域不宽，缺乏有影响的学科、学术带头人，没有形成科研的核心。

4. 加强开放办学，促进教育公平

开放办学是高等教育促进人的全面、自由与和谐发展的必然选择，是高校激发办学活力的有效途径，是教育者对学生发展差异性的

尊重与多样性的理解，开放办学应是全方位、多层面、立体化的。开放办学要求我们实现目的观、质量观与教学观的转变；坚持内部效益优化，实现教育资源共享；回归生活世界，实现教学、科研、服务的良性循环。对于地处经济欠发达地区的高校，开放办学尤为重要，坚持面向社会、面向市场办学，密切学校与社会的联系，加强对外交流，使学校办学模式、培养目标、专业和课程设置等更加适应区域经济社会发展和人才的需要。甘肃民族师范学院作为地处民族聚居区的高校，学生大部分来自于偏远的农牧区，基础教育师资水平低、教学条件比较落后，优质教育资源相对匮乏，通过实施该项目，地处偏远地区的学生能够享受内地专家、学者的讲学，开阔学生视野，拓展专业认知，促进教育公平。

（二）主要措施

在积极总结民族聚居区高校师资队伍建设经验的基础上，借鉴国内外高校师资队伍建设的成功经验，甘肃民族师范学院形成了以"自有教师为基础，兼职教师为充实"的切合学校发展的师资队伍建设模式。

1. 兼职教师

（1）"三学期制"实施方案

2007年，甘肃民族师范学院开始实施以"三学期制"为标志的新一轮教学改革，将一学年分为三学期，即秋学期、春学期、夏学期，秋学期时间为9月10日—12月31日，教学执行周数为16周；春学期时间为3月1日—6月中旬，教学执行周数为16周；夏学期时间为6月20日—8月10日左右（期间无休息日），教学执行周数为7周。

本科生在校期间第一个夏季学期集中安排通识2课程，第二个夏季学期集中安排教师教育类选修课程，第三个夏季学期集中安排专业选修（方向）课程。专科生第一个夏季学期集中安排通识2课程，第二个夏季学期集中安排专业选修（方向）课程（专科生在校期间只有两个夏季学期）。

夏季学期（6月20日—8月10日）期间，是甘南年气候的黄金时间，其他高校、科研院所相继开始放暑假，利用此条件聘请省内外各高校、科研院所专家、教授来甘肃民族师范学院为学生讲授通识课程和教师教育类选修课程，同时开展学术讲座。为进一步规范夏季学期的管理，学院先后出台《三学期制和单休日制实施方案》《推进夏学期制改革实施意见》《甘肃民族师范学院夏学期实施方案》等制度，为"三学期制"的实施提供了制度保障。

（2）兼职教师课程开设与建设

兼职教师课程具体由课程承担系进行管理与建设，课程根据学校通识教育需求分两种方式开设：一是根据学生需要，由课程承担系确定开设课程名称，与兼职教师进行协商，最终确定开设课程；二是根据兼职专家的主要研究方向，充分考虑甘肃民族师范学院学生的实际，由兼职教师提出课程开设计划，经课程承担系的充分讨论，确定所开设的课程。在课程开设过程中必须按照学院的有关要求，完成相关教学资料的填写，与秋、春季学期开设的课程进行同等管理。

每门课程必须编写课程简介，内容包括课程基本信息、任课教师基本信息、课程内容简介、课程教学目标、课程教学提纲、教材及参考资料、教学方式和考核方式等内容，课程简介由教务处统一汇编成册，课程简介的汇编为学生选课前了解课程教学内容，提前制定选课计划提供了帮助，同时也规范了通识课程教学内容，加强了通识课程管理。

（3）兼职教师的聘任与管理

兼职教师的聘任数量由教务处、人事处协商确定，按照每30名学生聘任1名外聘教师的标准，确保每年聘任100名外聘教师承担通识2课程；根据各系选课学生人数，合理制定外聘教师聘任计划，确保外聘教师数量，并将外聘教师合理分配到不同周次、批次；同时，根据专业需求，积极聘请教师教育类课程和专业选修课外聘教师，提高教学质量。

具体由各系根据课程开设情况，"按需聘用、保证质量、严格管理、注重实效"的原则进行聘任。各教学单位根据课程开设需要提交拟聘任教师计划，教务处对各教学单位提交的拟聘任计划进行审核，人事处根据教务处审核结果进行聘任。外聘教师实行双重管理，教学工作由各聘任单位进行管理，薪酬、聘期和考核由人事处、教务处等相关部门统一管理，外聘教师聘期一般为三年。为进一步加强外聘教师管理，学校出台《甘肃民族师范学院外聘兼职教师聘用办法》，明确了外聘教师的聘任程序、工作任务和工作考核等要求。

（4）助理教师制度

因兼职教师来院授课时间短，为加强对外聘课程教学的管理，同时兼顾院青年教师的培养，对外聘课程实施助理教师制度。助理教师由各教学单位根据外聘课程的内容，选拔专业背景或研究方向相近的青年教师担任。助理教师主要职责是：认真学习该门课程的教学内容，确保外聘课程教学质量及课程后续建设；助理教师负责外聘课程教学资料的填写，课堂教学考勤，帮助外聘教师组织课堂教学，课外阅读笔记的检查评分，课程成绩评定、录入，试卷装订等与课程教学相关的工作；负责外聘教师在院期间的学术讲座、生活起居的安排和协调工作。助理教师无特殊情况，三年内不得更换，在任期内完成外聘课程的学习任务，并能独立承担该门课程的教学。

（5）保障措施

①完善管理制度，理顺管理机制。学校先后出台了《三学期制和单休日制实施方案》《推进夏学期制改革实施意见》《甘肃民族师范学院夏学期实施方案》《甘肃民族师范学院外聘兼职教师聘用办法》等制度，明确了教学系、人事处、教务处等相关部门的职责。

各教学系的职责是科学合理地规划授课内容；做好外聘专家的宣传工作；邀请外聘专家指导学科专业、实验室建设和教师科研等工作；安排本系教师听、评课任务，要求每位教师至少完整地听1门外聘教师的课程；安排助理教师；负责外聘教师的教学管理；协助教务处做好学生选课工作。人事处的职责是：审核各系外聘专家数量，颁发外聘专家证书；做好外聘教师来院授课的接送、食宿等工作；负责经费支出；完善外聘教师管理办法等制度，加大对外聘教师的监管力度。教务处的职责是：合理安排夏学期课程、科学编排课表、组织学生选课及监管教学过程。教学质量监控与评估处的职责是：组织教学督导委员加大对夏学期教学的督导力度。学院办公室的职责是：协调后勤处做好专家接送、食宿安排等事宜。

②加强学生选课管理。一是教务处及时总结经验，从技术手段上改进选课方式方法；二是各系加强学业导师（选课导师）的管理工作，要求学业导师（选课导师）严格按照有关规定，认真指导学生进行选课，特别针对双语类专业"以藏为主"的学生，要精心指导，确保学生顺利完成选修课程；三是所有机房（包括各系实验机房）在选课时段要无偿开放；四是教务处组织，各系积极配合，学生凭学生证在限定时段内选课。

③各系根据专业特点合理安排一、二、三年级学生的夏学期课程，在确保不影响正常教学的情况下，制定合理的轮休计划；各机关各部门、教辅及服务部门要结合自身实际，合理安排夏学期的工作，在确保各项教学工作正常进行的前提下，合理安排轮休。

2. 自有教师

（1）加大人才引进力度，改善教师队伍结构

人才引进是优化教师队伍的一个有效途径，也是高校解决人才不足，提升高校水平和能力的重要举措。每年引进30—40名硕士以上学历或高职称人员，制定《甘肃民族师范学院高层次人才引进管理暂行办法》，明确了人才引进的待遇和要求，解决了引进人才的住房、科研条件等问题，通过引进使学校教师数量不足的问题得到缓解，提升了高学历、高职称教师比例，改变了教师队伍的学缘结构，提升了学校教学、科研、学科建设水平，增强学校发展的实力和活力。

(2) 推行导师制,强化青年教师培养工作

采取"传、帮、带"措施,通过加强青年教师思想修养教育,培养爱岗敬业的精神;通过指导青年教师备课、授课、指导实习、实验等教学环节,提高教学水平;通过指导青年教师确立科研方向,提高科学研究能力。每年选派20名骨干教师参加为期一年的新课程培训;选派30—40名教师参加为期一学期的短期培训进修;选送5—10名教师到国内外访学;鼓励教师提高学历,使35岁以下教师达到硕士学位要求。以课程建设为纽带,加强专业带头人的培养,每个专业培养1名以上带头人,促进专业建设。

(3) 加强"双语"师资建设工作

加大藏语类教师的培养培训,鼓励藏语基础好的教师拓宽学科、专业方向,开展藏汉双语教学工作;选拔一批教学、学术水平高的年轻教师(每个专业1—2名)进行藏语培训,提高"双语"教学能力;针对藏汉双语硕士研究生较少的实际,充分利用国家有关优惠政策,主动与兄弟院校沟通,通过推荐、保送等方式,选拔藏语类优秀本科毕业生继续深造,建立一支结构相对合理、能够满足专业建设要求的藏汉双语教师队伍。

(4) 加强师德师风建设

一是以提高教师思想政治素质、职业理想和职业道德水平为重点,从制度、管理、教育三个方面入手,强化师德师风教育,着力解决师德师风建设中的突出问题。二是加强思想政治教育,正确理解教师职业道德修养的内涵。在实践中力求做到教学过程符合道德规范,教育科研符合道德规范,师生关系及与同事关系符合道德规范,教师与社会关系符合道德规范,教师的服饰仪容、言谈举止、行为态度和待人接物符合道德规范。三是实施教师教学能力提升计划,继续加强教师教学业务培训,特别是新教师岗前培训;完善教师的教学评价体系,健全教师教学工作档案,规范教师教学行为,提升教师教育教学水平。

(5) 完善教师激励机制,增强教师队伍的稳定性

完善学术带头人、教学科研双骨干、教学优秀奖等激励机制,

开展青年教师技能大赛、"精彩一课"教学竞赛等活动,进一步激发教师参与教学的积极性;加大校园基础设施建设,积极与地方联系,团购保障性住房,改善教职工的生活条件和环境;积极与兰州大学附中联系,妥善解决教职工子女高中阶段入学问题;通过编外聘任的方式,解决部分教职工与配偶长期两地分居的问题;根据教师年龄的不同,分年度组织教师进行体检,及时掌握教职工的健康状况。

(三)评析

1. 高职称师资严重不足的问题得到有效缓解

学院利用夏学期时间,每年聘请省内外兼职教授来院开展教学工作,截至目前,累计聘请来自兰州大学、宁夏大学、四川大学、中央民族大学等50余所高校、科研院所437人次来院授课,开展学术讲座500余场,有效缓解了高级职称师资队伍紧缺的现状,教师队伍的职称结构得到优化。

2. 搭建了优质教育资源共享平台

"三学期制"外聘教师的到来,为全体学生在甘南高原能够接受省内外优质教学、享受优质教育资源创造了机会和条件,夏学期部分外聘专家面向全校做学术报告,开展学术交流,营造了浓厚的学术氛围,与通识教育二者相辅相成,成为提高学生人文素养的另一条途径;在学校的管理、学科专业建设、实验室建设等方面也带来了新的变化;加强与省内外高校、科研院所之间的联系,为学校进一步加大开放办学,拓展合作办学搭建了稳固的平台。

3. 教师队伍整体素质得到提高

外聘教师在承担一定的教学任务的同时,帮助、指导甘肃民族师范学院的教师根据实际情况进行科研选题的申报、立项等,也找到了在科研合作、人才培养等领域相互借鉴和提高的利益结合点，促成了双方共同提高和发展，实现了双赢。通过外聘教师的带动，助理教师开发了60余门通识课程，极大地丰富了课程资源，使学院教师的教研水平得到稳步提升。

4. 人才引进实现"五个转变"，师资队伍结构得到全面优化

学院通过推进人事制度改革，创新人事工作机制，大力加强队伍建设，坚持引进、稳定和培养的有机统一，通过多种措施加大人才引进力度，推动了人才引进"以本科生向研究生、以省内高校向省外高校、以普通院校向重点院校、以本省生源向全国生源、以个别院校为主向多个院校"的五个转变，改善了教师队伍的学缘、学历结构。

5. 教师数量稳步增加，结构进一步优化

通过引进、稳定和培养的有机统一，学校师资数量不足的问题得到有效缓解，近年来累计引进硕士研究生、部分紧缺专业本科生200余人，师资总量达到481人，生师比为18.8∶1，专任教师中教授38人，副教授116人，具有副高级以上的专任教师占专任教师总数的32.02%；专任教师中博士6人，硕士275人，具有研究生学历专任教师占专任教师总数的58.42%。在年龄分布上，29岁及以下青年教师117人，30—39岁教师208人，40—49岁教师128人，50岁及以上教师28人，分别占总人数的24.32%、43.24%、26.61%和5.82%。

通过不懈努力，学校师资队伍建设工作取得了重大突破，依托"三学期制"建立了稳定的外聘教师工作平台，从而确立了"以自有教师为基础，以兼职教师为充实"的师资队伍建设新模式，紧缺专业教师得到有效补充，师资队伍的学历、职称、结构得到有效改善，初步形成了一支结构相对合理，基本能够满足教学科研需要的师资队伍。

参考文献：

张守波等：《开放办学：凸显教育新理念——渤海大学"开放办学"模式个案研究》，《辽宁教育研究》2004年第4期。

彭时代：《全方位、多层面、立体化的开放办学——湖南理工学院开放办学理论诠释》，《光明日报》2006年3月13日。

（甘肃民族师范学院 党金宁）

十

民族院校特色标本馆在教学、科研及科普中的应用

—— 以甘肃民族师范学院青藏高原动植物认知馆为例

甘肃甘南及周边地区地域辽阔，地处青藏高原东部边缘地带，境内地形复杂，有相对坦荡的高原，有起伏较缓的山地，有高山、峡谷，高低悬殊，境内海拔1173—4920m，大部分地区在3000m以上。气候具有多样性的特征，为各种野生植物的生长、发育提供了有利条件和良好的场所，种质资源十分丰富，野生植物种类繁多。

（一）建设背景

1. 高原生物多样性保护的需要

甘肃民族师范学院地处青藏高原的东缘，高原独特的地理环境和特殊的气候条件，发育了独有的高寒湿地、高寒荒漠、高寒干草原等独特的生态系统，特殊的地理环境也孕育了独特的生物区系，集中分布着大量的特有珍稀濒危野生动植物资源，被誉为高寒生物自然种子资源库，是世界上高海拔地区生物多样性最集中的地区。随着经济社会的发展，当地也面临着环境污染、生境破坏、草原退化、草原鼠害严重、水资源缺乏、生物物种日益减少等问题。资料表明，近200年来青藏高原濒于或已灭绝的鸟类有110种，兽类200多种，两栖类30多种以及植物500余种。在青藏高原，每年至

少有20多个物种灭绝,其形势相当严峻。因此,保护青藏高原的生物多样性刻不容缓。

2. 进行科学研究的需要

生物标本馆的重要性毋庸置疑。众所周知,生物标本馆事业的发展与人类文明密切相关。作为生命科学研究的重镇和科学普及的基地,它不仅是生物学研究,特别是生物志书编撰和生物多样性研究的基础,对生物分类区系、生物地理、生态环境和生物资源等方面的研究具有极其重要的作用,而且是提高国民科学知识水平的重要场所。它的历史、规模、特色和作用的发挥等都直接或间接地标志着一个国家或地区生命科学研究的历史、进程和水平。因而,许多发达国家都有其历史悠久、规模庞大的生物标本馆。我国也不例外。除了拥有在规模方面堪称亚洲第一的大型动、植物标本馆外,还有一些既有希望脱颖而出又各具特色的生物标本馆,青藏高原动植物认知馆正是其中之一。

3. 实践教学的需要

俗话说"百闻不如一见",生物标本能够真实地反映动植物的形态构造,将其作为非常重要的直观教具和观察材料,运用于生物学教学中,能使所讲授内容更加生动形象,有利于学生迅速理解和掌握。例如在动物学教学中,借助动物标本对照分类检索表学习,有利于理解和掌握各纲、目、科和种的基本形态特征,可以加深记忆。又如在学习各种动物骨骼的演化过程中,用标本进行比较观察,易理解它们在演化过程中的变化以及相互之间同源和同功能器官的变化。另外,在课堂上展示一些动植物标本,特别是一些珍稀的、奇形怪状的生物标本,能够活跃教学的课堂气氛。课下,教师还可以组织学生到海洋馆及标本室参观,这样既可以弥补课堂上理论知识的单调与枯燥,实现理论与实际相结合,还可以激发学生的好奇心,增加他们学习生物学的浓厚兴趣。

4. 进行科普教育的需要

作为科学普及教育的基地，生物标本馆更是不可缺少。科学普及是生物标本馆一项极其重要的任务，它可以用生动、科学的生物标本造型展示动植物栩栩如生的形态、生活及其生境甚至生物体各部分的解剖形态，再配以文字及图片的辅助说明、解说等，使参观者特别是青少年学生有身临其境的感觉，甚至还可以通过触摸或亲手制作标本等来提高兴趣，增加感受。在赏心悦目的同时，受到科学的教育，培养科学思想，掌握科学方法，树立科学精神。对于许多平时无缘在自然界中见到的物种和一些珍稀甚至已经灭绝的物种，生物标本馆就成为重要的甚至是唯一的通过感觉认识它们的地方。对一些有区域性特色的生物标本馆来说更是具有无可替代的吸引力。青藏高原生物标本馆正是具备了这种吸引力，因而成为青藏高原生物界的缩影。

（二）建设与管理

1. 青藏高原动植物认知馆简介

青藏高原动植物认知馆自2013年开始筹建，主要收集、制作分布于青藏高原东北缘区域内的野生生物标本和甘南地区家畜、家禽标本。包括青藏高原野生脊椎动物标本室，青藏高原家畜、家禽标本室，青藏高原野生无脊椎动物标本室，青藏高原草本植物标本室，青藏高原木本植物标本室和青藏高原藏药材标本室六个部分。

各种动物标本室按动物系统进化的顺序，从低等到高等演化的不同层次，收集、制作各种原生动物、扁形动物、环节动物、软体动物、节肢动物、鱼类、两栖类、爬行类、鸟类和哺乳动物的切片标本、浸制标本和干制标本。其中，以青藏高原家养的各类家畜、家禽动物标本为本馆的特色，它将首次为大家系统展现青藏高原的牧业生产模式，同时，也为不同地区、不同环境下从事畜牧业生产提供指导。

各植物标本室将收集、制作从地衣、苔藓、蕨类、裸子植物到被子植物等所有类群的蜡叶标本、浸制标本和种子标本。其中,青藏高原藏药材标本室将系统展示分布在青藏高原的各类药用植物资源,为调查了解青藏高原中草药资源提供基础资料,也为推动藏区发展藏药材种植业奠定基础。

2. 青藏高原动植物认知馆管理

认知馆以项目形式由国资处进行建设,具体由化学与生命科学系负责管理。动物标本馆是集动物标本收藏、科学研究、人才培养、公众教育和信息交流等功能于一体的科研实体。为了充分发挥馆藏标本在教学、科研及科学普及上的重要作用,动物标本馆不仅要向学校开放,还应向社会开放。

开放的对象包括本校教师、学生,甘南、临夏中小学生、学龄前儿童、市民、农业科技人员、林业科技人员、进出口贸易工作人员、自然资源管理人员、药物开发人员、保护生物学家、生态学家、国外友好人士、专家学者等。

动物标本馆的开放必须建立一整套完善的管理规章制度,如标本馆安全制度、来访人员登记制度、管理员岗位职责、保洁卫生制度、来访人员参观规则等,以确保动物标本馆和人员的安全与建立完善的档案资料。

(三)评析

1. 标本馆是青藏高原生物资源信息中心

标本馆是生物物种信息库,每一个标本都有相应的标签,记载着采集的地点、时间、生境等,通过研究标本,科学家可以得到大量生物形态学、生态学、地理分布等信息。开发新天然药物,控制有害昆虫,发掘有益天敌,检疫病虫害,防止出口濒危物种和重要保护物种等,都需要专业人员从标本馆中提取重要的科学数据、资料信息和实体样本。人类迄今已大规模利用生物资源,生物标本的保藏和研究关系到人类生存质量及生活环境的改善。随着生活水平的提高,人们不仅仅满足于温饱,还希望穿得更漂亮、更舒适,吃得更可口、更有风味,希望居住的环境没有污染,没有公害。人类需求多样性的满足,在很大程度上依赖于生物资源的多样性。

2. 标本馆是生物学和生物多样性研究基地

标本馆是自然历史资料保藏库,是研究生物自然历史和物种多样性的一个重要条件。随着人类社会的发展,经济活动日益频繁,对自然环境的破坏不断加速,从而导致大量物种灭绝。因此,将物种以标本的形式保存下来,对于我们的后代研究生物的自然历史有着重要意义。标本馆可以提供珍惜和濒危生物历史和现状资料,可为动物生态、系统进化、保护生物学、动物学等学科的科研工作提供实物资料。如通过对某地区一动物标本的调查研究,可以反映出当地动物资源的分布情况、生态环境等,为物种多样性保护及制定濒危物种保护政策提供科学依据。地球上的生命经历了漫长的进化过程,形成了多种多样的生命形式——物种,生物标本的收集和保藏是生物学家记录、描述和发现物种多样性的重要条件,建立生物标本馆是研究和保护生物多样性的重要手段。

3. 标本馆是生物科学知识普及的重要场所

我国地域辽阔,野生生物资源丰富,但野生珍稀生物物种的破坏和外流现象也极为严重。造成这种现象的原因是多方面的,广大群众对生物多样性的保护和生物资源的持续利用缺乏必要的认识和理解,是一个重要的原因。现在孩子们生活的圈子越来越小,他们对五彩缤纷的外部世界充满好奇,但自然界的生物在人类剧烈的经济活动中已离城市越来越远。动植物标本馆不仅可以为孩子们,也可以为成年人提供一个认识自然、认识生物的好课堂。通过人们对生物的了解和认识,会逐渐唤醒人类保护自然、保护生境、保护人类赖以生存的家园的意识。

4. 在教学方面发挥着重要作用

动物标本能真实地反映动物的形态和构造，将其作为非常重要的直观教具运用于动物教学中，能使讲授内容更加生动切实，易于理解，学生能迅速获得正确认识，从而有效地提高教学效果和教学质量，作为直观教学工具发挥其重要作用；作为理论联系实际的桥梁，在教学中发挥重要作用。动物与植物最大的区别之一在于动物能主动且迅速地产生位移，这使得细致地观察生活状态下动物的形态结构，是难以实现的。如在动物学野外实习中，对于难以得到的生活动物，可以采取在野外观察了解其栖息环境的生态条件及生活动物的行为习性、生理状态与功能等方面的信息，再结合标本仔细观察其形态结构，就可以得到某种动物较为全面的信息；作为一种常备手段，保证了动物学教学的顺利进行。将动物标本运用于动物教学中，可以使我们的观察研究不再受到时间、空间、地理分布及种群密度等的限制。例如冬天温度低，食物缺乏，许多动物会进入冬眠；夜行性鸟类、兽类，在白天难以观察到；受分布区域的限制，北方的动物在南方不能生存，极地的动物在其他区域没有分布；种群过小、密度太低或珍稀濒危动物等平常难以见到，通过制作成标本并运用于动物学教学中，这些问题都可迎刃而解；利用动物标本馆对学生进行师范素质教育，作为科普教育基地，每年可以适当地接待一些中小学生、幼儿园小朋友等来参观学习，有意安排一些志愿者或勤工俭学的学生担任讲解员，既巩固了学生自身的动物学知识，又提高了学生的讲解能力，对学生师范素质的提高有极大的帮助。学生还能根据所学到的知识和技能，到社会上进行保护野生动物、保护环境等的宣传。

认知馆的建成开放，为学校动物学教学和实验课程提供了更广阔的空间，让学生能学习到更多更丰富更专业的知识。同时也为教师和学生提供了学习和研究平台，为学校人才培养、合作交流、周边环境保护和科学研究等发挥积极的作用。

参考文献：

廖超林等：《教学、科研和科普的重要基地——记湖南农业大学土壤及岩石标本馆》，《土壤》2011年第3期。

阮桂文等：《地方高校动物标本馆建设与开放的研究》，《玉林师范学院学报》（自然科学）2010年第2期。

杨红超、闫永峰：《地方高校生物标本馆的建设与管理》，《商丘师范学院学报》2012年第12期。

马生林：《青藏高原生物多样性保护研究》，《青海民族学院学报》（社会科学版）2004年第4期。

唐杰波：《高等农业院校建立动植物标本馆的意义》，《农业图书情报学刊》2004年第10期。

（甘肃民族师范学院 党金宁）

十一
藏汉双语"分类并进"教学模式的实践研究
—— 以甘肃民族师范学院为例

（一）"分类并进"教学模式实施的意义

国家一体化和民族文化多元化对现代教育提出了新的挑战，语言教育成为多民族、多语言国家必须面对和亟须解决的问题，双语教育成为一种必然选择。我国要使少数民族一方面通过学习国家、族际共同语以顺利进入主流文化的现代化社会，另一方面通过学习本民族语言与文化从而较好地保留少数民族优秀传统文化，双语教育成为解决国家统一和民族发展问题的主要途径，也是我国各民族适应多元文化社会发展的客观需要。

类型的多样性是世界各国双语教育现象中带有普遍性的一个重要特点。各个国家、不同的民族，由于分布特点不同，社会、经济、文化条件各异，双语教育必然存在不同的类型。我国由于民族众多，民族分布交错复杂，社会经济文化发展不平衡，双语类型也呈现出多样性的特点。正确解决民族地区的双语教育问题，除了必须遵循已被公认的双语教育原理外，还需要从本民族地区的实际出发，根据所存在的不同类型的双语现象，制定切合实际的双语教学模式。2007年，甘肃民族师范学院在藏语类专业方面，探索出了符合实际的藏汉双语"分类并进"教学模式，这种教学模式在培养"民汉兼通"的双语人才中，既可以达到劳动力就业市场对语言能力的要求，又能够保证民族语言文字的传承和发展。本文以该校为案例，对民族聚居区高校正在实施的藏汉双语教学模式进行探索，以期引起大家对这一问题的关注。

（二）藏汉双语"分类并进"教学模式实施方案

藏汉双语"分类并进"教学模式主要是指，按照藏语类专业学生在基础教育阶段所接受的不同教学模式和学生的语言文字能力，在高等教育阶段分成"以藏为主"和"以汉为主"两类教学模式。在两类教学模式中，藏汉双语在不同类学生中各有侧重，藏汉双语授课课程并进学习，最后达到"藏汉兼通"的人才培养目标。这种模式的实施方案如图1所示。

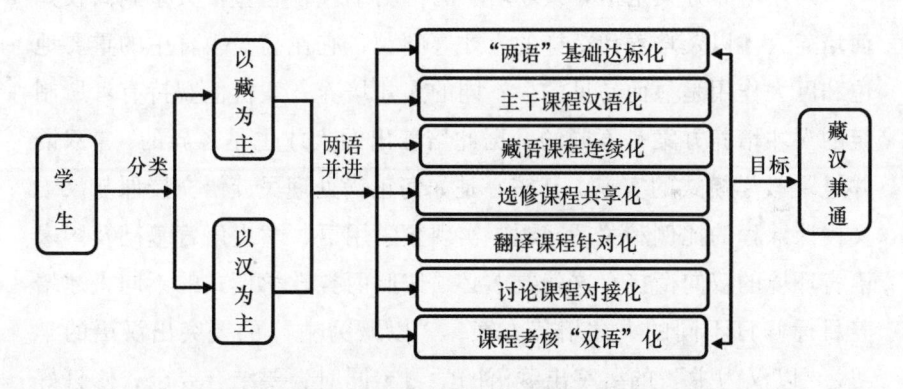

图1 藏汉双语"分类并进"教学模式示意图

1. 学生分类教学

学生科学分类是分类教学的前提，学院根据基础教育阶段学生按照"以藏为主"和"以汉为主"两类不同模式，根据学生参加高考的类别，初步把学生分为"以藏为主"和"以汉为主"两类，再根据个人意愿进行二次分类，最终由学生选择适合于自己学习的教学模式。

2. 培养目标分类

在培养目标方面，学院以"民汉兼通"这一人才培养目标为出发点，"以藏为主"的学生在继续提高藏语文化能力的同时，加强汉语的教学，主要提高汉语知识及运用水平；"以汉为主"的学生在继续提高汉语言文化水平的同时，主要加强藏语的教学，提高藏语知识及运用水平。学院力图通过该教学模式的实施，使民族高等教育从传统教育走向现代教育，由单一教育走向复合教育，把学生的学习重点放在传统的承载形式与现代教育的双重内容上，达到民族人才与现代人才的统一和结合。

3. 人才培养方案的制定

人才培养方案是指导人才培养的行动纲领，它直接关系到高校如何培养人才以及培养什么样的人才等问题，它在高等教育中的重要地位和巨大作用是显而易见的。不同的人才培养方案价值观持有者所制定的人才培养方案是不同的，据此培养出的人才也是各异的。"双语并进"教学模式的实施，其核心是如何正确处理民族语文授课与汉语文授课课程的比例和关系问题，实现教学用语、学生语言基础及国家语言环境的双向衔接。这就要求必须按照两类教学模式的不同人才培养目标修订不同的人才培养方案，"以藏为主"的要突出汉语的学习，"以汉为主"的要突出藏语的学习。同时，要结合要求，修订好不同模式下的相关课程教学大纲，科学地选择不同模式下的教学内容。最终，积极鼓励学生参加中国少数民族汉语水平等级考试（MHK），从听、说、读和写四方面进行水平测试，通过国家级考试来衡量学生的学习水平。

4. "双语并进"教学模式的课程实施策略

在课程实施策略上，关键是规范和提高汉藏双语课程建设水平，实施推进了课程"七化"建设：一是"两语"基础达标化。基础达标是指各藏汉"双语"类专业学生通过强化汉语、藏语课程教学，读、写、说、译四方面都达到基本要求："读"，要求能够使用"双语"阅读不同文体的报纸、期刊和公文；"写"，指各双语类专业学生要达到能够运用"双语"撰写规范的公文，根据不同专业的特点，还应会使用"双语"撰写与专业相关的文书和公文；"说"，指普通话达到统一要求（三级甲等），藏语达到统一要求（藏语等级考试）；"译"，指能够对宣传、报道、公文等进行汉藏互译。综合能力"以汉为主"的学生要通过藏语等级考试，"以藏为主"的学生要通过MHK等级考试。二是主体课程汉语化。除中国少数民族语言文学（藏语）专业外，其他各"双语"类的专业基础课程、专业发展课程以汉语授课为主。三是藏语课程连续化。即"双语"类专业要保证每学期至少开设一门藏语授课课程，四年不断线。强化藏语语言类课程，加强藏语类翻译课程，根据专业特点积极开发藏语类人文科学素养课程，将专业方向课程和选修课程分配到学生在校期的每个学期中。四是选修课程共享化。在开发人文科学素养课程和专业选修课程时要努力建成适应性较强的双语类选修课程，使各双语类专业选修课程资源共享。五是翻译课程针对化。各双语类专业在设置汉藏双语翻译课程时，除设置的汉藏翻译基本理论外，还针对专业特点开设汉藏翻译课程，通过汉藏翻译基本理论和针对专业特点开设的汉藏翻译课程要使学生能够使用汉藏双语完成作业，每学期每门课程都要至少布置两次运用汉藏双语完成的课程作业；各双语类专业的毕业论文要使用汉藏双语撰写和答辩，汉语为正本，藏语为副本。六是讨论课程对接化。教师在安排课程讨论时，每门课程每学期要有针对性地设计汉藏双语讨论题目2—3个，要求学生查阅双语资料，使用汉藏双语讨论发言。七是课程考核"双语"化。双语类各专业每学年至少确定两门课程为口试课程，其中1门为藏语，1门为汉语，笔试课程也应实现"双语"考核，要求命题、答题时使用汉藏双语。

5. 构建"一主三辅"双语教学保障机制

"一主三辅"双语教学保障机制，即"一主"是指突出课堂教学的主渠道作用，实现语言学科有效教学。"三辅"是指注重三个辅助渠道和手段，即创建良好的语言学习环境，加强民族文化教育，开展有效语言实践活动。

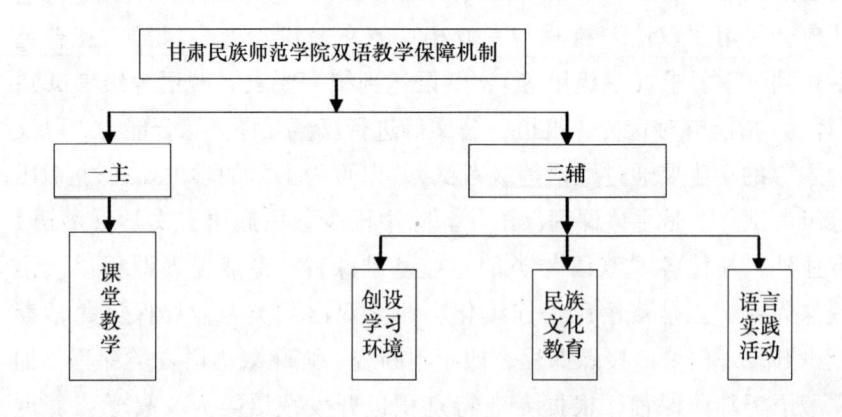

```
                甘肃民族师范学院双语教学保障机制
                    │
            ┌───────┴───────┐
           一主              三辅
            │                │
          课堂教学    ┌───────┼───────┐
                   创设学习  民族文化  语言实践
                   环境      教育      活动
```

（1）学校深化课堂教学改革，提高双语教学效率和效果

学校要求深化双语课堂教学改革，教师转变教学观念和意识，规范教学行为，优化教学过程，创新教学方法，改革评价机制，创造性地开展教学。

（2）创设情境，创建良好的校园语言学习环境

学校应创建"双语"语言学习环境，突出民族院校的多元文化办学特点，坚持双语并行、规范使用，使"双语兼通"观念、行为注入师生的心理结构中。积极利用校报、宣传栏、校园网等媒介，通过学院重大活动、会议、集会等场合用语的双语化、双语交替，畅通师生的沟通、表述渠道，进行有意识的引导和启迪，营造良好的双语学习氛围。围绕课内外的语言交际环境建设，学院可根据因地制宜、因人而异的原则，采取不同措施，开展语言交际专项活动，形成优劣互补、均衡发展的工作局面。

（3）提升内涵，加强民族文化教育

学校开发《藏族文化发展史》《藏族天文历算》《藏文书法艺术》等校本选修课程。加强民族文化教育，丰富学生的学习内容，使学生

在实践性活动中生成、体验、内化,培养学生良好的行为习惯和个性品质,促进自主学习、主动发展,提高他们的汉语素质和文化涵养。

(4) 搭建平台,开展有效的语言实践活动

学校积极开展丰富多彩的"双语"教育、竞赛活动,如主题班会、诗朗诵、辩论会、演讲赛等,并通过加强与其他专业的互动性,采用一切有效办法,给学生提供双语学习的机会,使其在语言实践中不断充实自己,进而达到提高双语学习水平的目的。

藏汉双语"分类并进"教学新模式在甘肃民族师范学院全面实施,在师生中产生了积极的影响,推进了学校藏汉双语方面的教育教学改革,加强了专业建设,使学校的中国少数民族语言文学(藏语)专业成为国家级特色专业,也提升了学校为地方培养藏汉双语师资和各类人才的能力。

参考文献:

王鉴:《民族教育学》,甘肃教育出版社 2002 年版。

高永久等编著:《民族学概论》,南开大学出版社 2009 年版。

王洪玉:《甘南藏汉双语教育历史与发展研究》,学位论文,中央民族大学,2010 年。

何波:《论我国法律架构中的民族双语教育》,《民族教育研究》2009 年第 2 期。

(甘肃民族师范学院王莅)

十二
创建教育为载体、师生为主体的文化传承体系
——四川民族学院康巴文化研究

（一）背景

藏族是我国一个人口较多的少数民族，主要聚居在西藏自治区以及青海、甘肃、四川、云南等省。属于藏语汉藏语系中藏缅语族藏语支，分为卫藏、安多和康巴三个方言区。藏语中"康"是边地之意，"巴"是人的意思，"康巴"即边区的人。康巴方言区位于安多和卫藏方言区之间，地处青藏高原腹地和川藏高原西北部，包括西藏昌都地区、四川甘孜藏族自治州、青海玉树藏族自治州、云南迪庆藏族自治州。康巴方言区又称康巴地区。康巴地区是藏族文化的核心区域，有深厚文化底蕴和丰富文化资源。藏族常有"卫藏的法、安多的马、康巴的人"之说。

民族传统文化是一个民族经过长时间的积淀，超越物质层面的精神财富，反映这一民族的思想意识、民族性格、审美趣味等。同一民族的不同支系又由于地理环境、生产方式、观念形态等不同，其传统文化呈现出多样性。"康巴文化具有突出的多样性、复合性与兼容性，是一种极富特色和典型意义的地域文化。"[①] 民族传统文化同其产生的原始生存环境一样，具有长久稳定性；但也会因为客观因素、主观

---

① 石硕：《关于"康巴学"概念的提出及相关问题——兼论康巴文化的特点、内涵与研究价值》，《西藏研究》2006年第3期。

因素的破坏而消亡，具有不可再生性。所以，对康巴地区文化的保护也就迫在眉睫。自20世纪三四十年代便有国内外大批藏学专家及学者专门从事这方面的研究。经过几十年的努力，这一研究取得了丰硕成果。

党的十七届六中全会出台了《中共中央关于深化文化体制改革、推动社会主义文化大发展大繁荣若干重大问题的决议》，这是自2007年党的十七大以来，首次将文化作为全会的议题，并强调"文化越来越成为民族凝聚力和创造力的重要源泉"，"越来越成为经济社会发展的重要支撑"。该决议的出台，必将促使我国文化事业的又一次大发展，康巴文化的传承与传播也将迎来大繁荣。

（二）四川民族学院的康巴文化研究现状

当前文化传播和传承的主要途径有展览式（博物馆式）、教育式、文献式等。其中教育是最系统、最科学、最行之有效的文化传播和传承方式。

据统计，西藏、云南、四川、青海四省共有各类高等教育院校170所，民族类高校共4所。位于康巴地区的仅有一所，即四川民族学院。学院位于康巴文化核心地和发祥地的四川省甘孜藏族自治州，具有进行康巴文化研究的得天独厚的区位优势。学院从建校至今一直致力于康巴文化的发掘与研究，在保护和弘扬康巴地区传统文化上设置了相关机构，取得了一定的成绩。

表1　　　　　　　　　　康巴文化研究机构

研究机构	设立系（部）
康巴藏文化研究所	藏文系
康巴特色生物研究所	旅游系、环生系
康巴民族政策与法学研究所	政法系
康巴旅游研究所	旅游系、环生系

续表

研究机构	设立系（部）
康巴民间歌舞艺术研究所	音乐舞蹈系
康巴方言与民间文学研究所	中文系
康巴民族经济研究所	经济管理系
康巴民间体育研究所	体育系
康巴民族教育研究所	教育系
康巴美术研究所	美术系

表2　　　　　　　　　　康巴文化科研项目

项目名称	批准单位	负责人	立项时间	经费
康巴藏族史（志）研究	国家社科基金办	林俊华	2012	30万元
汉藏法学双解词典	国家教育部	蒋超	2010	15.3万元
康巴藏族民间故事的整理与研究	国家教育部	王远明	2010	11.9万元
康巴民族文化史	国家教育部	凌云	2011	15.3万元
康巴藏族民间歌舞艺术的调查与研究	国家教育部	林俊华	2011	18万元
藏区外宣翻译平行语料库的创建于应用研究	国家教育部	黄信	2012	14万元
西部民族地区水电开发生态补偿机制与模式研究——以四川甘孜州为例	国家教育部	陈鹰	2013	18万元
四川藏区中小学教师继续教育研究	国家民委	李能武	2010	2万元
培养服务民族地区高中课改新型师资的探索与实践	国家民委	郭庆义	2010	2万元
新型缓/控释肥料的制备及应用性能研究	国家民委	唐德华	2010	2万元
牧民定居后城镇建设和牧业产业化建设研究——以四川甘孜州为例	国家民委	曾雪玫	2010	2万元
创立面向教学的汉藏平行翻译语料库	国家民委	付挺刚	2010	2万元
康定、泸定地区汉语方言研究	国家民委	卫勤	2010	2万元
中国西部生态脆弱区生态安全与补偿研究——以四川甘孜州为例	国家民委	王兴贵	2010	2万元
藏区非物质文化遗产保护法制研究	国家民委	安静	2010	2万元
甘孜藏区旅游兴州战略下的旅游人地紧缺矛盾研究	国家民委	王克军	2012	2万元
四川甘孜藏区民族工业发展现状调查	国家民委	杨惠	2012	2万元

（三）四川民族学院推进康巴文化研究的有效途径

1. 依托康巴文化资源优势，明确办学理念

四川民族学院虽地处边远山区，但却是康巴文化的核心区域，不能脱离地域大环境，一味照搬其他高校的办学模式，重蹈覆辙。既然身处一座巨大的康巴文化宝库之中，就要把它转化为学院增强竞争力的法宝。要转变思想，开拓创新，要有较高的着眼点，立足甘孜州，放眼整个康巴地区。同时，还要找准定位，依托有利区位优势，找准康巴学的建设新思路。这样，既有利于康巴文化的传播与传承，又有利于学院打造自身民族品牌，彰显区域特色，也是实现改革发展新突破的有效途径。

同时，学院还应加强与康巴文化研究机构的交流。中国藏学研究中心、四川省康藏研究中心、四川大学、西南民族大学以及康巴地区迪庆州、玉树州、昌都地区、甘孜州等都建立了康巴文化专门研究机构。国外科研单位对康巴学的关注也日益加强，如荷兰莱顿大学、英国牛津大学都曾召开国际藏学会。学院可与这些研究机构（高等院校）加强交流与合作。可以主办或承办康巴文化研究会议（论坛）的形式，进行学术上的交流，一方面掌握康巴文化研究的最新信息、前沿动态，促进学院对康巴文化的深入研究；另一方面推动康巴文化走向全球。

"作为文化价值体系，人的文化自觉和价值判断又是文化传承变迁的重要因素。"[1] 在文化的传播与传承过程中，人具有主体性价值。以教育方式来传承传播文化，就不能忽略和脱离教师和学生这两大群体。

---

[1] 唐家路：《民间艺术的文化生态论》，清华大学出版社2000年版，第124页。

2. 文化传承中应充分发挥教师的作用

现代高等教育教师的作用兼顾教书育人、学术研究和服务社会。服务社会是教书育人和学术研究的最终目的。除此之外，民族地区高等教育教师还肩负着本区域传统文化的研究、传承与推广的重任。四川民族学院教师在康巴文化传承中发挥着承上启下的重要作用——承接与研究康巴文化，传承与推广康巴文化。但学院教师总体上趋于年轻化，来自民间的康巴文化专家较少，这在一定程度上影响了本土民族文化的教学与传承。学院还需要加强与地方文艺团体、研究机构和民间艺人的联系，可以把这些民族民间文化真正的保有者、传承者"请进来"。采取写作式、项目式、合同式等多种形式，引进或聘请部分知名专家或优秀民间艺人到校授课或参与相关项目建设、课题研究，促进学院康巴学科的建设。同时，也可以让部分相关教师"走出去"，专门深入民间，虚心向老艺术家学习和请教。以这种方式加强对年轻教师的培养，可以避免出现文化传承上的断层。

国家重点项目"科学发展观丛书"课题主持人、东中西部区域发展和改革研究院执行院长于今在解读《中共中央关于深化文化体制改革、推动社会主义文化大发展大繁荣若干重大问题的决议》时指出："作为脑力劳动的集中和创造地，人才更是文化事业单位发展的中心。要建立能够调动人才创造性和积极性的管理机制，鼓励人才自我提高，自我发展，鼓励优秀人才脱颖而出……进一步激发文化企事业单位的活力。"对此，学院应积极营造学术研究氛围，鼓励教师进行康巴文化研究，并为其研究提供制度、资金等方面的支持与保障。对于非文字性的艺术学科教师，艺术作品的创作也能极好地反映他们的艺术修养和专业能力，对他们的评价不能禁锢在传统的对教师评价的规章制度里。应多方面调动他们的创作激情与灵感，鼓励其创作反映康巴地区古老文化的优秀艺术作品。

高校教师必须从主观上认识到文化及文化传承对一个国家的重要性。地处康巴文化核心区域的教师更应热爱本土文化，自愿加入康巴文化研究队伍中，将弘扬康巴文化作为其首要任务并乐意为之付出。

教师工作的任务是培养人才，而非制造机器，这反映了教师工作的复杂性。高等教育除重视专业知识的积累、专业技能的提高外，还应注重学生独立思考能力的养成和创新能力的培养以及正确的人生观与世界观的形成，即知识与人格的双重完善。所谓"大学之道，在明德"。学院教师应在教学中帮助学生树立热爱本民族文化的意识，增强传承康巴文化的责任感、使命感。引导学生投入对传统文化的挖掘整理、保护推广中，从而增强他们的民族自豪感与凝聚力。

正确处理好职业与事业的关系。作为教师，也许我们不能成为民间艺术家，但只要有信念加实干，我们一定能成为优秀的教育家。

3. 人才培养规格的调整

《中共中央关于深化文化体制改革、推动社会主义文化大发展大繁荣若干重大问题的决议》指出，要"建设宏大文化人才队伍、为社会主义文化大发展大繁荣提供有力人才支撑"。高校是人才培养的主阵地，学生是文化的继承人和弘扬者。随着时间的推移，传承康巴文化的重任必将落到他们的肩上。新形势下学院对人才培养的目标还应做进一步思考与调整，而且需将调整的人才培养目标与实际教学活动相接轨。

《四川民族学院关于本科人才培养方案的指导意见》把学院人才培养目标确定为"充分兼顾毕业生的普遍适应性与民族地区经济发展的特殊需要"，培养目标直接指向服务民族地区。曾有专家提到"需求教学法"，指出教师在传授知识时应该了解学生知道什么，还想知道什么。如果将此概念做进一步延伸，即了解社会已有什么人才，还需要什么人才，这样才能根据社会需求，目标明晰地培养和输送有市场需求、受大众欢迎的有用之才。

具体在课程设置上"还是以终极教学目标为核心，课程设置泾渭分明，主次有别；教材精练典型"①，以建立合理的康巴文化课程体系。在课程设置规划时就应有意识地加强康巴文化课程的教学力度，增加此类课程的课时量，适当缩短其他与四川省文化相隔较远的文化类型的课时量。

知识的掌握是一个由实践积累上升到理论认识的过程，脱离实践的理论就如同空中楼阁、纸上谈兵。民间传统文化中包含着很多需要亲自动手、具体实践才能掌握的知识与技能，如民族音乐、舞蹈、美术、手工技艺等。增加实训课，加强学生实践能力的训练。让学生在走向社会后，能说还能做，真正担负起弘扬民族文化的使命。根据决议提出的"造就高层次领军人物和高素质文化人才队伍，加强基层文化人才队伍建设"这一指导思想，在人才培养时应注重普及型和专业型结合，既能满足社会普遍需求又可兼顾深入研究的需要。

在文化保护与传承传统重要性方面，我们可以反思一下敦煌学的遭遇。我国对敦煌的人文价值认识很晚，进行保护与研究更晚。自1907年以来，敦煌大量珍贵文物外流，甚至被以破坏性的手段抢走，流失海外。以致有日本学者说："敦煌在中国，敦煌学在日本"。倘若我们对康巴文化的保护与传承不及时，日后，别人拿着丰硕的成果向我们说教康巴文化时，我们该如何面对？

（四）四川民族学院在康巴文化研究中尚待改进的地方

1. 对康巴文化范畴的理解尚有偏差且研究力度不够

学院的"康巴研究"对康巴文化范畴的理解尚有偏差，立足点大多停留在甘孜藏族自治州这一地理区域内，对真正意义上的康巴其他区域涉及得还较少，这就如同脑袋小，帽子大。即在康巴文化研究过

---

① 马啸：《谈民族民间舞教学体系的整合性——以中央民族大学舞蹈学院民间舞教学体系为例》，中央民族大学出版社2009年版，第183页。

程中，表现出概念模糊、资源不清、家底不明，没有对自身文化资源进行系统的、规范的收集和整理，总感到说不清道不明，浅尝辄止。民族地区高等教育起步较晚，在教学与研究方面还处于积极探索阶段。为了谋求发展，增强办学竞争力，学院一方面积极学习其他相关的高校办学模式，另一方面积极探索一条适合自己的道路。但有时为了跟随时代和大众的步伐而忽视了本土文化，忘记了地处康巴文化核心区域的高校致力于康巴文化研究应该是理所应当且责无旁贷的。

在现实中，关于康巴文化研究手段落后、使用不便、目标不明，特别是针对该地区经济社会发展的应用性研究还存在很大的差距。此外，管理体制、队伍建设、服务水平上也存在一定的问题和差距。学院既是教育机构，也是科研机构。学院教师和高年级学生都应具备学术研究的能力。但学院教师与学生群体还未真正投入对康巴文化的研究中，因此，学院还需积极建设良好的学术氛围。

2. 康巴文化传承中教师的价值未得到充分体现

第一，四川民族学院建院只有20余年，康巴学专家、学者为数较少，且大多从事行政领导工作，具体从事康巴文化研究工作的专家屈指可数。第二，年轻教师比例较大，并且多数来自非康巴地区，对藏族文化知之甚少。部分教师把教师职业当作营生的方式、养家糊口的手段，并非自己钟爱而愿为之奋斗的事业，缺乏对康巴文化研究的兴趣与热情。虽然也有部分教师进行了相关研究，但主要目的仅仅在于发表论文和晋升职称，功利性太强，有的内容也仅是将大家已知的话题进行再次描述，略显空洞，缺少学术价值。第三，教师评价机制。学院以发表学术论文、出版专著来衡量教师的学术素质。但传统文化中诸如民族音乐、舞蹈、美术等非文学艺术门类的研究成果，更多的却是作品的创作。现有的教师评价制度不利于艺术学科教师对民族传统文化的传承与创作。

综上所述，专家欠缺，教师尚未形成对地区文化的保护与传承意识等，导致学院康巴文化研究成果较少，且未转换为可供社会使用的资源。教育式文化传承与传播过程中教师的主导性价值没有得到充分体现。

3. 康巴文化传承中缺乏学生的关注与学习

四川民族学院在校学生涵盖汉、藏、彝、羌、回族等14个民族，少数民族学生是学院学生群体的重要组成部分。在现代社会文化多元化、信息化、网络化的时代背景下，学生对外来文化的接受速度很快，但在接纳外来文化的同时，也受到了"西方文化中心论"的影响，乐于追赶外来文化、现代文化，有意识或无意识地丢掉了一些"民族血统"。在参加问卷调查的91名少数民族大学生中，75%的学生不会自己本民族的语言，3%的学生仅会一点。[①] 仅从这点上就能感知到引导学生回归民族性的重要性与迫切性。

学院制定的《四川民族学院关于本科人才培养方案的指导意见》将学生培养方向确定为教师教育专业和非教师教育专业两大类。课程分为通识教育课程、教师教育专业基础课程（或专业必选课程）、教师教育专业拓展课程（或综合素质实践课程）、执教学科专业课程（或专业限选课程）及公共任选课程五大课程组。从课程体系设置方案提供的数据统计中发现，这五大课程体系都未出现康巴文化课程体系，只是个别系、部的具体课程中出现与康巴文化相关的内容。这些课程相互之间没有关联，缺乏系统性，缺少高屋建瓴的指导思想和学科安排。例如涉及全院学生的公共任选课程，在开出的53门课程中，与民族文化相关的课程仅有7门，占总数的13%，且多重理论而轻实践，具体指向康巴文化的则一门也没有。这些课程原本应该是本土传统文化的体现，最能显示学院的办学理念与课程特色，却被忽略了。这与学院"坚持特色与优势相结合……挖掘人才培养特色，并注意把特色转化为专业优势与人才的就业竞争力"的办学宗旨相悖。

学院的学生缺乏学习与继承康巴传统文化的意识；非康区学生无

---

① 李延海：《中国民族舞蹈教育现状调查研究》，中央民族大学出版社2007年版。

十二　创建教育为载体、师生为主体的文化传承体系

从了解康巴历史与文化。从课程体系设置方案上看，学院的康巴学仅是教师的康巴学，而非学生的康巴学。我国教育改革明确了学校教育"教师是主导，学生是主体"，而我们恰好忽视了学校教育中最关键的主（群）体——学生。这也是学院大力弘扬康巴文化所遇到的又一尴尬局面。

党的十七届六中全会的召开，为文化事业的改革与发展提供了新的指导思想和政策措施。我们应以贯彻落实党的十七届六中全会精神为契机，在学院加强对康巴学及康巴文化的研究，包括对学院的定位及发展进行重新审视。

（甘肃民族师范学院陈多仁）

十三

以行业为背景探索建立院校+公司+基地+农户的教学模式

——四川民族学院农林牧专业人才培养案例研究

（一）背景：甘孜州农林牧业基本情况

甘孜州位于四川省西部、青藏高原东南缘，地势西北高东南低，山川呈南北纵列式排列，现辖18个县和1个州直管区（县级）。2010年，全州土地面积为15.26万平方千米，常住人口为109.18万人，国民生产总值达122.83亿元，农林牧总产值为37.25亿元，占生产总值的30.3%，农林牧业经济在甘孜州中占有举足轻重的地位。

畜牧业是甘孜州的基础产业、优势产业、特色产业。牧区是全国五大牧区之一——川西北牧区的主要组成部分。共有天然草地944.38万公顷，占全州面积的15.3万平方千米的61.72%；其中，可利用草地831.87万公顷，占草地总面积的88.2%，载畜能力超过1500万个羊单位。2009年，畜牧业各类牲畜出栏117.56万头（只），存栏482.36万头（只），全年肉类总产量8.94万吨，牛奶产量11.47万吨。

种植业在全州经济中也占有较大份额。2009年，全州粮食作物播种面积68684公顷，油料作物播种面积3048公顷，蔬菜瓜果播种面积3274公顷。

在林业方面,自20世纪后期以来,全州实施"天保工程"和"退耕还林(还草)工程",实现了森林管护8233万亩,森林覆盖率达30.54%。

全州农林牧土特产资源丰富,种类繁多,有待进一步保护、开发利用。

(二)现状:农林牧专业人才现状及需求

甘孜州农林牧业在全州国民经济和农牧民增收中的地位和作用十分突出。由于受自然地理和社会经济等综合因素的制约,全州农林牧业发展滞后。因此,大力发展农林牧业,全面推进社会主义新农村建设,是甘孜州全面建设小康社会的需要;是富民安康的需要,是实施西部大开发战略的需要。这就需要更多的农林牧专业人才。

1. 农林牧专业人才现状

(1)人才总量不足。全州农林牧事业单位人才缺编在50%以上,有的地方有的行业达62%。[①]

(2)人才素质不高。高技能高层次人才紧缺,学科带头人紧缺,全日制本科以上学历人员少,大专以上学历的人员中相当一部分是党校、电大、函授大专。存在"高学历低水平,高职称低能力"的现象。高层次的少数民族人才少,尤其严重缺乏果树栽培管理、植物保护、畜禽养殖、兽医、植物育种和种植资源保护、动物育种和繁育等方面的专门人才。

(3)人才结构失衡,补给不足,区域分布不均,人才结构与经济结构不相适应。少数民族人才年龄结构不合理,民族人才断层情况严重,中青年人才严重短缺,制约了经济的发展。

---

① 谢学强、唐德华、李云松等:《得荣县农业推广得失与启示》,《四川民族学院学报》2011年第3期。

（4）新进到岗工作人员对工作环境、生活环境期望值较高。到岗后对农牧区工作内容缺乏了解、工作能力缺乏。到农牧区"不会说话，不会睡觉，不会吃饭，不会走路（骑马）"，嫌弃条件差，嫌农牧民不讲卫生，不愿意同农牧民打交道，工作难开展。而近年来招考的公务员中大部分是专业不对口，对口不对行，难以满足农牧林业对紧缺人才的需求。

（5）由于甘孜州属于艰苦边远地区，交通不便，地理条件有限，自然条件恶劣，生活条件差，收入低，待遇低，优惠政策少，福利保障（住房、医疗、保险等）同发达地区和内地相比也相形见绌，一些外地人才只是援助性的服务，没有长久扎根服务的意愿，还有一些人为的和制度方面的因素的存在，导致"难于引进，也留不住"现象的出现，人才流失严重。

2. 农牧区对大学生的要求

只有具有藏汉双语能力，才能与当地农牧民群众很好地沟通交流。农牧区要求大学生具有扎实的专业理论知识和动手能力，具有较强的实际工作能力，爱岗敬业；具有良好的政治素养，政治立场坚定；具有一定的科普能力，传播科学方法，弘扬科学精神；具有原则性，是非分明。

3. 用人单位对学院的希望

（1）希望在州内扩大自主招生，为民族地区培养一大批留得住、用得上的本地本土专业型人才。不希望民族学院不"民族"，要体现出民族性和地方性。

（2）在州内各专业中等技术学校撤并后，凸显出甘孜州各县专业人才断层现象，希望学院整合资源，进一步充实专业骨干力量，为全州培养出更多的优秀人才。

（3）希望学院紧跟我国高等教育的发展步伐，适应市场经济的需要，既注重实现自身整体办学水平和综合实力的提高，在人才培养、科学研究、社会服务等方面上一个新的台阶，又要根据藏区发展的实际，对学科专业结构进行不断调整和完善。侧重于遵循专业对口，学以致用、实用性、综合性较强的原则，培养大批各民族需要的应用型人才、复合型人才，他们回到民族地区，将会扎根基层，成为各条战线上的领头人，为民族地区的繁荣、稳定、发展做出重要的贡献。

（4）培养双语干部也应该列为学院教学工作的重点。在藏区开展工作，懂藏族的语言文字，在开展工作的过程中无疑是一个优势。自从招考公务员和事业单位人员加试藏语言文字以来，很多双语人才通过公务员和事业单位考试加入了公务员和事业单位的行列，相对而言，他们对国家的方针政策法规吃得透、理解到位，又可把方针政策法规用当地的语言表述出来，牧民易于理解，真正能做到上情下达。他们容易在乡镇中站稳脚跟，和农牧民打成一片，能收集到最真实的原始资料，将下情上传这件事做好。

（5）希望采取形式多样的培养方式。因国家分配体制改革后，各大中专生毕业后自主择业也使得民族地区人才难以引进。因此希望在培训培养时因时制宜，因地制宜，因材施教，多做一些关于州内实际情况的调研，有针对性地进行培训培养，可选择送教上门，定期培训，流动教学，也可采取"县＋机关＋学校"联办形式进行突击培训，缺什么就学什么，差什么就补什么，在专业设置上尽可能考虑甘孜州的实际而定，在经费上给予保障和优惠。

（6）建议实行订单式教育模式，根据基础教育的需求开设专业和课程，定向培养教育人才。建议对接基础教育人才需求，实施有计划的对口培养。

（7）希望加强师资力量，以市场需求为导向培训培养紧缺人才。在人才就业后给予跟踪指导服务，可采取分片对口联系包点的形式，使人才在发挥作用中继续再学习，充分发挥传帮带的作用，有效避免人才断层断流的现象。

（8）建立院校—基地—农户模式，进行项目开发、试验、推广，促进共同发展。

（三）措施：对四川民族学院培养农林牧专业人才的思考

通过调查，进一步了解了甘孜州的经济发展现状。甘孜州农林牧业在全州国民经济和农牧民增收中的地位和作用十分突出。甘孜州受自然地理和社会经济等综合因素的制约，经济欠发达，地方财力有限，社会事业发展滞后，农牧业综合生产能力低，农牧区贫困面大，农牧民贫困程度深，产业结构调整难度大，产业化经营进展缓慢，农牧民增收致富难，已严重影响了甘孜州经济社会全面进步的步伐。目前，急需更多的农林牧专业技术人才，使农牧民增收，早日实现小康社会，这就对四川民族学院提出了更高的要求。

1. 以行业为背景整合专业课程内容，让学生主动适应职业岗位

专业课程要体现职业教育属性，注重理论的应用形态，强调专业技术内容的针对性和实用性。在设定专业课程时应以行业为背景，突出行业的特点和特色，这样才能使学生主动适应经济社会发展的需要，为职业岗位提供人才，为职业岗位服务。

以行业为背景综合和整合课程内容，改变以往片面追求专业知识的完整性、系统性和理论知识深度的弊病。把专业课程的教学内容与学生未来的应职方向和岗位紧密结合起来，体现针对性，突出应用性，凸显实用性，从以往的学历本位转向能力本位，这样有利于学生主动适应职业岗位的要求。

在专业课程改革和教学中，应邀请企事业单位专家及用人单位参与，使教学内容更贴近生产实际。在组织教学时，安排学生直接与行业生产接触，增强实践动手能力，提高就业的核心竞争力。

2. 理论课与实践课综合化，显著提高学生应职的能力

学生应重点掌握从事本专业领域实际工作的基本能力和技术。为

了达到这个目的，首先必须解决课程设置最突出的两大矛盾：有限的学时与就业适应能力的矛盾；有限的学时与未来社会要求劳动者掌握多元技术的矛盾。其次要加强实践教学。

课程综合化是解决以上问题的有效手段。将专业理论课与实践课综合化，相互渗透，紧密结合，淡化理论课与实践课的界限，及时发挥理论对实践的指导作用，同时减少实践中的盲目性和机械性。课程综合化要打破以知识为中心设置教学内容的框框，要以职业岗位需求来安排教学内容，删除在实际工作岗位上应用不多的知识。在教学时，要将理论穿插在实践中讲授，理论讲授体现实际、实用、实效。这样，学生对相关理论的掌握有深化和巩固的作用，还会在实践中建立感性认识而不易遗忘。专业理论课与实践课综合化，将理论贯穿于实践，提高学生学习的积极性，学生的技能操作水平会有较大的提高。只有这样，才能提高学生技术应用的能力和解决生产实际问题的能力。

3. 保障教学改革成功的措施

实现课程改革，需要成功的措施。一是要大力加强师资队伍建设，调整师资结构，引进人才。走出去，请进来，相互交流，相互学习，提高教师的业务水平。二是要增加硬件设施。加大实验室建设，增加实验室经费投入，提供实习场所和基地。三是要探索建立院校+公司+基地+农户的教学模式，即学校不仅在课堂上进行文化和理论知识的教学，而且通过建立基地和公司，让学生走出课堂。可以边学习、边实践、边创收，很好地把理论和实践结合起来，也可解决实习场所和基地问题。

（甘肃民族师范学院陈多仁）

十四

靠得住，下得去，留得了，干得好
——四川藏区双语法律人才培养案例研究

（一）背景

四川省少数民族地区总面积约占全省总面积的62.7%，但少数民族地区政法机关干警却仅占全省政法干警的10%，其中具有大专文化程度的干警还不到50%。数据显示，四川省少数民族地区存在法律人才短缺、结构断层等问题。2009年3月4日，中国致公党通过"网易财经"向全国公布了《关于少数民族地区法律职业人员缺乏问题的提案》，特别提出四川少数民族地区法律人才奇缺的问题。2010年4月12日，全国政协在四川成都召开了"少数民族地区法律人才短缺问题"调研座谈会，与四川省相关部门和各政法机关共同探讨少数民族地区法律人才短缺问题，此后在云南、四川甘孜州和凉山州、贵族黔东南州等地先后召开了同一专题的调研会。2010年9月，四川省政协到甘孜州调研民族地区法律职业队伍建设问题。2010年"两会"期间，《法制日报》和法制网在"2010年全国两会专题"发布《委员建议增加少数民族地区双语法律人才》的文章。2010年9月25日，《甘孜日报》头版头条刊登《加强"双语"法律人才培养》，提出要高度重视双语法律人才的培养。2011年9月，四川省人民政府参事室分别到甘孜州、凉山州专题调研法律人才培养情况。民族地区法律人才培养问题日益突显。"为民族地区服务不仅是民族地区新建本科学院应尽的政治责任，也是实现大学职能的重要手段，更是立足之本、生存之道、发展之基。"① 四川民族学院作为四川民族地区唯一一所办有法学本科专业的高校，应当并已经初步成为四川民族地区，特别是四川藏区政法人才的主要输出地、政法干警的"充电器"和藏区稳定的"助推器"。

（二）四川藏区法律人才的现状

从青海、云南、西藏、四川的情况看，藏区法律人才普遍奇缺。全国政协多次到藏区调研，公安部、司法部和最高人民法院也多次到藏区专题研究法律人才培养问题，并出台了一些政策。以甘孜州为例，甘孜州总面积为15.3万平方千米，地处五省区的中间，地理位置特殊，素有"川藏咽喉"之称。甘孜州辖康定、泸定、丹巴、九龙、雅江、道孚、炉霍、甘孜、新龙、德格、白玉、石渠、色达、理塘、巴塘、乡城、稻城、得荣18个县和海螺沟管理局，共27个镇，298个乡，49个社区和居委会，2736个行政村，幅员辽阔，地广人稀，交通不便，信息闭塞，经济文化发展滞后。21世纪，由于民族问题与宗教问题日益突出，西方敌对势力和达赖分裂势力日益渗透，使得藏区稳定与发展问题日益突出。近年来，分裂势力的活动重心日益向康巴藏区转移，2012年1月23日、24日，甘孜州炉霍县、色达县一小撮犯罪分子受境外分裂势力的蛊惑和操纵，相继制造了两起有组织、有预谋、有目的地煽动欺骗群众、疯狂冲击国家机关、肆意阻挠群众欢度春节的打砸抢严重暴力事件。炉霍"1·23"、色达"1·24"事件，再次充分暴露了境外敌对势力、分裂势力疯狂破坏我国安定团结的社会政治局面，妄图颠覆政权、分裂祖国的真实面目。早在1991年，江泽民总书记就提出了"稳藏必先安康"。"安康"必然需

---

① 蒋超：《少数民族地区新建本科学院服务社会研究》，卢铁诚：《四川高校科学发展理论与实践探索》，四川师范大学出版社2011年版。

要大量的双语法律人才,而现有法律人才队伍无论在数量还是在素质上都不能完全满足藏区稳定与发展的需要。

1. 从总量和队伍结构分布上分析

甘孜州法律人才,特别是基层急需的双语法律人才奇缺。全州按每个市县只设一家律师事务所计算,至少应有20个律师事务所,实际上只有6个;全州70%的县根本没有律师。全州专兼职律师共有20人,其中州司法局所属的支点律师事务所有13人,其他律师事务所平均只有1.4人;现有律师大部分是政府公务员,其中近半数还是司法行政机关的领导干部和退休干部;全州律师没有一人能熟练使用藏语。从地区分布看,优质法律资源主要集中在康定、泸定、丹巴三县,各县又主要集中在县城,乡镇的司法所、人民法庭、公安派出所和律师事务所(法律服务所)则严重不足。除公、检、法、司四家政法机关外,税务、公路、旅游、工商等建有执法大队的行政机关及政法委、人大法工委、政府法制局、纪委监察局等其他法制机构和政府机关也需要大量的双语法律人才。由于地处边远、生活清苦,与内地差距加大等原因,近年来又出现了法律人才流失严重的新问题。在维护稳定的压力日益增大的新形势下,部分政法干警在心态上出现了不平衡的问题,如甘孜州与西藏昌都地区相邻,但与昌都地区相比,正厅级月收入少4484元;正县级相差2764元;正科级相差1762元。甘孜州法律人才队伍存在"三不一大"特点:总量不足、分布不平衡、专业素质不高、基层缺口较大。

2. 从政法工作年限和年龄结构分析

从2010年政法机关工作人员的年龄结构来看,35岁以下的占56%,36—45岁的占29%,46岁以上的占15%。在干警中,女干警占总数的24%。由于甘孜州平均退休年龄提前5年,能够继续在政法机关工作10年以上的干警只占干警总数的85%。由于甘孜州政法干警严重短缺,从2007年至2010年连续四年大量向社会招考政法机关工作人员。这项工作从 2004 年开始，2007 年增长态势明显，2008 年"3·14"事件后达到顶峰，2009 年增长态势趋缓，到 2011 年 8 月，增长比例明显放缓。从表 1 可以看出，各年新增干警比例不平衡，尤其是 2007—2009 年三年新招干警就达到全州干警总数的 68.3%。虽然短期内满足了甘孜州维护及稳定的需要，但也可能造成干警培养、培训任务较重，20—25 年后短期内会有超过 50% 以上的干警退休，法律人才会出现新的断层。

从表 1 可以看出，现有政法干警的政法工作平均年限较短，71% 的干警是近几年新招干警。在现有干警中，已经在政法机关工作 5 年以上的只占 24%，有 75.8% 的干警在政法机关工作不足 4 年，而且这些干警绝大多数是非法律专业毕业的，其中还有 17% 的干警是高中及其以下学历。由此可见，现有政法干警的政法工作经验明显不足，法律专业素质也有待提高。所以，甘孜州政法干警的继续教育工作仍然是法律人才队伍建设的重要任务。

表1　　2006—2011 年甘孜州法律工作人员招录人数统计

序号	招录类别	分年招录人数（名）						小计
		2006	2007	2008	2009	2010	2011	
1	公安招警		440	682	320			1442
2	司法助理员招考			53	325			378
3	公安特警招考			180	200			380
4	狱警招考	20	24			50		94
5	政法院警招考			392	36	79		507
6	法院招考		46	206		94	7	353
7	检察院招考		34	62		82	15	193
	合　计	20	597	1847	556	305	22	3347

3. 从学历层次和知识结构分析

甘孜州在政法机关干警中大学本科以上学历仅占 28%，大专占 55%，高中以下学历占 17%，其中还有初中以下学历，占 1.4%。在政法机关中，公安干警中高中以下学历占20%，司法干警中高中以下学历占16%，检察院干警中高中以下学历占18%，在四大政法机关中法院干警的学历层次相对最高，大专以上学历占95%。特别需要注意的是，在政法机关中，具有法律专业学历的极少。如州检察院系统第一学历为全日制法律专业的仅占4.29%；全州公安系统人数最多，但第一学历为法律专业的仅占2.2%，大部分干警都是在工作以后通过成人国民教育、党校教育取得的学历。

2006—2011年，甘孜州共招录各类从事法律工作的公务人员3347名（见表1），主要集中在公安（包括公安特警）和司法（包括狱警、司法助理员）、法院、检察院领域。招录的学历起点以中专（涵盖高中）为主，囊括退伍军人、大中院校应往届毕业生、运动员、社会闲散人员，学历起点低，知识结构繁杂，大部分没有接受过系统的法律专业学习。值得注意的是，在政法系统缺员严重的情况下，招录速度从2009年开始明显减缓。

4. 从甘孜州法律人才培养的特殊要求分析

在以康方言为主要代表的康巴藏区，老百姓主要讲康方言。甘孜州藏族人口85.5万人，占总人口的78.29%，所以，如果法律人才说不了康方言，就难以在基层开展工作。在现有法律人才中，基本上熟悉藏语康方言的不到5%。特别是近几年招收的政法干警，绝大部分不能讲康方言；少数能讲康方言的干警又基本上不懂法律（其中大部分是四川民族学院藏文系、四川省藏校的毕业生）。全州既精通藏语又熟悉法律的政法干警极少。培养藏汉双语法律人才成为甘孜州法律人才培养的重要"抓手"。经查教育部2011年"阳光高考"网，目前全国只有青海警官职业学院开设了藏汉双语法律事务专科专业，开设藏汉双语法学本科专业的只有四川民族学院（面向四川、青海、甘肃招收加试藏文的藏族考生）。一方面，社会需求极大，另一方面，省招办下达的招生计划又极为有限（如2010年给四川民族学院下达藏汉双语法学本科计划34人，2011年计划65人）。

十四 靠得住，下得去，留得了，干得好 ◆◆◆

（三）四川民族学院为甘孜藏区培养法律人才的措施

温家宝总理曾指出的："要适应经济社会发展对人才的多样化需求，引导高等学校合理定位，克服同质化倾向，形成独具特色的办学理念和风格。对不同层次、不同类型的学校，要同样重视，给予支持，鼓励各类学校办出水平、办出特色、争创一流。"① 民族地区高校法学教育同样不能"一个模式办学，千篇一律、千校一面。学校还是要办出自己的特色"②。四川民族学院在为四川民族地区培养法律人才的过程中，逐步形成了自己的特色，并得到了四川省政府参事室专家和有关部门的充分肯定。

1. 四川民族学院藏汉双语法律人才培养团队建设

作为康巴藏区和四川民族地区唯一一所办有法学本科的高校，同时也是全国唯一以康方言为主要教学语言的藏汉双语法学本科专业人才培养单位，四川民族学院从建立之初，就肩负着为稳定藏区培养人才、传承和发展民族文化、服务和引领社会进步的重任。从1986年恢复建校以来，四川民族学院就办有藏文、政法两个系，2009年成为首批升本系部。2004年，经州政府批准，"甘孜州法律人才培训中心"设在四川民族学院，2009年，经州委和州政府批准，"甘孜州维权服务中心"设在四川民族学院，同时还设立了"甘孜州法律援助中心四川民族学院工作站"。在州中级人民法院的支持下，学院建设了模拟法庭一座。学院还自建了政法电子文献中心一个，所有教室装备了多媒体设备或电子白板系统，办学条件明显改善。

---

① 温家宝：《强国必强教，强国先强教》，http://www.gov.cn/ldhd/2010-02/31/content_1692288.htm，2010.8.31。
② 《温家宝主持召开座谈会征求对〈国家中长期教育改革和发展规划纲要〉的意见和建议》，http://www.gov.cn/ldhd/2010-02/07/content_1530212.htm，2010.2.7。

经过多年的建设，四川民族学院由单纯的藏语人才培养团队与法律人才培养团队逐步结合，形成了四川省最大的藏汉双语法律人才培养教师团队。该团队现有专任教师41人，其中，教授12人（藏学9人，法学3人）、副教授20人、讲师9人。教师中有律师7人，经济师1人，会计师1人，职业指导师2人，普通话测试员1人，"双师型"教师占30%。教师中具有博士、硕士学位的21人，占51%；35岁以下的教师全部具有博士、硕士学位。在这个团队中，有全国师德标兵1人，省师德标兵1人，省级教学名师1人，州劳动模范1人，州级优秀教师2人，校级教学名师3人（占全校教学名师的3/4），教学标兵4人。为加强实践、实训教学，四川民族学院还在校外聘请了兼职教师20余人，专兼职教师比例达到2∶1。该团队承担了国家社科基金项目、教育部规划基金项目、省教育厅社科重点课题等省级以上项目20余项，出版专著20余部，发表论文300余篇。

25年来，这两个系为康巴藏区培养了藏语文、政治、法律类人才5000余人，为公安机关、检察机关、法院、司法系统、行政执法机关和其他政府部门培训政法干警、特警和执法人员3500余人次。其中40余人已经成长为州委常委、州委和州政府秘书长或副秘书长、州检察院、州公安局和部分县委或县政府领导，大部分毕业生已经成长为政法机关和执法部门的业务骨干。

在2005年至2011年的6年时间里，四川民族学院政法系共培养法律专业人才890人（见表2）。这些大学生大大充实了四川藏区的法制战线，为藏区培养法律人才和储备法律人才做出了积极的贡献。特别是2010年，教育部批准四川民族学院举办藏汉双语法学本科专业，省教育厅将重点支持该专业建设作为落实藏区工作会议的主要项目，教育部批准四川民族学院蒋超教授申报的"汉藏双解法学词典"为教育部社科基金项目，开创了国内藏汉双语法学本科培养的先河。7年里，培养的在校全日制法律专业学生由2004年的41人发展到2011年的162人，法律专业在校学生规模由41人发展到448人。

表2　　四川民族学院2005—2011年法律人才培养情况汇总

序号	学历层次	专业类别	普通高等教育法律人才培养人数（个）							
			2005	2006	2007	2008	2009	2010	2011	合计
1	专科	法律事务	92	79	94	111	59	79	48	562
2		司法助理			25	41	34	33		133
3		法学						47	58	105
4		藏汉双语法学						34	56	90
	合计		92	79	119	152	93	193	162	890

2. 法律专业继续教育

四川民族学院法律专业继续教育始于1997年，当年州检察院在四川民族学院委托培养检察系统干警30人，这批毕业生大部分已经成长为政法机关的领导和骨干。至今，通过开展成人学历教育，平均每年为甘孜州培养并储备法律专科以上人才60余人。

2008年开始，四川民族学院先后承担了甘孜州公安系统干警初任培训、甘孜州特警培训、甘孜州司法助理员培训、甘孜州法院系统干警初任培训、甘孜州执法人员培训、甘孜州政法机关双语干警培训，先后培训干警3500余人次，占全州脱产参训干警的80%以上。

（四）加强四川民族学院面向藏区培养法律人才的建议

民族地区高校具有人才培养、科学研究、社会服务、文化传承四大职能。"培养所在民族地区经济社会发展急需人才和研究所在民族地区经济发展和社会稳定的重大问题，都是重要的社会服务内容。"[①] 在四川民族学院藏汉双语法学教学团队中，有州政协副主席1人，州政府法律顾问2人，州政协委员1人，他们不仅为甘孜州党委政府决

---

① 蒋超：《从市场化视角对民族地区高校办学理念的思考》，李能武：《康巴高等教育研究》，哈尔滨工程大学出版社2008年版，第63—68页。

策提供政策咨询，有的还直接参与政策的制定。近年来，四川民族学院的法律人才培养、法学科学研究与为藏区服务紧密结合，形成了特色和优势。依托四川民族学院，也可以突破四川藏区法律人才培养的"瓶颈"。

1. 支持四川民族学院每年为藏区定向培养藏汉双语法学本科人才80名

为维护235.5万平方千米藏区的政治稳定和促进藏区经济社会发展，必须加大面向藏区基层培养法律人才的力度。尤其在24.98万平方千米的四川藏区，急需熟悉藏汉双语的法学本科人才。因此，建议上级部门参考云南、青海的办法，在四川民族学院举办面向四川藏区"单独招生""定向培养"的全日制藏汉双语法学本科班。

具体办法是：在每年高考录取时，从"藏单"或"藏加"考生中招录80名，学制5年。考核通过，毕业时颁发四川民族学院"法学（藏汉双语）"本科毕业证书，符合学士学位条件的授予法学学士学位。该专业学生在通过藏语文和行政能力等科目考试合格后，由组织人事部门、政法机关和教育主管部门共同办理招录和派遣工作。学生在与基层政法机关签订至少工作5年的定向培养合同并入学后，即可享受学费由省级财政负担70%，生源送培地县级财政负担20%，学生个人负担10%的政策。同时，每月由省财政支付800元（假期减半）生活补助费。

由于"藏单"或"藏加"考生的文化基础相对较弱，在校期间又同时要完成两个专业的学习，根据因材施教的原则和高等教育法第17条关于"本科教育的基本修业年限为四至五年……高等学校根据实际需要，报主管教育行政部门批准，可以对本学校的修业年限作出调整"的规定，将学制定为5年，毕业时在颁发本科毕业证书的同时，颁发法学学士学位。

如连续举办10年，则可以为公安机关、法院、检察院、司法局培养800名既懂法律，又通晓藏汉双语的政法干警，使全州719个法庭、派出所、司法所都有一名双语干警，同时向全州20个州县公、检、法、司及州委政法委各输送1名双语法学本科人才。

需要省委政法委协调省委组织部、省委政法部门、省教育厅、省财政厅、省人力资源与社会保障厅、省民委等部门安排面向全省藏区的藏汉双语法学本科招录和培养计划，或与社会保障部门、财政部门和民委共同发文安排甘孜州的招录和培养计划，并组织考录工作。同时，州委政法委还需协助四川民族学院向省教育厅争取专项招生计划，协助州财政局向省财政厅争取专项经费。

2. 突出汉语，每年定向培养学制为1年的双语干警100名

考虑到现有法律人才不能讲藏语康方言、少数熟悉康方言的干警基本上不懂法律的实际，由州委政法委同意协调，每年安排100名政法机关干警到四川民族学院参加藏汉双语法学知识培训，学制1年，完成学业且考试合格的，颁发"藏汉双语法学"专业结业证书。培训费用按甘委常纪〔2008〕4号和甘委办〔2010〕27号文件办理。

考虑到甘孜州维稳形势依然严峻，政法队伍总量不足的实际，建议划拨专款支持四川民族学院实施"藏汉双语法学本科学生顶岗实习一年"与甘孜州"政法双语干警脱岗轮训一年"相配套的制度，力争使全州双语政法干警每10年到四川民族学院脱产学习一年。

3. 服务地方，承担甘孜州政法干警短训任务

充分利用四川民族学院藏汉双语法律人才培养教学团队的智力优势，在充分开展成人法律学历教育的基础上，做好政法干警教育培训工作。根据《中共甘孜州委办公室、甘孜州人民政府办公室关于进一步加强全州政法干警教育培训工作的意见》的规定，重点做好"政法领导干部专题研讨班""基层庭（科、所、队）长培训班"培训项目；培训中心在没有重点项目的情况下，也可以接受新录用干警的培

训、执法岗位干警培训、综治干部和大调解协调中心工作人员培训，在没有州级培训任务的情况下，也可以接受县级培训任务。

4. 校地合作，建设一支专兼结合的法律人才培养队伍

加强校地合作，在加强四川民族学院藏汉双语法律师资培养培训的基础上，在全州政法干警队伍中遴选、抽调特别优秀的双语人才和业务精英参加政法干警培养培训工作。四川民族学院将其聘任为培训学员的兼职教官和藏汉双语法学本科专业的兼职导师。同时，学院每年安排一定数量的师资到政法机关挂职锻炼，增加法学专业教师的实践能力和开展实践教学的水平。

5. 增大投入，加强甘孜州法律人才培训中心建设力度

自2004年甘孜州法律人才培训中心设立以来，州级财政没有专门给甘孜州法律人才培训中心投入一分钱，也没有资金或者物资设备的投入，导致中心硬件条件还不能完全适应大规模法律人才培养、培训的需要。建议将甘孜州法律人才培训中心建设项目列入国家、省级专项和州级专项建设，加大校内实训场地建设和其他硬件条件建设。同时，加大资金投入，加强藏汉双语法学教学团队建设、精品课程建设、教材建设，积极实施教改项目，力争在5年内将藏汉双语法学本科教学团队建设成为四川省优秀教学团队，将藏汉双语法学本科专业建设成为四川省或国家民委精品专业，从而提高四川民族学院藏汉双语法律人才培养能力。

6. 省州共建，加大省级政法机关对口支援力度

将四川民族学院纳入"对口支援中西部地区高等学校计划"。明确四川省的1个政法机关（建议省公安厅）与甘孜州的一个政法机关（建议州委政法委）共同对口支援四川民族学院，明确项目、措施、目标等，形成工作合力和长效机制。将对口支援的实效纳入对口支援部门领导干部的考核中。

（五）评析

1. 提高对"靠得住，下得去，留得了，干得好"的法律人才培养规律的认识

目前，政法机关法律本科人才严重缺编，由于甘孜州生活条件极为艰苦，工作环境极为复杂，内地法学本科生不愿意进来，进来的也留不住，留住的也因听不懂、说不来藏语，而难以在基层开展工作。四川省高级人民法院政治部副主任赵建洪用实例讲述了少数民族地区法官等法律人才补充乏力的现状："2008年，我们专门为少数民族地区基层法院补充工作人员组织了公招工作，160个招录计划中就有108个职位因无人报考或报考达不到开考比例而取消。"以德格县法院为例。德格人民法院全院总编制53人，其中行政编制50人，今年补充中央政法专项编制5人。现有干警26人；全院缺编总人数27人，缺编人数占总编制数的51%，现有审判人员9人（包括正副院长4人）。自2003年以来，德格人民法院共有6名审判人员和双语人员或调出或调走，长期以来审判力量和双语人员严重缺乏。自2002年12月以来考调和招录大专以上文化人员13人，其中只有2人懂藏语（但不懂法律），至今只有2人通过司考。所以，基层政法机关领导普遍认为：要"靠得住，下得去，留得了，干得好"，就必须重视人才培养的本地化。在全国政协社法委2010年"少数民族地区法律人才短缺问题"调研座谈会上，四川省人民检察院政治部主任李安信指出："只有依据少数民族地区经济社会发展情况，确定相应的选才用才标准，着力培养本土人才，才能有效解决人才不足的问题。"他的观点得到了与会人员的一致赞同。

本地学生虽然也有到内地高校或者民族院校学习法律专业的，但由于读书期间已经习惯了内地的生活环境，加之青年人对物质生活条件的追求和优越自然环境的留恋，大多不愿意再回本州工作。极个别回本州工作的，也不愿意到县里工作，更不愿意到乡镇工作。全国政协社法委2010年4月在四川成都召开的"少数民族地区法律人才短缺问题"调研座谈会专题讨论少数民族地区法律人才短缺的症结和有效补充人才的良方时，与会人员一致认为："长远方面则应完善从普通高校法学及相关专业招警的办法，采取不同于普通公务员招录制度，将公务员考试与司法考试合并进行，确保法律人才队伍得到补充。"因此，四川藏区法律人才的培养必须依靠本地高校，在本地的自然和人文环境中有针对性地培养。

2. 增强省政府政策支持的力度

在招生政策上，国家仅对民族地区的考生有降分录取的政策，而对民族地区的民族学院则没有照顾的政策，使这些学校与地处中心城市的高校在生源竞争中处于劣势。甚至《甘孜藏族自治州自治条例》第五十九条关于"自治州内的高等学校和中等专业学校招收新生的时候，对藏族和其他少数民族考生，适当放宽录取标准和条件；汉族公民在州内工作、居住十年以上的，其子女在升学方面与当地少数民族享受同等待遇"的规定至今没有落实。在高层次人才的稳定和引进方面，对民族地区高校缺少力度较大、可操作的政策。在经费投入方面没有享受到与国家民委所属高校同等的待遇。这些因素都是制约四川民族学院高层次法学人才引进和稳定的主要"瓶颈"。

云南、青海近年先后开始面向政法系统"定向培养"全日制法学本科。根据云南省委组织部、省委政法委、省人力资源与社会保障厅、省财政厅、省民委和省教育厅在2009年联合下发的《云南省政法机关2009—2010年少数民族政法干部培养培训工作实施意见》，这类学生在通过文化基础知识和民族语言能力测试后，在接受四年大学法学本科教育机会的同时，与基层公检法单位签订工作5年以上的协议。被录取的定向学生学费的70%由省级财政负担，20%由生源送培地同级财政负担，学生个人只负担10%。此外，每名学生每月可获得600元（假期减半）的生活补助。"云南省少数民族政法干部培训培养工作联席会"指出：这项招生培养体制改革工作，"得到中央政法委、省委和省政府主要领导同志的高度评价,得到了全省民族地区广大人民群众的高度赞誉,得到了社会各界的认可。实践证明,少数民族政法干部定向招录培养培训工作是利国利民、功在当前、利在长远的好事;是管全局、管根本、管长远的大事。这项改革对于我省进一步落实党的民族政策,切实解决边疆边远地区通晓少数民族语言和风俗习惯的政法干部断层、短缺等问题起着根本性、长远性和基础性作用。"云南省委政法委在总结经验时提出:"通过一年的尝试和探索,四点成功经验须继续坚持:一是领导重视,讲政治、顾大局;二是立足岗位,尽心尽力,尽职尽责;三是相互支持,通力配合,共筑大业;四是特事特办,特殊政策,特殊保障。"① 四川省政府可借鉴这些政策措施。

3. 加大对口支援的力度

对口支援是发展民族高等教育的三大力量之一。四川民族学院在成立初期,就得到了四川大学、西南民族大学、四川师范大学等高校的大力支援。20 世纪 80 年代,西南民族大学负责四川民族学院藏文学系的专业建设,四川大学负责政法系的专业建设,它们"一帮一"地进行专业建设、课程建设、教师队伍建设,派老师、派干部、送图书、送设备,为学院的发展奠定了良好的基础。今天,刚刚升本的四川民族学院要实现跨越式发展,仍然需要更强、更为实质的对口支援。然而,四川各高校近年来都面临着扩招和上千万、数亿贷款的巨大压力,难以给民族地区民族院校提供实质性的对口支援。四川民族学院在 2007 年与四川大学签订了对口支援协议,四川大学已派出一位法学教师(法学博士)来四川民族学院支教,其他方面的支援也在落实之中,但对口支援的效果还不明显。

---

① 《省委政法委召开少数民族政法干部培训培养工作联席会》,http://www.ynda.yn.gov.cn/ynsz/fwyh/3891954502978240512/20100316/27669.html.2010.3.16。

4. 改进利用藏汉双语从事法学教育的师资量少质弱的现状

虽然四川民族学院藏汉双语法学本科专业师资队伍总量和教授总量在全省高校中是最多的，但由于中国高等教育长期存在的专业界限和学科壁垒，加之藏语基础的制约，法学专业的学生不学藏文，藏文专业的又不懂法学。所以，中国还没有一所高校完全打通了两大专业之间的界限，也没有培养出完全适用藏汉双语教学需要的法学师资。所以，藏汉双语法学师资主要靠本校培训。2009 年，政法系和藏文系决定强强联合，共同打造藏汉双语法学本科专业的师资队伍。2010 年，教育部批准了四川民族学院的藏汉双语法学本科专业和"汉藏双解法学词典"课题。通过专业建设、课题研究、编写藏汉双语法学教材来推动藏汉双语法学本科师资队伍建设，这一思路是正确的，但要取得成果还需要艰苦的努力和较长的过程。

（甘肃民族师范学院 陈多仁）

十五

康巴女儿节

——四川民族学院校园文化建设案例研究

（一）背景

女性教育一直是教育研究领域的热门话题，如何使现代女性既拥有现代科学知识，又能更好地形成和保持优秀传统，成为符合时代要求的女性，是很多高等院校不断尝试和探索的研究课题。

当代，在我国高等教育领域对女性的角色教育主要有两种实践模式：一是设立专门的学院开展系统教育（如中华女子学院）；二是在各级各类院校中广泛开展多种有利于女性角色形成的活动（如四川民族学院"康巴女儿节"活动）。

随着四川民族学院由原来的专科院校升格为本科院校，如何帮助在校女生生成正确的女性社会角色，使她们能以更加积极的心态应对社会压力，是学校学生工作必须思考的问题。

（二）现状：康巴女儿节活动概况

四川民族学院是四川省人民政府举办的全日制本科院校，由原康定民族师范高等专科学校改建而成，学院的民族性、师范性、地域性特色鲜明，在校女生人数众多，占到全校学生的 60%（在校女生 4365 人，其中，藏族女生 729 人，其他少数民族女生 895 人）。

近年来，随着社会对人才需求的变化，人才竞争的压力增大，在校女大学生面临着多重压力——学习压力、心理压力、就业压力以及部分学生的家庭贫困压力等。为促进在校女大学生综合素质的全面发展和提高，倡导女性"自尊、自立、自强、自爱"的精神，缓解她们的压力，展示学院女大学生的风采。根据学院的实际，学院团委于2003年开始举办第一届"康巴女儿节"，通过开展高品位、高格调的文化活动，引导广大在校女生关注自身发展，提高维权意识，提高综合素质，传承民族文化。经过不断的实践总结，学院"康巴女儿节"活动立足于康巴藏区大环境，符合学院实际，深受广大在校女生的欢迎。

首先，四川民族学院地处康巴藏区，是康巴藏区唯一一所高等院校。康巴文化是康巴区各族人民在漫长的历史发展过程中创造并积淀下来的物质文明与精神文明的总和。它是以藏文化为主体，兼容其他民族文化，具有多元性、复合性特色的地域文化。康巴文化历史积淀丰厚，内涵博大精深，形态多姿多彩，地方特色浓郁，具有多元并包的精神。格萨尔英雄主义和浪漫主义精神以及茶马古道的商业精神，具有不可替代的、独特的、持久的人文魅力。著名社会学家、民族学家费孝通先生将横断山区定位为古代"藏彝民族走廊"。康巴文化是学院开展校园文化建设难得的财富，也为开展"康巴女儿节"活动提供了丰富的素材。

其次，"康巴女儿"这一概念在藏区社会中具有独特的影响力，在国际社会中也有较高的知名度。偏居一隅的康巴，有"养女不蚀本，烧起辣锅等"的民谚，女儿家在这里是受尊重和娇宠的，天地眷顾，女儿家身材苗条，面容姣好，能歌善舞、聪慧多情。唐代这里以东女儿国而知名，今天丹巴的美人谷仍以美女著称。学院举办"康巴女儿节"，目的之一就是通过展示康巴女儿的气质、才艺，让大学生加深对藏区的了解，继承民族的优良传统文化。

最后，康巴女儿有一种共同的精神，即善良、真诚、宽容、性格豪放、能歌善舞、聪慧多情、奋发进取、勇敢精明。这种精神对于现代在校女大学生的培养具有非常积极的意义。

2003年第一届"康巴女儿节"设立了文艺节目（包括歌曲、舞蹈、诗歌、朗诵、笛子、服装展示等）和手工艺品展示（从在校女生中征集书法、女工、美术、摄影等作品）两个大类。此项活动的成功举办，在师生中获得了相当好的评价。为了进一步推进和丰富女学生的学习和课外生活，让她们能够得到更多更好的锻炼和展现自己的机会，从2004年起，学校研究决定每年围绕一个主题举办一次"康巴女儿节"活动。

随着学院的发展，参与学生不断增多，到2008年举行以"弘扬校园文化，展示女生风采"为主题的第六届"康巴女儿节"活动时，活动时间从第一届时的几天延长到1个月。内容主要包括文化类活动（举办女子维权知识、女性就业指导、现代女性礼仪知识、女大学生心理健康教育等系列讲座、举办寝室文化展）、艺术类活动（开展手工艺作品、时装展示比赛、文艺节目表演、形象设计比赛和模特大赛）和运动类活动（乒乓球比赛、健美操比赛），并在模特大赛中首次邀请了男生参与。

（三）措施

以"康巴女儿节"为主题的校园文化建设系列活动开展后，广大学生对康巴文化、康巴地区的历史、政治、经济等各个方面的内容产生了浓厚的兴趣。许多学生都积极主动地学习和探索康巴文化。随着师生对康巴文化、康巴社会认识的进一步提高，其思想境界和价值观念也发生了较大的变化。把"热爱康巴，建设康巴"作为他们追求的目标，许多毕业生积极响应"扎根高原，献身藏区"的倡议。他们当中的许多人甚至以"康巴人"自居，以他们能成为一个"康巴人"而感到自豪。

随着活动的开展，"康巴女儿节"的文化内涵和康巴精神已深深地融入学院师生员工的心中，成为校园文化的重要组成部分。争做善良、真诚、宽容、奋发进取、勇敢精明的康巴人成为一种独特的校园文化。

1. "康巴女儿节"——先进榜样成长成才的培育基地

自2003年学院成功举办"康巴女儿节"至今,共收集手工艺作品1975件,其中476件作品获奖;收集征文880篇,获奖98篇;举办讲座60余场,参与学生达2万余人次,共有1000余名学生,42个集体在省级、州级、校级活动中获奖。近年来组织参与此项活动的众多女生,如今都已走上工作岗位,大多数女生还留在了康巴藏区工作,很多都已经成长为单位骨干,为祖国现代化建设和民族地区经济社会发展贡献她们的力量。

2. "康巴女儿节"——爱国主义教育的有效载体

建设积极、健康、向上、富有特色的民族高校校园文化,充分发挥特色校园文化对大学生潜移默化的功能。围绕培育"我是康巴人"校园精神,"康巴女儿节"系列校园文化建设活动拓宽了学院爱国主义教育和思想政治教育的渠道,有力地促进了爱国主义教育和思想政治教育,达到了育人的目的,最终促进校园文化的繁荣和发展,对学校各民族师生之间的团结、学校的稳定乃至整个康巴地区的稳定与发展起到了积极作用。"康巴女儿节"作为学院一个大型的校园文化活动,对促进校园文化繁荣具有重要意义。多种贴近女生生活、受女生喜爱的活动,使参与者体会到创造的喜悦和校园文化的魅力,为校园文化健康发展打下了坚实的基础。

3. "康巴女儿节"——校园文化创新发展的重要途径

在校女大学生通过参与"康巴女儿节"的各类活动,有效提升了自身的人文素养。一方面,活动中举办竞争性较强的表演项目,既可以比较全面地展示参与者的综合素质,同时也会给观众很好的启发,使女生更注重增强她们的综合能力;另一方面,举办有针对性的女性知识讲座,可以帮助女生更好地树立女性角色意识,提高她们的自我认同,发现她们的潜力,结合其自身特征做好职业生涯规划,使在校女生在拥有较好专业知识、技能的同时,具备高尚的生活情趣和较强的社会竞争力。以"康巴女儿节"为活动形式的校园文化作为学院的群体文化活动,对大学生起着重要的潜移默化作用,它不但在文化的外观层面熏陶人,而且在文化的内在精神、价值取向、行为方式上塑造人。

4. "康巴女儿节"——民族团结的深厚纽带

四川民族学院是一所民族院校,不同民族的学生有着不同的文化背景、民族风俗、性格特征,富有浓郁民族特色的"康巴女儿节"充分体现了校园文化的民族性,推进了学院的和谐发展。民族精神是一个民族赖以发展的精神支撑。一个民族没有振奋的精神和高尚的品格,不可能立于世界民族之林。同样,一个大学没有自己的特色,没有自己的特色文化,就失去了自身的魅力,就没有吸引人的光环,作为一所高校,就是要努力营造富有自身特色的校园文化。四川民族学院地处民族地区,民族文化底蕴深厚,不仅有丰富的民族文化研究素材,而且本身就繁荣着民族文化。因此,建立富有浓郁民族特色的校园文化,秉承康巴文化之精髓,充分体现校园文化的民族性,以增强各民族学生之间的团结,营造校园的和谐氛围。

5. "康巴女儿节"——素质拓展的魅力舞台

课外活动不仅是对课堂教学的丰富和补充,还是对课堂教学的衍生和升华。基于培养目标,课外活动在培养学生创新能力,提高学生全面素质上有着极为重要的作用。"康巴女儿节"作为学院课外活动的重要组成部分,将教育性和趣味性结合起来,突出女大学生特点,彰显女性风采,为女大学生的素质拓展提供了舞台,提升了女大学生的综合素质。"康巴女儿节"活动不仅浓郁了校园文化氛围,开拓了广大师生的视野,丰富了广大师生的课余生活,为女学生提供了展现自我、锻炼能力、查找差距、拓展素质的舞台;同时,集中展示了民族高校女性文化建设的优秀成果,充分展现了全校师生团结进取、和谐发展、奋发向上的精神风貌，并形成强烈的情感共鸣，增强了时代责任感和学习紧迫感，有力地促进了良好校风、教风和学风的形成。拥有高素质的女性是社会稳定与发展的前提和保证，进一步深化和推进"康巴女儿节"活动对促进学院文化建设，维护校园和谐稳定具有十分重要的意义。

6. "康巴女儿节"活动中尚需改进的地方

（1）活动内容表面化现象尚未彻底解决

历届"康巴女儿节"活动主要集中在艺术类活动上，相关讲座也主要是从实用的角度考虑的，对中国传统女性道德、女性文化、女性审美、女性教育、女性历史名人等与学院各专业教育教学有密切联系的理论知识缺乏相关介绍。同时，也未能很好地引导女生结合专业和自身进行系统的探索思考。

随着学院的发展，应本着"建设特色校园文化活动品牌"这一目标，对"康巴女儿节"活动的主题、内容、流程等进行深入调研，使活动更贴近师生实际，满足师生的文化需求。

（2）品牌活动项目化社会化不够

"康巴女儿节"活动的设计和推动在很大程度上呈现出板块化、单一化，缺乏活动的项目化和社会化，较大地制约了活动影响的广度和深度。团的工作"项目化"，就是把过去比较分散的活动按项目管理的模式进行规划整合、组织实施、考核评估，使团的工作能够最大限度地整合社会各类资源，推动共青团工作和校园文化建设持续健康发展。紧紧围绕"建设特色鲜明的民族院校"这一主题，对历届"康巴女儿节"活动的成就与不足，进一步从理论上对该活动进行分析和研究，将单一化活动板块项目化，并通过社会化运作更好地发挥"康巴女儿节"活动的影响力。

（3）未将女性教师作为参与者纳入活动中

校园文化的"主体"是校园文化建设的承担者、执行者和校园文化的享受者。它包括学生、教师、管理人员等全部校园人。教与学，课堂教学的这一关系体现在校园文化建设中,教师则从知识的传授者转化为文化建设的参与者。在校园文化中,教师对校园文化的建设不只是为了学生成长的付出,而且是教师生命价值不断完善、超越和升华的过程。因此,师生共为主体,既能避免校园文化建设中学生单一主体的自发性与盲目性,也能使教师在文化活动中增进发现自我,表现自我,进而更新自我的主观能动意识,并得以充分发挥。

女性教师是学校女性群体的重要组成部分,她们对学生女性群体的发展有较强的影响力,同时,校园文化活动对她们进一步形成教师职业角色很有帮助,但"康巴女儿节"没有将她们纳入(特别是没有将还是共青团员的女性教师纳入)进来,如果说有的话,也只是让她们以组织指导者这一旁观色彩很浓的角色参与其中,削弱了"康巴女儿节"活动的影响力和渗透力。

(4)完善档案管理,充实活动的历史资料

由于学院还没有建立专门机构来收集和保管文化活动的档案资料,加上近年来学院团委机关人事变动相对较大、人手不够等因素的影响,有关历届"康巴女儿节"活动的历史资料缺乏专门整理,因此导致很多东西无从查考。这既给后来者参考过去的成功经验带来了困难,也使对该项活动的研究无法深入。随着学校升格为本科学院,以前很多专科阶段的资料就变得非常珍贵,完善档案管理,尽可能保存专科阶段的历史资料,是进一步推进"康巴女儿节"活动的必然要求。

(四)对四川民族学院校园文化建设的思考

在校园文化建设中,要注重把思想性、知识性和趣味性结合起来,把教育性与娱乐性结合起来,以培养具有创新精神和实践能力的人才为目标,以实施素质教育为核心,把学生培养成为具有爱国爱校的传统与坚定的共产主义信念、严谨的治学态度与广博的学术知识、刻苦钻研的作风与具有创造力的精神、高尚的情操与开拓进取的力量的复合型人才。同时,还要健全校园文化活动的规章制度,规范学生社团的活动,使学生真正在生动活泼的文化活动中受教育、长知识、增才干。

1. 明确校园文化建设方向,精心组织校园文化活动

校园文化建设最终要落实到培养什么样的人之上。如何建设既保留市场经济对个人自由和积极性的客观要求,又能克服其拜金主义和极端个人主义弊病的符合"社会主义市场经济"要求的思想观念和文化精神是我们所承担的艰巨任务。我们必须坚持校园文化建设的正确方向,坚持马克思主义在意识形态领域的指导地位,坚持以人为本的理念,发展先进的大学校园文化,以不断丰富广大师生的精神世界。

坚持以学生的需求为出发点,以素质教育为核心,以"建设特色鲜明的民族本科学院"为主线,结合第二课堂教学,积极创新,精心设计和组织开展内容丰富、吸引力强的思想、学术、科技、文娱等文化活动,引导广大学生树立正确的世界观、人生观、价值观,以多彩的文化生活、高雅的艺术情趣、浓厚的学术氛围、科学的人文精神、优良的学风校风,形成催人奋进的校园精神、科学进步的价值理念和导向正确的舆论氛围,实现学院的全面、协调、可持续发展。

2. 建立规范、协调、可持续发展的校园文化管理体制

校园文化建设不是一朝一夕能完成的,需要进行长期艰苦的努力才能收到一定的成效。目前,学院校园文化的内容主要偏重于丰富学生的业余生活,而没有把校园文化活动纳入学院长远发展规划中。这样势必会使校园文化建设缺乏系统性,削弱其在校园文化培养目标中的作用,不利于形成与学院特色相一致的校园文化特征。应充分重视校园文化对学院发展和人才培养的重要作用,将其纳入学院发展的总体规划中,认真解决所遇到的困难和问题,真正将校园文化建设作为学院发展的重要内容。

在校园文化中，从精神理念的设计到具体部门的实施，都需要教学、科研、管理各部门的密切配合与协调。因此，应建立各部门工作相互衔接、相互协调、相互支持的规范的、可持续发展的管理体制，使学科建设、教学科研、行政管理、后勤服务等方面的工作协调发展，确保管理体制在数量与质量、规模与速度等方面的合理统一。

3. 弘扬优秀传统文化与建设有特色的校园文化的结合

中国传统文化注重人格、注重伦理、注重利他、注重和谐和人文精神。在校园文化建设中，应充分重视中国传统文化中最优秀的东西，把民族文化和繁荣世界文化联系起来，既要繁荣我们的民族文化，又要充当不同民族文化交流和融合的桥梁。

校园文化建设必须注重与学院的办学特色、专业特色、学科特色和人才培养特色相适应，形成具有自身特色的校园文化。校园文化特色的形成必须充分考虑到学院在长期办学实践中所形成的理念、价值、精神、风格和未来的构想并体现出继承性和前瞻性。

4. 建设高层次的校园文化与多样化的校园文化的结合

尽管校园文化的主体来自不同专业、不同年级、具有不同社会阅历的学生，但他们的需要、兴趣和爱好都具有较高层次。活动层次较低的校园文化活动既起不到导向作用，也不能培养学生的综合素质和实现其总体功能。因此，在校园文化建设中，应该超越低层次的娱乐性校园文化，以科研、学术为中心内容开展校园文化建设，创建出高层次的校园文化。要建设以科研、学术为中心内容的高层次的校园文化，必须做到教师主动指导，学生积极参与，结合专业知识与教师的科研课题，开展富于创新的校园文化活动。校园文化建设向学术领域发展，学生可以根据其兴趣、专长自由参与活动，有利于开阔学生的视野，拓宽加深专业知识，提高学习的兴趣，培养创新精神，促使其具有强烈求知欲望的学风的形成，又可以促进教学改革，带动科研，为学校的可持续发展提供内在的保证。

提倡校园文化建设的多样性,既是党的文化事业"双百"方针在校园文化建设上的具体表现,也是为了更好地顺应大学生身心特点的要求,更是文化主旋律的要求。由于广大学生对校园文化的需求是多方面、多条理的,这就决定了校园文化产品的多样性。多样化的校园文化让学生的个性得以充分发展和潜能得以发挥成为一种现实,让学生在参加校园多层次的文化活动中,清楚地认识到自身价值,实现自己的个人潜能;让不同类型的学生在不同的校园文化活动项目中发挥自己的能力,实现自我,有利于学生个性的健康发展与完善。

5. 充分利用校园文化建设的新载体,努力营造良好的校园舆论氛围

坚持以正面宣传为主,利用校刊、校园广播和校园网等宣传舆论阵地,形成具有很强凝聚力和明确指向性的舆论环境。积极开展形式多样,生动活泼,健康向上的网上文化活动。全面发挥网络、学生社团、学生公寓等校园文化建设新载体在校园文化建设中的重要作用。

综上所述,我们应加强以大学理念为核心的校园文化研究,建立体现民族精神、大学精神和办学特色的校园文化。实现校园文化与课堂教学的有效融合,使校园文化向着具有深层文化模式、独特校园精神和丰富的文化教育与实践活动发展,发挥高等教育作为先进文化、先进生产力阵地的功能,以自身的和谐促进和推动民族地区的经济发展和社会和谐。

(甘肃民族师范学院 陈多仁)

十六

四川民族学院康巴特色生物研究

（一）背景

1. 康巴地区特殊的地理位置、复杂的地形地貌和完整的自然生态条件决定着生物资源的多样性及其优秀品质

甘孜州地处我国最高一级阶梯向第二级阶梯云贵高原和四川盆地过渡地带，属横断山系北段川西高山高原区，是青藏高原的一部分，介于东经97°22″—102°29″，北纬27°58″—34°20″。南北长约663km，东西宽约490km，东靠阿坝州和雅安市，南傍凉山州和云南省，西邻西藏自治区，北倚青海省。幅员辽阔，总面积152600km^2。全境地势高耸，地形复杂，平均海拔3500m以上。从西到东，金沙江、雅砻江、大渡河等主要河流纵贯全境。横断山系的沙鲁里山、大雪山镶嵌于这三条河流间，由北向南绵延千里。西北部高原辽阔，地势平坦；东南与西南部边缘山体雄伟，崎岖陡峻；贡嘎山突起于大雪山山脉中段，山势巍峨，山峰秀丽，耸崎于群山之巅，海拔7556m，被誉为"蜀山之王"。5000m以上山岭，终年积雪，冰川发育。最高峰贡嘎山与其东坡的大渡河谷地，水平间距仅29km^2，而相对高差达6400m。整个地势由西北向东南倾斜，依地貌差异分为丘原、山原和高山峡谷三个不同类型区。虽然整体气候属高原型季风气候，但因南北跨6个纬度，地形地貌又如此复杂多样，使得局部气候具有显著的地域差异。随着纬度的自南向北增加，气温逐渐降低，在6个纬距范围之内，年均气温相差达17℃以上。在高山峡谷地区，山脚和山顶高低悬殊，气候也随着高度而变化，相差20—30℃。全境常年降水量在325—920mm。常年日照时数为1900—2600h，年总辐射量一般为120—160kcal/cm^2。历年平均霜日为18—228d，无绝对无霜期。如此复杂多样的地形地貌和如此复杂的气候条件，把甘孜州造就成世界瞩目的多样性生物资源宝库、生物孑遗种分布中心和生物物种分化变异中心。而且，在生物生长季里，日照长，雨量充沛，昼夜温差大，为各种生物物质的合成和积累创造了良好的条件。加之全区很少受到工业污染的影响，自然生态保持完整，使各种生物产品具有较高的绿色品质。

2. 康巴地区生物资源种类丰富，绝对数量多，特色鲜明

（1）草林优势突出，高原特有畜禽种类丰富

仅就甘孜州来说，草地占土地总面积的61.72%，可利用草地占54.37%，是土地资源中的最大优势，占四川省的42%。草地共有96科464属1256种牧草，年产鲜草总量2.725×107t，理论载畜量1490000羊单位。高原特有畜种有牦牛、藏绵羊、藏山羊、藏马、藏猪等，耐粗饲抗严寒，适应高原山区恶劣环境。但因经济、技术条件落后，草地生产力、牲畜生产性能都很低下，而且草地沙化日趋严重。

林业用地占土地总面积的27.10%，森林占11.65%，森林面积占四川省的26%，组成森林的主要树种有9科15属60种，这是甘孜州又一较大的资源优势。除了有17814.224km^{2}森林外，还有约23334.5 km^{2}灌木林、疏林、草地等，是发展林业，提高覆盖率的后备资源。丰富的林业资源和特殊的地理位置，使甘孜州森林成为重要的用材林基地和长江上游重要的水源涵养地，加上种类丰富生机勃勃的森林生物，对维护整个长江流域良好的生态环境发挥着至关重要的作用。虽然多年来实施"天保工程""退耕还林（草）工程"，但过去对森林的长期掠夺式经营所造成的伤害还没有完全治愈，森林的生态、社会和经济效益还没能得到充分发挥。

十六 四川民族学院康巴特色生物研究

（2）经济林木种类多，适生范围广，名特优种类突出

甘孜州大渡河沿岸、雅砻江新龙以下河段、金沙江德格以下河段及相应地区的许多支流，在海拔2600—2800m以下沿河地带，大多具备各类落叶果树生长的最适宜气候条件：热量丰富（年均气温8—15℃，≥0℃年积温3000—5500℃），雨量适中（年降水500—800mm），日照强烈（年均日照2000—2500h），温差大（日照差15—200℃），湿度低（空气相对湿度45%—60%）。这些地区的落叶果树不但生长迅速、结果早，而且产量高、品质好，具有极大的发展潜力。甘孜州各河谷地区都可种植苹果，尤其丹巴、巴塘、乡城等县的品质最优，曾经驰名省内外；梨的分布也很广，丹巴的金川雪梨，泸定的王皮梨、蜂蜜梨等品质最佳；丹巴还是葡萄、石榴的最适宜生长区；泸定是樱桃、柿子的最适宜生长区，其他适生水果还有桃、杏、李、柑橘、橙等。而且甘孜州水果与省内其他地区之间存在着成熟季节差，樱桃比四川盆地早熟1个月，苹果、梨、柿子等则比四川盆地晚熟1—2个月，可利用季节差异打入内地市场。核桃、花椒、板栗等干果类经济林木在州内分布很广，大多品质优良，尤其九龙等地的花椒、巴塘等地的核桃最为著名。此外，甘孜州特有的仙人掌可谓珍品，对其果、茎的综合开发利用，当可获得很好的经济效益。

甘孜州干旱河谷地区适生果类多，宜林荒山面积大，加之还有退耕还林这篇大文章要做，故而因地制宜，适度建设各种经济果木商品生产基地，把河谷地区建设成经济林木带，可兼得巨大的经济效益和良好的生态效益。然而，甘孜州经济林木存在着品种退化严重、病虫为害猖獗、种管技术落后等问题。

（3）地道的汉藏药材、绿色野生食用菌、珍稀野生动物等，种类丰富，量大质优

甘孜州有各类中藏动植物药材近2000种，其中有名贵的虫草、贝母、麝香、熊胆、鹿茸、豹骨、当归、党参、独活、半夏、木香等，可以说，甘孜州是四川一个天然的优质药材库。野生食药用菌是其又一重要的土特产，有许多是珍品，如松茸、美味牛肝菌、鸡油

菌、白菌、鸡蛋菌、猴头菌、獐子菌等。各种薇菜、蕨菜、野生果类、野生食药用菌类，种类多，蕴藏量大，有的已打入国际市场，有较大的出口创汇潜力。在野生动物方面，全州单野生脊椎动物就有624种，如水獭、旱獭、猞猁、狐、石豹、金钱豹、白唇鹿、牛羚、藏马鸡等。

但多年来，对野生动植物资源存在着重开发利用、轻保护抚育的无序的掠夺式乱采滥猎，致使资源日趋枯竭，有的已濒临灭绝的边缘。

（4）其他特殊用途的野生植物缺乏全方位的尤其是开发利用方面的研究

据调查，仅甘孜州境内，单高等植物就有5223种，其中有不少是具有特殊用途的，如观赏类、土农药类、芳香油类、树脂（油脂）类、调味类、淀粉类、纤维类、单宁类、染料类、蜜源类、饲用类等，但缺乏对其进行全方位深入细致的研究，如种类调查、原生抚育、驯化栽培、合理开发利用等，致使其没有能发挥应有的作用。

（5）森林、农作物、畜禽等病虫害生物资源种类繁多

据调查，仅甘孜州境内，森林病原生物有34种，森林害虫种类有78种，农作物病原生物有65种，农作物害虫种类有97种，农作物害虫天敌有47种，畜禽病原生物有36种，牲畜寄生虫有212种。但对于这些生物的生活史、生境条件、为害规律、防控方法等，都缺乏足够的甚至最基础的研究。

3. 康巴特色生物研究所与本地科研机构各有侧重和优势，可产生互补效应，多出快出好成果

仅甘孜州而言，本地涉及生物的科研机构有甘孜藏族自治州农业科学研究所、甘孜藏族自治州林业科学研究所、甘孜藏族自治州畜牧科学研究所，其重点研究领域是农作物、林果木、家畜家禽方面，优势是具有深厚的积累和与本地生产紧密相连，但因历史的原因，各研究所学科单一，缺乏多学科综合协同攻关研究。康巴特色生物研究所

可以涉猎同类生物的研究领域，但更多的是进行其他生物的研究，如进行康巴地区特有生物与特殊用途生物的研究，同时发挥学院学科种类多而集中的优势，进行多学科综合协同研究，多出快出好成果，从而为康巴高原生物资源的保护和可持续开发利用做出较大的贡献。

（二）现状及措施

康巴特色生物研究所依托四川民族学院环境与生命科学系组建科研团队。目前，仅该系就有教学研人员15人，其中高级职称人员7人，中级6人，具有研究生学历（学位）人员5人。团队中学员结构合理，多数人员来自四川大学、四川农业大学、西南民族大学、西华师范大学、河北农业大学等，专业涉及植物遗传育种、作物栽培、土壤化学、畜牧、兽医、园艺、林学、化学分析、地理信息等。团队成员团结敬业，具有良好的协作精神和较强的科研能力。

1. 科研条件

农业设施：学院待绿化美化地段较多，用作特色植物栽培实验地，可以达到科学研究和绿化美化两个目的。而且学院重视科研，将进一步加大对科研设施的投入。另外，学院紧靠农村，可租用农地，搭建塑料大棚和畜禽圈舍作为科研用农业设施。

实验设施：建有现代化植物组织培养室（贮藏室、准备室、灭菌室、接种室、培养室等）200m^2，另有设备良好的化学分析、显微观察、标本鉴定、禽鸟孵化、动物解剖、真菌分离纯化与栽培等实验室700m^2。

科研信息：生物类、农科类图书、期刊种类丰富，中文数据库已能畅通运用。

2. 科研能力

已结课题：甘孜州野坐天麻资源调查及驯化栽培研究；甘孜州天麻

资源的综合评价及利用研究；黄山药组织培养育苗研究；甘孜州藏药金铁锁组织培养育苗研究；藏猪藏鸡驯养及开发利用研究等。前两项属甘孜州重点科技攻关项目；后三项是与西南科技大学联合攻关项目。

在研课题：干旱河谷野生药用观赏植物资源调查及利用研究；蝴蝶兰无性快繁体系的优化；蝴蝶兰有性繁殖体系的建立；重楼无性快繁体系的建立；甘孜州生态安全评价与预警研究等。

师生自发开展的科研活动：青稞种植技术；高寒山区塑料大棚茄果类、瓜类、豆类等蔬菜高产栽培技术；贝母、秦艽、黄芪、佛手参、大黄、半夏、白芍、重楼、黄山药、绿绒蒿、野黄花等中藏药用植物规范化种植技术；杏鲍菇、香菇等食用菌栽培技术，等等。

科研成果：已在四川人民出版社出版《青稞种植技术》，中国农业大学出版社出版《植物组织培养》《田间试验与生物统计》，其中《植物组织培养》是国家级精品课程教材；已在各级各类科技期刊上发表科研论文50余篇，主要有《蜜环菌瓶装菌枝的培养》《蝴蝶兰花梗腋芽初代培养的研究》《番茄酸奶的研制》《泸定县黑木耳高产栽培技术》《甘孜州家畜寄生虫病侵袭来源初步探讨》《犬细小病毒病的诊断与治疗》等。

成果推广：举办天麻人工栽培技术培训班，1期50人；推广天麻种植1500平方米，涉及甘孜州12个县，除康定、泸定、丹巴、九龙、雅江而外，其余7个县均不是天麻原生地，但各县均回报种植成功。

（三）评析

四川民族学院康巴特色生物研究具有广阔的研究领域。

1. 康巴特色农牧业

特色农畜品种选育与遗传资源保护利用研究，特色农畜产品深加工及综合利用关键技术开发，生态农业综合技术体系研究，区域农牧业结构调整与特色产业发展研究、示范、推广，农牧业科技示范工程建设，等等。

2. 康巴特色生物资源

康巴特色生物资源普查与种质资源库建设，康巴特色生物基础与开发利用关键技术研究，珍稀濒危生物资源保护技术研究，康巴生物多样性分布规律、形成机制及动态研究，等等。

3. 汉藏药用动植物

重点开展药材资源的调查及动态监测、最大可持续利用、保护区建设与管理以及相关的政策法规研究，开展珍稀汉藏药材野生抚育、人工繁育及规范化种植研究，建立汉藏药材的人工快繁技术体系。

4. 生态建设与环境保护

产业发展的生态环境效应与对策研究，重点建设工程的生态环境效应评价与对策研究，退化生态系统恢复的关键技术研究，主要生态环境问题治理与高原生态屏障建设与生态效益补偿机制研究等。

参考文献：

邓小平：《科学技术是第一生产力》，《邓小平文选》第 3 卷，人民出版社 2001 年版。

谢安邦：《高等教育学》，高等教育出版社 1998 年版。

吴亚辉、方季虎：《四川省甘孜藏族自治州综合农业规划》，甘孜州农业区划委员会办公室，1998 年。

周延碧、姚俊甫：《甘孜藏族自治州种植业区划》，甘孜州农牧局种植业区划组，1988 年。

贺家仁、刘志斌：《甘孜州高等植物》，四川科学技术出版社 2008 年版。

彭基泰、刘大建：《四川省甘孜藏族自治州国家级重点保护野生动物野外识别手册》，康巴生物多样化保护促进会，2006 年。

（甘肃民族师范学院陈多仁）

十七

边疆高校社会稳定功能的探索与思考
—— 以新疆喀什师范学院为例

《国家中长期教育改革和发展规划纲要（2010—2020 年）》明确提出："要重视和支持民族教育事业。加快民族教育事业发展，对于推动少数民族和民族地区经济社会发展，促进各民族共同团结奋斗、共同繁荣发展，具有重大而深远的意义。"这体现了党和国家对民族教育的高度重视。学习贯彻教育改革和发展规划纲要关于民族教育的基本精神，不仅要重视民族教育在促进经济社会发展方面的重要作用，还要注重发挥民族教育，特别是边疆少数民族地区的高等教育在促进边疆安全、民族团结、社会稳定等方面的重要作用。本文以新疆喀什师范学院在加强民族团结、维护社会稳定方面的做法与经验为例，就边疆高等学校对于维护边疆安全的社会稳定功能进行初步探讨。

（一）维护边疆安全：边疆地区高等学校的社会稳定功能

培养人才、发展科学和服务社会已成为比较公认的高等学校的三大功能，这三者构成了现代高等学校的功能体系。我国高校特别是边疆地区的高等学校还有一项十分重要的社会功能，即维护安全和稳定。在边疆地区，敌对势力和民族分裂主义渗透频繁，高校思想政治教育工作和安全稳定工作面临诸多挑战。边疆高校作为高级知识分子和青年学生的聚集地，它的安全、稳定和民族团结不仅对学校自身发展意义重大，也对当地社会稳定和边疆安全具有很强的示范和辐射作用。因此，以维护边疆安全为中心目标的社会稳定功能，是边疆高校的一个特殊功能。在某些特定的时期，边疆高校对维护边疆安全和社会稳定、促进民族团结发挥着举足轻重的作用。笔者所在的新疆喀什师范学院在 2009 年"7·5"事件中所发挥的积极作用，就是一个突出的例子。这引发了我们对边疆高校在维护边疆安全方面的重要社会功能和特殊价值的理论思考。

震惊世界的乌鲁木齐"7·5"严重暴力犯罪事件，打破了新疆这片土地上的和谐与稳定。它以惨重的人员伤亡和财产损失，给新疆各族人民造成了深重伤害，也深深刺痛了全边疆、全中国人民的心。维护和保持边疆社会大局稳定，促进边疆的经济和文化积极、健康的发展，建设和谐边疆是当前最重要最紧迫的任务。高等学校作为社会的一个重要子系统理应发挥促进边疆稳定的作用。作为边疆高校的任何一个教育工作者，反思边疆教育所存在的不足，更好地发挥边疆高校的社会稳定作用，是其义不容辞的责任。某高校校长愤慨地说："难道我们 60 年的教育比不上热比娅的一句话？"结合工作实践，我们感到，边疆高校在维护边疆安全方面的社会功能可以从以下三个方面来理解和思考。

1. 教书育人、维护稳定：边疆高等教育的基本使命

边疆高校的稳定工作与全国普通高校相比，既有共性的一面，又有特殊的一面；既面临相同的问题，又存在特殊的挑战。民族地区高校的稳定直接牵动着民族地区的稳定和国家稳定的大局。民族高校必须站在政治的高度，高度重视学校的稳定工作。边疆高校肩负着教书育人与维护稳定两大基本使命：它既有助于解决边疆各族人民接受高等教育、缓解就业、提高素质等问题，又能为促进边疆安全和民族团结发挥积极的作用。因此，重视和支持边疆、民族地区的高等教育，必须站在提高民族素质、维护国家安全的战略高度来认识。

2. 民族认同、国家认同：边疆高校教育教学工作的切入点和着力点

以促进民族认同和国家认同为目标的民族团结教育，是边疆高校教育教学工作的切入点和着力点，也是边疆高校发挥维护安全稳定的社会功能的基础。例如，新疆南疆地区不仅地处祖国边陲，而且民族成分较多，现居住着47个兄弟民族，体现了我国民族文化的丰富性和多样性，形成了各民族文化相互交融的多元一体格局。从大学生思想政治教育的实施看，边疆高校要从民族平等、团结和共同发展进步的根本原则出发，关注不同民族学生的特点，满足少数民族学生对思想政治教育的特殊需要，形成有特色的思想政治教育手段、教学方法和教学模式。因此，既要选择有利于民族自身发展和民族团结的道德元素，又要引导学生摆脱狭隘民族主义的影响，树立正确的民族观念，从而逐步让学生在认识上普遍产生这样的理念：统一国家内部的民族，有着共同的利益和共同的政治制度。在中国，任何一个民族都是中华民族的平等成员，不同民族之间的文化共同性应该大于差异性，只有尊重文化共同性才能更好地尊重和保护文化差异性。只有这样，边疆高校的学生才能抵制住各种敌对势力和民族分裂势力的渗透和侵蚀。

3. 边疆高校：从意识形态领域打击"三股势力"的主阵地

新疆地处打击"三股势力"的前沿阵地。在与"三股势力"的斗争中，分裂分子采用的不仅仅是暴力恐怖手段，在意识形态领域，对高校的渗透也是他们散播分裂主义思想的重要途径。边疆高校进行的维护祖国统一、反对民族分裂及维护社会安定团结，防范"三股势力"的教育，具有非常重要的现实意义。2005年3月21日，新疆某高校院内出现7处反动标语[①]，这起事件充分说明，民

---

① 陈红军：《浅谈加强意识形态领域反分裂斗争在构建社会主义和谐社会中的作用》，http://www.xj.xinhuanet.com/pingan/2007-06/11/content_10264054.htm。

族分裂势力在高校的渗透、煽动、宣传十分猖獗，争夺教育阵地的斗争十分激烈，与边疆高等教育在意识形态领域展开更大较量的企图已昭然若揭。

（二）喀什师范学院在边疆稳定问题上的做法与经验

喀什师范学院地处新疆南疆喀什市，是中国最西部的高校。喀什是新疆少数民族最为集中的地区之一，也是"三股势力"从事分裂和破坏活动的重点地区。乌鲁木齐"7·5"事件前后，喀什师范学院确保了学校政治大局的稳定，没有一人参与，为喀什地区的稳定做出了贡献。总结"7·5"事件前后的稳定工作，主要有这样六个方面值得思考和借鉴。

1. 以高度的政治敏锐性准确判断形势，是学院保持政治大局稳定的重要前提

喀什师范学院党委从讲政治的高度，坚持政治家办教育，狠抓稳定这根弦不放松。特别是在"7·5"事件中，院党委把学院的稳定放在自治区和喀什地区稳定大局中加以考虑，及时准确地分析了形势，掌握了处置"7·5"事件的主动权，确保了学院政治大局的稳定。例如，在得知广东韶关新疆籍员工和非新疆籍员工发生"6·26"事件后，院党委高度重视，根据事件发生可能带来的稳定问题，于2013年6月29日晚，召开副处级以上干部紧急会议，进行专题研究和部署。组织各系部召开教师、学生两个层面的会议，给广大师生讲清楚"6·26"事件的真相。同时，开展毕业生离校后情况的跟踪调研工作，通过电话的方式，逐一确定毕业生的去向，并要求毕业生切实维护稳定大局、维护学院的声誉，不做不利于民族团结的事。这种就外部事件可能对学校引发的恶果所进行的准确判断和提前防范，体现了院党委高度的政治敏锐性和政治责任感。

2. 面对突发事件进行妥善应对、果断处置，是学院保持政治大局稳定的重要保证

面对复杂的突发事件，不仅要有清醒的头脑、准确的判断，还要采取积极应对、坚决果断的措施。领导班子要在决策中制定出细致、周密、具有可操作性的应对措施，并确保在最短时间内使各项措施落实到位。针对"三股势力"利用互联网煽动、串联等情况，2013年6月30日，学校对相关不良网站进行了屏蔽。7月2日上午，学院根据"三股势力"在网上对"6·26"事件的大肆歪曲宣传，决定实行封闭式管理，有效减少了不良信息对学生的影响。7月4日（星期六）、5日（星期日），为防止出现意外情况，学院明确要求全体师生不休息，领导坚守岗位，学生按照正常作息时间上课。同时，各系部领导、教师、辅导员、班主任与学生一起学习，确保了学生不出校门。这样，就对事态的发展、恶化、后果各环节的防范工作做了周密的安排。总结这些措施，我们感到，边疆形势对边疆高校领导在维护稳定、处理复杂问题上的能力提出了很高的要求，突发事件处理能力成为边疆高校领导干部非常重要的一种能力。

3. 思想政治素质高、作风扎实的干部队伍，是学院保持政治大局稳定的重要基础

干部队伍建设实践说明，越是在复杂的情况下，越能体现出干部队伍作风建设的成效。事实上，应对突发事件的工作预案再好，如果落实不了，那也就是一句空话，而确保预案和各项措施落实到位，关键是依靠干部队伍的工作作风和快速反应的工作机制。例如，在喀什师范学院，无论是下班后还是双休日，不管住在校内还是校外的职工，都能在40分钟之内赶到学院参加稳定工作会议，这也是学院长期以来对干部队伍进行严格要求、严格管理的结果。尤其是2009年7月5日前后，全院上下从院领导到教职工没有一个离开工作岗位，特别是各系领导、班主任、辅导员和教师与学生学习、吃住在一起，不分昼夜地工作，没有

任何怨言。正是这支用得上、靠得住、有战斗力的队伍，才确保了各项教育引导和措施落到实处。

4. 各民族师生相互团结，是学院保持政治大局稳定的"群众基础"

近年来，学院党委牢牢把握住各民族共同团结奋斗、共同繁荣发展这一主题，全面贯彻执行党的民族政策和民族法律法规，不断巩固和发展我国各民族平等、团结、互助、和谐的社会主义民族关系，团结和带领各族师生员工，不断加强民族团结工作，保持了学校的和谐稳定，促进学院实现了跨越式发展。民族团结奇葩灿然开放在喀什师范学院，迎来了学院的安全稳定和事业的繁荣发展。

5. 重视网络管理，做好舆论研断，是学院保持政治大局稳定的重要措施

互联网是热比娅及"世维会"等境内外"东突"分裂势力煽动、策划暴力事件的主要途径。因此，切实加强网络管理是维护稳定的重要措施。喀什师范学院一直高度重视网络管理工作，密切关注网上的信息动态，及时屏蔽不良信息，这也是喀什师范学院成功应对"7.5"事件的又一重大举措。加强与地方党委、政府和公安部门的联系，及时了解各类信息舆情，从社会情况中研究和判断出对学校稳定所带来的影响，及时做出安排，并争取地方党委、政府的支持，这是学校应对各类群体事件的重要手段。

（三）关于进一步发挥边疆高校社会稳定功能的几点建议

高校安全稳定工作是一项极为复杂的系统工程，牵涉的部门多且复杂。一般而言，稳定工作涉及信息支持、危险评估、危机预警、舆论引导、指挥决策、任务执行、效果评价等诸多方面，各方面工作需要不同部门来承担。① 同时，边疆高校稳定工作的自身特点和面临的新形势，也迫切要求建立健全一种有助于整合各方力量的协同机制。而这个协同机制的建立需要一个长期的过程，涉及面广、任务重，需要不断探索和逐步完善。当前，主要应抓好这样几方面的工作。

1. 进一步加强少数民族干部队伍的建设工作

解决好边疆高校稳定问题的关键，是培养高素质的少数民族干部和教师队伍。一方面，他们来自本民族群众，与本民族群众有着天然感情和"血肉"联系，熟悉本民族和本地区的历史、现状和特点，通晓民族语言和文字；另一方面，广大少数民族群众往往把本民族的干部、教师看作本民族的代表，不仅向其愿意倾诉心声、反映意见，而且愿意听取他们的意见，接受他们的领导、劝告和建议。"他们在解决民族问题上，在解决民族地区利益和国家整体利益上，有着不可替代的作用。"② 因此，要继续通过学习培训、岗位锻炼等措施，不断提高干部队伍和教师关注边疆安全、促进学校发展的责任感、使命感，提高思想政治工作水平和突发事件应对能力。同时，要关心干部队伍和教师在生活、工作中的实际困难，切实维护干部队伍自身的合法权益，引导干部和教师做民族团结的模范，形成民族团结和共同发展的良好社会氛围。

2. 进一步加强双语师资建设

师资匮乏是新疆南疆地区实施双语教学的学校所面临的共同困难。双语教学师资队伍的形成，要经历从无到有，从量到质不断提高和发展的过程。一支优秀的高校双语教学师资队伍的形成，不仅需要我们发现、挖掘现有人才，还需要通过有计划、有步骤的系统培训来加以培养。在一些发达国家，双语教育和双语教师培训已形成制度

---

① 张彦等：《新时期高校维护稳定工作研究》，《高教发展研究》2008年第10期。
② 白志刚：《利益公平与社会和谐》，中国社会出版社2008年版，第23页。

化，而我国至今还未确立一个权威的双语师资培训体制。因此，国家和自治区有关部门要加大支持力度，逐步建立和健全双语师资培训体制，帮助边疆高校建设一支高素质的双语教师队伍。

3. 继续加强民族认同、国家认同教育

21世纪，根据国内外出现的新形势，在以往"五观"教育的基础上，边疆高校要继续开展"四个高度认同"（对祖国、中华民族、中华文化、中国特色社会主义道路的认同）的宣传教育。要始终坚持把正面教育引导作为意识形态领域反分裂斗争的主要方式，力求在内容上做到历史与现实相结合，包括中国历史与新疆历史教育、国情区情教育、政治理论（民族理论、国家理论、政治学理论）教育、法制教育、前途教育等。其中，新疆历史（包括民族史、文化史、宗教史）教育是一个重要方面。通过教育，达到强化各族干部、群众和广大学生"四个高度认同"的最终目的，从而使各族干部和广大学生真正懂得：我们伟大的祖国自古以来就是一个统一的多民族国家，各民族共同缔造了伟大的祖国，也需要各民族共同捍卫祖国的统一。

4. 进一步完善边疆地区的高考政策

高考是联系基础教育和高等教育的一个重要环节，其重要的政治控制功能之一就在于：它既是一个保证社会安全的"政治安全阀"，又是缓解社会和政治冲突的"政治缓冲器"。① 因此，对少数民族考生实行特殊的高考政策，一方面可以促进社会公平，缩小少数民族高等教育与其他地区的差距，正确引导边疆民族地区人民的思想向主流价值观靠拢，保持社会稳定；另一方面，通过特殊的高考政策有利于实施边疆民族地区教育优先发展的战略，提高边疆地区的劳动力素质，提高少数民族人民对祖国文化的认同感和"向心力"，促进民族

---

① 艾尔肯·吾买尔：《基于边疆稳定的高考政策思考》，《广西师范大学学报》2009年第10期。

地区的繁荣与发展，从而有利于祖国边疆的安全与稳定。因此，要在指标投放、自主招生等方面，进一步为边疆地区的高校提供政策倾斜，使边疆高校扩大在本地区的人才选拔功能和社会影响力，为发挥边疆高校的社会稳定功能获得良好的社会基础。

（四）总结

回顾新疆喀什师范学院在维护边疆安全和稳定方面所做的一些工作，我们深刻地感到，边疆高校不仅承担着培养人才、科学研究和社会服务这一大学的共同职能，而且承担着更为重要的一项特殊功能：维护边疆安全的社会稳定功能。这对于推动少数民族和民族地区经济社会发展，促进各民族共同团结奋斗、共同繁荣发展，起着十分重要的作用。如何提高边疆高校对维护边疆安全的社会稳定功能，不仅是一个现实的课题，也是一个重要的理论问题。本文主要从实践探索和经验总结的角度进行了一些初步的探讨，但对于边疆高校社会稳定功能的理论内涵，还需要做出进一步的深入研究。

（喀什师范学院徐源智、艾尔肯·吾买尔、刘秀明、刘玉杰）

十八

喀什师范学院办学经验与特色

（一）学校的办学背景

喀什师范学院地处新疆南疆国家历史文化名城——喀什市，是一所以维吾尔族学生为主、集多民族学生于一体的多学科、多层次普通高等师范院校，也是祖国最西部的一所大学。多年来，学院构建了具有时代特色、区域特色和高师特色的课程体系，培养和造就了思想政治素质过硬、具有现代教育观念、热爱教育事业、专业基础扎实、富有创新精神和实践能力，符合基础教育要求的新型师资和各类高素质人才。学院形成了"以稳定为前提，以教学为中心，以学科建设为龙头，以提高教学质量为生命线，以培养合格人才为目标"的办学思路。

学院把培养具有过硬的思想政治素质、良好的人文素养和科学素养，掌握专业基本知识、基本技能，具有创新精神和实践能力的应用型、复合型专门人才作为人才培养目标。学院立足南疆，服务全疆，放眼中亚，以教师教育为基础，采取多学科发展，多层次办学，多渠道服务的模式，努力把自身建设成为喀什经济社会发展的增长引擎、南疆地区各类人才培养的重要基地、中华文化向西辐射的前沿阵地。

学院在 50 多年的发展历程中，不仅为新疆教师教育和民族教育做出了重大贡献，也积累了丰富的高等教育办学经验，形成了自身独特的办学特色，锻造了内涵深厚的大学精神和大学文化，已成为新疆特别是南疆各族人民平等、团结、互助、和谐关系的缩影。学院在新疆特别是南疆教师教育、民族教育、社会稳定和经济发展方面发挥了不可替代的重要作用。

（二）办学的基本经验与特色

1. 扎根边疆，精诚服务于少数民族教育事业

长期以来，由于种种历史原因，南疆少数民族基础教育师资一直处于匮乏和短缺状态，整体水平不高。这种状况严重制约了少数民族基础教育事业的发展，也阻碍和羁绊了少数民族实现小康目标的步伐。针对这一实际，学院坚持从南疆基础教育和经济社会发展对师资和各类人才的实际需求出发，坚持把为少数民族地区基础教育培养合格师资作为坚定不移的办学目标，重点坚持培养民汉兼通的"双语"师资力量，积极探索符合少数民族学生成长的人才培养模式，不断深化教育教学改革，提高人才培养质量，坚持打牢思想政治基础，不断强化汉语教学，培养敬业乐教、扎根边疆、"民汉兼通"的基础教育师资。

在长期的办学实践中，学院始终坚持培养少数民族地区基础教育事业和经济社会发展所需要的"进得来，学得好，回得去，干得好，留得下"的各类人才，不断深化教育教学改革，在办学模式和人才培养方面逐步形成了"扎根边疆，服务少数民族地区基础教育"和"坚持不懈进行反分裂斗争，为南疆培养政治上可靠的基础教育人才"的特色。经过50多年的艰苦奋斗，谱写了一部扎根边疆、艰苦创业、无私奉献，投身于少数民族教育事业振兴的光荣奋斗史，以实际行动塑造了喀什师范学院"胡杨般坚韧、红烛般奉献"的精神品格，这种精神品格已经穿越历史时空，凝结为喀什师范学院的传统精神和作风，深深地体现在喀什师范学院的校园文化中，激励着一代代学院师生不断地成长和发展。

50多年来，学院大多数毕业生都默默扎根在南疆，为新疆特别

是南疆的经济发展、社会进步、民族团结和政治大局稳定做出了突出贡献，学院为此荣获了"培养少数民族教师摇篮"的美誉。

2. 强化"双语"教学，少数民族教育质量不断提高

学院一直把"双语"教学作为提高人才培养质量的重点和突破口，采取一系列措施，不断强化"双语"教学。一是以少数民族教师汉语授课为切入点，采取多种措施积极提升少数民族教师汉语授课水平。二是扎实推进民汉教师交叉授课，采取民汉学生合班模式来组织教学工作，积极探索民汉教学的融通机制。三是强化汉语预科阶段的教学和管理，为少数民族学生进入专业学习打下良好基础。四是建立并实施少数民族学生免预科及转入汉语言班的学习制度。五是采取多种措施以营造浓厚的汉语学习氛围和良好的语言环境。

3. 坚持不懈开展反分裂斗争，努力培养政治上可靠的合格人才

喀什师范学院地处反分裂斗争的最前沿，一直是"三股势力"渗透、干扰和破坏的重点目标。面对国内外"三股势力"相互勾结，图谋把新疆从祖国分裂出去的严峻现实，建校50多年来，学院历届党政领导班子始终牢牢抓住稳定这个大局不放松，把反对民族分裂主义和非法宗教活动、维护学院稳定作为搞好以教学为中心的各项工作的前提和保障，引导各族干部群众正确认识中华民族多元一体格局，牢固树立"三个离不开"的重要思想，增强维护民族团结、祖国统一的责任感，确立了学院特有的"以稳定为前提、以教学为中心、以提高教学质量为生命线、以培养合格人才为目标"的办学思路，始终把反对民族分裂主义和非法宗教活动，加强民族团结教育作为学院工作的重要内容，常抓不懈，并贯穿于学校教育教学的全过程，形成了反分裂、保稳定，抓教学、育良才的鲜明特色，确保了学院政治大局的稳定，促进了学院各项事业的快速发展。近年来，围绕"深化改革创新，聚力长治久安"这条主线，巩固深化"热爱伟大祖国、建设美好家园"主题教育活动成果，以"民族团结，从我做起"为主题，广泛发动师生员工积极参与，着力在密切民族关系、党群干群关系、师生关系和最大限度地争取民心、凝聚人心上取得新进展，着力在促进各民族师生交流交往交融、相互信任、相互理解、相互包容、相互欣赏上取得新成效，着力在以现代文化为引领、切实抵御和防范宗教向校园渗透、全力以赴"去极端化"上取得新突破，教育引导各族师生员工牢固树立马克思主义"五观""四个认同"和"三个离不开"思想，努力推动各民族师生员工和睦相处、和衷共济、和谐发展，奠定共同推进学院科学发展、社会稳定和长治久安的坚实思想基础。

从1982年起，学院连续30多年开展了民族团结教育月活动，年年有重点，年年有新内容，年年有新发展，常抓不懈，以生动活泼的形式和富有时代特点的宣传教育内容，对各族师生员工进行广泛宣传教育。特别是乌鲁木齐"7·5"事件以来，学院以高度的政治敏锐性，准确地研判形势，进行超前安排部署，反应快速到位。学院没有发生重大不稳定事件，这充分说明学院坚持不懈地开展反分裂反渗透教育是卓有成效的，学院维护稳定工作的基础是扎实的，在关键时刻经受住了考验，铸就了强大的凝聚力和战斗力，确保了校园的和谐与稳定，有力地促进了各项事业的快速发展。学院的维稳工作措施得到中央、自治区和喀什地区领导的充分肯定，也使学院不仅在喀什，而且在全疆得到了广泛的赞誉和高度评价。学院再次被国务院授予"全国民族团结进步模范集体"的光荣称号。

4. 深化人才培养模式改革与学生创新能力培养

（1）不断调整和完善人才培养方案

人才培养方案是实现人才培养目标的纲领性文件，人才培养方案的调整和修订要严格按照学院的工作程序和工作机制来执行，学院坚持培养目标与区域经济社会发展相适应的原则，突出实践能力和应用能力的培养，各专业要根据新疆尤其是南疆基础教育和经济社会发展的现状，紧紧围绕学院的办学定位和办学特色，科学合理地制定专业培养目标和培养方案。学院要求人才培养方案根据生源类别及培养目标的特点,有针对性地编制,将专业优势和特色反映在人才培养方案中。要进一步加强通识教育改革,促进学生专业素质和综合素质的整体提升。

(2) 以适应南疆地区经济社会发展为方向,整合资源,优化学科专业结构和布局,提高服务地方经济社会发展的能力

地方院校的学科专业建设必须以地方需求为导向和指引,为地方服务是地方院校的神圣使命和赖以生存的基础,也是学校发展壮大的必由之路。喀什地区经济社会发展需要这样一所大学在知识、人才、科技等方面提供支撑。学院的师范类专业以服务南疆双语教育为根本任务,非师范类专业以满足南疆和喀什经济开发区对人才的需要为目标,坚持分类指导与建设原则,深化专业内涵建设,实现建设质量稳步提升,优势与特色不断突显,人才培养适应面进一步拓宽。因此,学院根据南疆地区尤其是喀什地区经济社会发展战略、产业结构调整和地方经济社会发展的需要,以重大项目牵引、凝聚、加强科技人才队伍的汇聚和团队的培育,依据学科分布特点,鼓励教师之间、课题组之间实现强强联合、纵横结合,推动校际、校企之间、研究中心之间的资源整合。在适度控制专业发展规模的同时,积极调整专业结构,重点加强应用型专业,主要是经济类、管理类、工学类、相关专业的建设。积极培育、超前部署喀什地区新兴产业所需专业设置和人才培养工作,以促进复合型人才的培养。主动寻求区域经济社会发展与学校办学目标的结合点,分阶段组建新兴学科与专业。力争尽快使综合性学科布局初显雏形,学科基础条件显著增强,学科建设水平有较大提升,有3—5个学科达到国家一级学科硕士点授权条件或获得一级学科硕士点授权。

(3) 实施"拔尖双语人才培养计划"

"拔尖双语人才培养计划"旨在积极探索优秀少数民族学生人才培养的新途径,选择有一定基础条件的专业,集中优质资源,通过择优选拔、重点施教、特殊培养的方式,在一定时期内培养出一批双语

教学能力强、综合素质高、专业基础扎实、具备毕业后能够成为基层中小学校双语骨干教师的优秀少数民族本科生和维吾尔语专业学生，为基础教育和民族教育培养优秀双语教师。

实施"拔尖计划"的专业由学校根据全院实际情况确定，在学生进入专业二年级后实施，采取学生自愿报名、考核选拔的方式，结合学生入校后一学年的学习成绩并参考学生高考成绩等，公开择优选拔。实施"拔尖计划"的专业必须以培养高素质的优秀双语教师为人才培养目标，为入选学生制订专门培养计划，并配备相应的专业与基础课程授课团队，学生管理实施"导师制"，每位导师指导学生不得超过2—5名。"拔尖计划"实行阶段性滚动管理机制，实施"拔尖计划"的专业，应于每学年第一学期末对入选学生进行综合测评，达不到要求的学生建立"过程淘汰"机制。为鼓励各教学单位积极承担"拔尖计划"，学院设立专项经费予以资助，保障"拔尖计划"的顺利实施。

学院在提高少数民族学生汉语水平方面的一系列做法，得到了上级主管部门的充分肯定。2010年学院《双语教学条件下少数民族学生汉语教学管理机制构建及人才培养模式改革探索》这一教学改革成果荣获自治区优秀教学成果二等奖。

（4）实施"大学生科研与创业行动计划"

本计划是为鼓励学生积极参与科研创新活动，培养科研创新能力，增强课外创新实践意识而面向本科生设置的。每年学院组织相关专业高水平教师，依据科研、教学、管理等领域的基础性、应用性或创业性研究课题制定项目指南，并向全院本科生公开发布，学生也可在专业教师的指导下，根据科学性、创新性及可行性、可考核性原则自主选定课题进行申报。项目负责人须为在校全日制二、三年级本科生，为培养团队合作精神，鼓励学生跨系、跨专业组成项目组开展合作研究，每个项目组人数一般不超过5人，项目须有确定的指导教师。学院设立专项资金对立项项目进行资助。

（5）实施"大学生学科竞赛资助计划"

"大学生学科竞赛资助计划"旨在通过开展各类大学生学科竞赛

活动，启发学生创造力，培养学生的创新精神和动手能力，是综合运用本学科和专业知识创造性地解决某一领域实际问题的重要平台，有助于激发大学生的竞争意识和协作精神，培养创新思维和实践能力，有助于推动相应学科的课程教学改革和教学质量的提升。"十二五"期间，学院重点参加或组织数学建模、挑战杯、电子设计、师范技能、多媒体课件制作、大学生英语演讲等国家级、省部级和校级的各类竞赛。校级学科竞赛采取职能部门主办，相关教学单位承办的委托管理模式。学院根据学科竞赛项目的性质与规模给予必要的经费资助，采用项目制形式下拨经费，经费主要用于竞赛的组织、培训和学生竞赛补助等。

（6）组织构建多种实践团体，为提高学生创新实践能力搭建平台

学校积极开展第二课堂教育活动，组织构建多种实践团体，为培养学生自主学习、自主成长、自主管理、自我服务的能力，提高学生创新实践能力搭建平台。目前，学校有行知教育社团、教师技能协会、大学生心理健康与个人发展协会、数学建模协会、共振文学社、电子设计协会、计算机技术及应用协会、师范技能协会等学生实践团体14个。形式多样的实践团体为学生展示才能，塑造健康人格，提高个人修养、专业知识和技能水平提供了良好的平台和有力的保障。

（三）办学特色评析

民族聚居区高校与普通高等学校相比在教育方针、制度、管理等方面都有许多共同之处，主要功能仍在人才培养、科学研究、社会服务和文化传承等高等教育功能范围之内。但是，西部民族聚居区高校在教育对象、教育宗旨、教育目标和培养规格等方面也有其特殊性，这决定其自身有着独特的发展规律，也就是具有不同于普通高等学校的特有功能。根据民族地区经济发展状况和社会需求以及当今世界的发展潮流，确定其学科重点、办学特色，将民族的特色、优势和文化结合起来，办出有民族特色的教育是民族聚居区高校的必由之路。

喀什师范学院的办学功能与特色，一是在办学宗旨上，坚持为少数民族和民族地区服务，成为培养少数民族高素质人才的重要基地；二是在思想政治工作上，重视进行党和国家的民族理论、民族政策、民族法律法规和民族基本知识的教育，使少数民族学生成为维护国家统一和民族团结的骨干，推动民族地区改革和发展的骨干，传承和弘扬各民族优秀文化的骨干；三是在文化传承上成为弘扬和传承各民族优秀文化的重要基地，成为各民族优秀文化传承的重要载体；四是深刻认识到双语教育对促进新疆跨越式发展和长治久安的重要性。新疆地处祖国西部，地域辽阔，是我国多个民族聚居的区域。由于历史和自然条件的原因，新疆经济社会发展与东部和沿海地区相比，仍相对滞后。经济社会的发展离不开人才，人才培养的基础在教育。加快新疆教育发展尤其是发展少数民族教育，"双语"教育是一大亮点。在全疆有条件的地方积极推行民汉合校政策，扎实推进"双语"教学，既有利于少数民族教育质量的提高，又有利于少数民族人才的培养，也是促进新疆经济社会跨越式发展和长治久安的重大举措和现实需要。因此"双语"教育是提高少数民族科技文化素质的基础，是促进新疆经济社会发展的需要，"双语"教育是一项利民便民的民心民生工程。正如自治区党委书记张春贤所说："少数民族青年熟练掌握国家通用语言文字，在求学求职等方面可以获得更多的机会，这是关系到每个少数民族家庭、每个少数民族青年切身利益的大事。同时对促进各民族之间的交流，增强中华民族的凝聚力和国家认同感意义重大。"

（甘肃民族师范学院王纬）

十九
喀什师范学院教学模式与改革概述

（一）教学模式与改革的背景

喀什师范学院是一所以维吾尔族学生为主，集多民族于一体的多学科、多层次的普通高等师范院校。学校不断加强教育教学改革，通过优化学科专业结构，深化人才培养模式改革，加强实践教学体系建设，完善教学质量保障与监控体系，实施"本科教学工程"建设项目等一系列有力措施，进一步巩固了教学工作的中心地位，持续提高了学校教育教学水平，保证了人才培养质量。

（二）教学模式与改革成就

1. 专业建设

学院现有13个教学单位，41个本科专业（方向），其中，师范类专业25个，非师范类专业16个；涵盖教育学、文学、历史学、理学、法学、工学、管理学、经济学、艺术学九个学科门类。2003年6月，经国务院学位委员会审核，学院获得硕士学位授权单位资格，现有中国语言文学1个一级学科硕士点，思想政治教育等11个二级学科硕士点和生物工程、教育硕士两个专业硕士点。有1个自治区紧缺专业、1个自治区普通高等学校人文社会科学重点研究基地和5门自治区级精品课程。专业建设是人才培养的基本前提和重要依托，为加强专业建设,推动内涵发展,学院启动实施了"专业综合改革试点建设项目"。项目建设坚持"强化内涵、突出优势,强化特色、注重实效"的原则,以"分类建设,重点投入"的方式,重点支持师范类专业、优势特色专业和重点产业紧缺人才专业的发展。通过系、部自主设计建设方案,推进培养模式、组建教学团队、整合教学资源、探讨教学方式、加强教学管理等一系列措施的落地,促进了人才培养水平的整体提升。

2. 人才培养模式改革

学院采取有效措施,鼓励各教学单位根据人才培养目标,根据高等教育改革发展的趋势以及新疆经济社会发展对人才培养的需求,积极开展应用型、创新型、复合型人才培养模式的改革探索,大胆实践,通过综合改革课程体系,改革教学方法和手段,强化实践教学,为提升学生综合素质、专业素养与学习能力,人才培养能力和水平得到实质性提高,针对不同生源类别实施了不同的培养模式。

(1)"1+2+2"培养模式

民考民文科各专业(语言系汉语言专业除外)及民考民体育、艺术、计算机科学与技术等专业学生实行该模式,即第一年接受汉语预科教育,第二、三年接受公共基础课和专业基础课教育,后两年接受专业课和专业技能课教育。

(2)"1+0.5+3.5"培养模式

理科中民考民各专业(含数学与应用数学、物理学、化学、生物科学、环境科学、地理科学、信息与计算机科学等专业)实行该模式,即第一年接受汉语预科教育,第二年第一学期接受理科基础教育及公共基础课教育,后三年半接受专业课和专业技能课教育。

(3)"2+2"培养模式

汉语言各专业、民考汉专业学生实行该模式,即前两年接受公共基础课和专业基础课教育,后两年接受专业课和专业技能课教育。

3. 课程与教材建设

（1）课程开设情况

课程是学校进行教学活动的重要载体，是实现人才培养目标的主要渠道。2012年全校共开设课程1301门，总计3985.35个学分；其中，选修课282个学分，占总学分的7.07%；实践教学654.5个学分，占总学分的16.42%；教授28人，占主讲本科课程教授的100%；教授主讲本科课程63门，占总课程门数的4.8%。

（2）课程建设情况

课程建设是学科专业建设的基础，是保证和提高教学质量的重要手段。为了进一步加强课程建设，学院通过制定切实可行的政策，采取强有力的措施，积极引导和保障教师对课程建设的精力投入。到2012年底，学校建设自治区级精品课程7项，校级精品课程、重点课程79项。

（3）实习实训示范基地建设

进一步加强实践教学体系建设。学校充分利用社会资源，加强与中小学、幼儿园、各部门的联系与合作，拓宽合作领域，建立健全大学生到中小学、幼儿园、企事业部门实习的长效机制。通过分类制定实践教学标准，增加实践教学比重，加强实践教学管理等措施，不断提高实验、实习、实践、毕业设计（论文）等各个实践环节的质量。积极探索实践教学方法的改革，重点推行基于问题、基于项目、基于案例的教学方法，加强综合性、实践性科目的设计和应用，加强创新创业教育，不断探索新型实践教学模式，实现学生科研创新与实践动手能力的有效提升。

（4）教材建设

学院鼓励教师编写反映学院学术水平，具有地方特色的教材。2006年以来，学院教师共编写自治区级高等学校地方特色和民文教材7部，主编或参编《数学模型与数学建模方法》《基础物理》《生物化学》等教材18部。

4. 教学改革成果

学院出台相关激励政策，积极鼓励、支持教师申报各类教学研究改革课题，加强教学改革研究，不断提升教师教学质量。同时设置多种院级教学竞赛项目，鼓励教师积极参与项目竞赛，以达到以赛促建的目的。

截至 2012 年底，学院获自治区级优秀教学成果奖 4 项、院级优秀教学成果奖 53 项；组建自治区级教学团队两个；出现自治区级教学名师 4 位，自治区级教学能手两位，院级教学名师 10 位；荣获院级教学质量优秀奖 54 项，院级青年教师课堂教学竞赛奖 129 项。

5. 实施大学生综合能力提升计划

（1）实施"大学生科研与创业行动计划"，培养科研创新能力

本计划是为鼓励学生积极参与科研创新活动，培养科研创新能力，增强课外创新实践意识而面向本科生设置的。每年学院组织相关专业高水平教师，依据科研、教学、管理等领域的基础性、应用性或创业性研究课题制定项目指南，并向全院本科生公开发布，学生也可在专业教师的指导下，根据科学性、创新性及可行性、可考核性原则自主选定课题进行申报。项目负责人须为在校全日制二、三年级本科生，为培养团队合作精神，鼓励学生跨系、跨专业组成项目组开展合作研究，每个项目组人数一般不超过 5 人，项目须有确定的指导教师。学院设立专项资金对立项项目进行资助。

（2）实施"大学生学科竞赛资助计划"，促进学生实践教学与创新能力的提升

"大学生学科竞赛资助计划"旨在通过开展各类大学生学科竞赛活动，启发学生创造力，培养学生的创新精神和动手能力，是综合运用本学科和专业知识创造性地解决某一领域实际问题的重要平台，有助于激发大学生的竞争意识和协作精神，培养创新思维和实践能力，有助于推动相应学科的课程教学改革和教学质量的提升。"十二五"

期间,学院将重点参加或组织数学建模、挑战杯、电子设计、师范技能、多媒体课件制作、大学生英语演讲等国家级、省部级和院级的各类竞赛。学院根据学科竞赛项目的性质与规模给予必要的经费资助,采用项目制形式下拨经费,经费主要用于竞赛的组织、培训和学生竞赛补助等。

(3)积极开展第二课堂教育活动,组织构建多种实践团体

为培养学生自主学习、自主成长、自主管理、自我服务能力,提高学生创新实践能力搭建平台,学校组建了行知教育社团、教师技能协会、大学生心理健康与个人发展协会、数学建模协会、共振文学社、电子设计协会、计算机技术及应用协会、师范技能协会等学生实践团体14个。形式多样的实践团体为学生展示才能,塑造健康人格,提高个人修养、专业知识和技能水平提供了良好的平台和有力的保障。

(三)教学模式与改革评析

民族教育是我国教育事业中一个极为重要的组成部分。改革开放以来,国家和新疆维吾尔自治区高度重视少数民族教育事业的发展,把汉语教学工作作为少数民族教育的重中之重,把提高少数民族教育质量的突破口摆在突出的位置。其中民族汉语教学在整个民族教育中又起着"奠基"的作用。少数民族学生是否具备一定的汉语水平和能力,不仅直接关系到全面学习和掌握专业技术知识,而且对毕业后能否适应市场经济条件下的社会需求也有着直接的影响,事关新疆的稳定大局。

(甘肃民族师范学院 王纬)

二十
喀什师范学院强化汉语教学的举措

（一）强化汉语教学的背景

喀什师范学院于2008年对原《关于加强汉语教学工作的实施意见》进行了修订，出台了《喀什师范学院关于进一步强化汉语教学提高少数民族学生汉语水平的实施意见》。本次修订的依据是，新疆维吾尔自治区党委办公厅、自治区人民政府办公厅2008年7月下发的中共新疆维吾尔自治区委员会《关于进一步加强少数民族学前和中小学"双语"教学工作的意见》。该意见提出要"大力加强大中专院校汉语教学工作，加快大中专院校尤其是师范院校人才培养模式改革，提高'双语'型人才培养质量，从'双语'师资的源头抓起，严把'入口关'，为各地培养输送合格'双语'师资。到2010年，高等院校尤其是高等师范院校力争使少数民族毕业生汉语水平等级达到标准，即中国汉语水平考试HSK专科生达到6级，本科生达到7级；或中国少数民族汉语水平等级考试MHK专科生达到三级乙等、本科生达到三级甲等，努力提高高校毕业生尤其是师范类毕业生的'双语'教学能力，使更多合格的'双语'师资充实到基层一线'双语'教学岗位"。

（二）强化汉语教学的措施

为贯彻意见精神，切实提高学院"双语"教学尤其是汉语教学的质量水平，经院党委研究，决定对学院原《关于加强汉语教学工作的实施意见》中有关内容做出如下补充和修正。

1. 加强组织领导

学院成立喀什师范学院汉语教学工作领导小组，领导小组下设办公室，办公室设在教务处，要求各教学单位也要相应成立工作机构，从组织上保证汉语教学工作的实施。

2. 逐步提高 HSK 和 MHK 合格标准

为使学院少数民族学生的"双语"教学能力和 HSK、MHK 等级水平达到意见所规定的要求，对少数民族学生各阶段的 HSK 和 MHK 标准以及中青年少数民族教师 HSK 要求做出调整。

（1）自 2008 年入校新生起，本科学生预科结业进入专业阶段必须达到 HSK6 级或相应的 MHK 过级标准，专科学生进入专科专业阶段必须达到 HSK5 级或相应的 MHK 过级标准；体育、美术、音乐、舞蹈专业学生预科结业进入本科必须达到 HSK5 级或相应的 MHK 过级标准，专科必须达到 HSK4 级或相应的 MHK 过级标准。凡达不到的均需缴费留级重读。

（2）汉语专业学生原来的标准（毕业时本科必须达到 8 级，专科必须达到 7 级）不变。

（3）从 2010 年起，学生毕业时达不到规定标准的，不予颁发毕业证书。

（4）凡年龄在 40 岁以下（含 40 岁，即 1968 年以后出生的），母语非汉语的高校汉语教师（民考汉除外），2010 年前须达到 HSK10 级或相应的 MHK 过级标准，其他专业教师应达到 8 级或相应的 MHK

过级标准。未达到上述标准者,不得继续从事教师岗位工作。

(5) 自 2008 年起,凡新申请硕士生导师资格的少数民族教师,其汉语水平必须达到 HSK10 级或相应的 MHK 过级标准,未达到标准者不能担任硕士生导师。

3. 采取有效措施,进一步提高汉语教学质量

(1) 从 2008 年起,要求 2005 年以后入校的本科生,2006 年以后入校的专科生,预科结束后未达到 HSK 毕业标准的学生必须参加每次的 HSK 考试,直到达到标准为止。

(2) 制定并实施《喀什师范学院少数民族学生转入汉语言教学班学习管理办法(暂行)》,积极调动和鼓励少数民族学生主动学习汉语的热情,建立健全民、汉教学融通机制。

(3) 进一步健全和规范免修预科、直升专业学习机制,根据自治区的有关规定,对于入校前已达到 HSK7 级或相应的 MHK 过级标准的学生,经复试合格后可免修预科,直接进入专业学习。

(4) 进一步加大教学内容改革与考核方法改革的推进力度,力争使相同专业民汉学生班级使用同一教材,逐步实现民、汉班级教学考核使用同一份试卷的目标。

(5) 进一步加大汉族教师给民族班上课的力度,打破长期以来形成的民汉学生分班级教学的界限,在条件成熟的课程和专业班级实行民汉学生混合编班进行教学的试点工作。

(6) 加速建立汉语教学补充提高机制和目标责任制度。各系(部)应采取切实措施,在民族学生进入专业学习阶段,根据各班学生汉语水平未达标情况,组织制定并实施汉语补充教学计划和本单位分阶段达标目标,确保本单位学生 HSK 过级率按一定比例逐年实现达标,各系(部)应紧密关注每学年学生 HSK(MHK)达标情况,每学年第二学期末统计本系(部)学生 HSK(MHK)达标情况,并报教务处备案,力争到学生毕业时实现完全达标。

(7) 建立 HSK(MHK)达标率与主管教学领导业绩考核挂钩机

制,凡毕业时学生HSK达标率排名靠后的系、部取消其单位及主要领导参加各类评先选优的资格。

4. 大力提高少数民族教师的汉语授课能力

(1) 强化推进青年教师导师制建设,为少数民族青年教师配备优秀汉族教师担任导师,使青年教师尽快提高其汉语授课能力和专业水平。

(2) 加大对汉语授课水平高的教师的政策倾斜力度,对于汉语授课好的教师优先安排校级科研课题,同等条件下优先晋升职称。

(3) 加大少数民族教育教学方法改革力度。2008年9月起,少数民族教师(维吾尔语言文学专业有关课程除外)实现全部教学环节均能使用汉语熟练授课的目标,汉语授课水平接近于同类专业汉族教师的水平。

(4) 积极探索汉族教师辅助民族教师授课新思路。在民族学生汉语授课方面,根据学生要求和教学实际,积极探索汉族教师辅助民族教师授课新思路。如增设现代汉语课,让汉族教师讲语法、词汇,如把文学史课分成史和作品选,民族教师讲史、汉族教师讲作品,如鼓励并要求民族教师用课件授课,保证知识传授的正确性,这方面的工作已经初见成效,学生学习兴趣增强。

(5) 制定并实施《喀什师范学院少数民族教师汉语授课标准》,建立少数民族教师汉语授课的专项考核机制。

5. 大力提高少数民族教师的专业水平

(1) 高度重视少数民族教师培养工作,制定优惠政策,继续鼓励并支持少数民族青年教师攻读学位,积极创造条件鼓励教师外出进修、访学,大力提高少数民族教师的学历层次和学术水平。

(2) 鼓励少数民族教师用汉语撰写并发表学术论文,用汉语撰写并发表学术论文的教师,在各类评先选优,评定教师岗位津贴等级以及晋升职称时予以适当政策倾斜。

(3) 建立健全优胜劣汰的用人机制，对教学效果差、不能胜任汉语授课的教师要坚决调离教师岗位。

6. 大力提高少数民族学生的汉语水平和专业水平

(1) 鼓励少数民族学生用汉语撰写毕业论文。用汉语撰写并用汉语进行答辩的学生毕业论文，在优秀毕业论文评选及答辩成绩评定时予以优先考虑。

(2) 鼓励少数民族学生报考硕士研究生。学院将为报考硕士研究生的少数民族学生举办各类考前辅导班，对考取研究生的少数民族学生，学院将给予适当奖励。

(3) 各系部应大力倡导民族班与汉族班学生开展友谊班活动，通过创建友谊班的形式积极引导学生组织开展内容丰富、形式多样的文体和学习交流活动，发挥汉族学生尤其是学生干部、党员、入党积极分子的作用，以一帮一结对子的方式帮助提高少数民族学生的汉语水平。

(4) 大力提倡少数民族学生在课堂、宿舍和校内任何公共场所使用汉语进行交流，并依此作为评先选优的重要依据之一。通过创建"汉语学习园"，充分发挥维吾尔语言专业汉族学生在活动中的组织协调作用，以此，在校园内营造学习汉语的浓厚氛围，逐步提高学院民族学生 HSK（MHK）整体水平，达到所有少数民族学生均能流利地用汉语进行日常生活会话和专业会话的目标。

(5) 少数民族班班主任和任课教师在汉语学习中应起表率作用，即开班会及与学生进行交流时必须使用汉语。

（三）强化汉语教学评析

抓住全国对口支援新疆的历史机遇，着眼于提高少数民族教育质量和国家通用语言文字普及水平，同时做好少数民族语言文字的教学工作，培养德才兼备、民汉兼通的人才；着眼于新疆长治久安，加强

"四个认同"的教育,提高各民族群众的交流沟通能力,增进民族团结;着眼于适应自治区新型工业化、新型城镇化、农牧业现代化的发展趋势,满足广大群众期盼接受民汉兼通教育的需要,提供智力和人才支撑,是新疆维吾尔自治区教育工作的战略主题。喀什师范学院的学生主要来源于新疆南疆地区,南疆是维吾尔族聚居区,基础教育阶段教学的语言主要是母语维吾尔语,采取的是单科加授汉语的二类教学模式。学院根据中共新疆维吾尔自治区委员会《关于进一步加强少数民族学前和中小学"双语"教学工作的意见》,在贯彻落实"大力加强大中专院校汉语教学工作,加快大中专院校尤其是师范院校人才培养模式改革,提高'双语'型人才培养质量,从'双语'师资的源头抓起,严把'入口关',为各地培养输送合格'双语'师资"的要求……高等院校尤其是高等师范院校力争使少数民族毕业生汉语水平等级达到标准做出了有效的探索,努力提高高校毕业生尤其是师范类毕业生的'双语'教学能力,使更多合格的'双语'师资充实到基层一线'双语'教学岗位"。不仅为新疆教师教育和民族教育做出了重大贡献,也积累了丰富的民汉双语高等教育办学经验,形成其独特的办学特色,锻造了内涵深厚的大学精神和大学文化。

喀什师范学院在践行"双语并进"教学模式操作程序上,弥补了汉语基础薄弱对授课带来的缺陷,实现教学用语同学生语言基础及国家语言环境的双向衔接,从而消除了教学语言的障碍。"双语并进"教学模式操作策略得以完善,通过主体课程汉语化使"双语"基础达标。双语教育实践证明,在目前和今后相当长的时间里,少数民族语文是少数民族社区主要的交际工具,因此在学校使用民族语文,无论在促进民族语文的发展上还是在提高教育质量方面都具有十分重要的意义。但是,随着社会的发展,现代化传媒手段的普及,民族间文化、经济的交往越来越频繁,势必需要进一步使用功能最强的全国通用的汉语文,这已成为少数民族群众的迫切需求。各民族从自身发展的长远利益着想,在掌握民族语文的基础上,有必要通过学习和掌握汉语文,进而更快地掌握最先进的科学文化知识,了解最先进的科学技术，使其尽快跟上科技飞速发展的步伐，实现民族的现代化。"民汉兼通"将是今后我国双语教育的必由之路。因此，作为培养少数民族高层次人才的高校，探索符合民族地区经济、社会发展需求的双语人才培养途径是义不容辞的责任。

（甘肃民族师范学院王纬）

二十一
喀什师范学院师资队伍建设概要

（一）师资队伍建设的问题

民族聚居区高校的办学目标、办学特色和教育对象上的特殊性决定了其师资队伍建设的特殊性。通过对设立在西北少数民族聚居区地（市）一级的喀什师范学院师资队伍建设的调研显示，近年来学院在师资队伍建设方面做出了积极的努力，取得了明显的效果。这主要表现在以下几个方面：学院重视师资队伍建设，措施有效；政治、业务、待遇一起抓，全面提高师资队伍素质；重视青年教师队伍建设，充分发挥"传、帮、带"作用；深化师资管理工作，不断提高师资管理水平；师资队伍总量不足的问题得到缓解。但是，由于少数民族聚居区高校地处少数民族地区，经济发展相对滞后，受地理环境的影响，往往办学条件较薄弱，办学经费紧张，硬件设施欠缺，教师的引进、培养、提高相对省城高校、重点高校要困难得多，质量提升和结构性短缺矛盾比较突出，师资队伍建设普遍存在如下问题：一是高学历、高职称教师比例偏低。二是师资队伍职称结构不合理。三是教师流失严重。四是师资队伍年龄结构不合理，青年教师比例偏高。五是师资结构性短缺问题突出。六是师资队伍综合素质有待提高。

（二）师资队伍建设的实践

为全面提高教育教学水平和办学效益，充分利用外部教育资源，优化师资队伍结构，学院紧紧结合学校自身的发展实际，拓宽思路，立足现实，树立了以在职教师引进和培养为主，高层次短缺人才兼职为辅的师资队伍建设理念。利用各种渠道，引进支教教师，聘请兼职教师，形成了"以在职教师为基础，以支教教师为促进，以外聘教师为充实"的师资队伍建设新思路，对民族聚居区高校师资队伍建设进行了有益的探索。

1. 在职教师培养

根据学院"十二五"期间学科和专业建设需要，坚持在职培养与招聘引进相结合，坚持以感情事业留人和逐步提高待遇相结合，坚持改善生活条件和创造科研环境相结合，认真、有效地逐步落实建设目标。在双语教师培养方面注重加强少数民族母语教师的培养和培训工作。在加强民考民教师培训的同时注重加强对民考汉、母语为汉语教师的教学技能、少数民族语言文字的培训。

（1）人才引进和培养

根据学院"十二五"师资队伍建设规划，进一步修订完善学院《关于高学历（职称）人才引进的优惠政策及管理办法》，根据学科、专业建设需要，突出重点，统筹兼顾，大力引进和培养高层次人才，不断加大投入力度，完成博士（教授）楼共计200套住房的建设任务，为引进高层次人才创造良好的条件。不断加大对中青年学术骨干培养或引进的力度，重点资助有发展潜力的学术骨干，支持到疆内外访学进修，提升学历学位层次。充分发挥对口支援高校在学科、专业建设、师资队伍培养方面的优势，进一步加强与对口支援高校的合作，重点加强学院系（部）与对口支援高校系、部的交流与合作，通过对口支援高校定向培养博士研究生，"少数民族高层次骨干人才计划"和自治区"骨干教师赴内地参训项目"等，不断提高教师的专业水平、科研能力和综合素质，从而培养和造就一批具有高学历、高职称的高层次人才。积极营造良好的政策环境，努力构建吸引、培养和用好高层次人才的管理体系。探索人才组织新模式，以学科带头人为核心凝聚教学和学术团队，逐步形成以中青年教师为主体，职称、年龄、学历、专业方向等结构合理的教学和学术梯队。

（2）青年教师队伍建设

学院成立教师教学发展中心，开展教师培训、产学交流、教学研究、教学咨询、评估管理以及职业发展咨询等，加强对优秀青年教师的选拔与培养，提高青年教师队伍的教学水平和科研能力。鼓励和支持优秀青年教师外出进修、深造，积极吸纳优秀青年教师加入教学、科研团队建设，充分发挥学科带头人传、帮、带作用；建立与完善有利于青年教师成长和充分发挥作用的激励机制，形成注重实绩、注重创造、有利于各类人才脱颖而出、静心教书，潜心育人，安心工作的制度环境和良好氛围。

学院为使青年教师能更快地适应教学及以教学为中心的各项建设工作要求，充分发挥老教师在青年教师提高师德修养、教学技能和业务水平，增强思想政治素质和敬业精神等方面的传、帮、带作用，促进老教师和青年教师之间相互学习、共同提高，为学院的发展贡献力量，决定实施青年教师导师制，凡新参加工作的青年教师或新调入学院教学单位的教师以及助教职称的教师原则上都要由所在单位提供或指派指导教师，实行导师制培养。导师制培养并实行定导师、定培养目标、定培养时间的原则，一名导师可指定培养1—2名青年教师，培养目标由所在系（部）及教研室按照教学和科研的相关要求确定。导师制定详细的培养工作计划、阶段性目标，在培养过程中注重对青年教师思想政治素质的培养，通过言传身教帮助青年教师树立为人民教育事业献身的理想，拥护中国共产党的领导，热爱社会主义祖国，坚持四项基本原则，旗帜鲜明、立场坚定地反对民族分裂主义和非法宗教活动，积极维护祖国统一和民族团结，培养青年教师严谨踏实、实事求是的科学态度和爱岗敬业的精神；注重培养青年教师的课程教学目标分析、定向能力和教材组织能力。帮助青年教师掌握教学文件撰写规范，尤其要使青年教师明确课程的基本理论、基本知识、基本技能，抓住重点和难点，养成观点正确，条理清晰，内容充实，详略得当的备课技能；注重培养青年教师的课堂组织能力及教学能力，掌握教学各个环节的规范，严格执行教学大纲和教学计划，不随意讲授，突出重点，分散难点；注重培养青年教师的教学设计与教学评价能力，尤其是课件设计与板书设计能力；注重培养青年教师初步进行科研工作的能力，青年教师要积极参与指导教师学术论文的撰写、教材编写、课件制作、课题申报和教学研究工作，接受指导教师的指导。初上讲台的青年教师，必须由导师审阅修改讲稿，经试讲合格，方可上课，被指导的青年教师要认真听指导教师的课，虚心接受指导教师的指导，服从指导教师的安排，要有听课记录。教务处将定期、不定期地检查各系导师制的落实情况，抽查被指导教师的课堂教学、作业批改和辅导，参与导师科研工作等情况，最后进行综合评议，并得出是否合格、能否胜任教学的结论。对不合格者经批准可适当延长培养期，导师要查找原因，修改培养方案。经继续培养并考核后仍不合格者，将予以解聘。对于考核合格的青年教师，可以在指导期满后，安排独立授课。

(3) 教学名师培育计划

教学名师是指长期在本科教学第一线，注重教学改革与实践，道德风范高尚、教学水平高、教学效果好、科研能力强，在教师队伍建设中发挥示范引领作用的优秀教师。根据《喀什师范学院教学名师评选办法》，学院将在"十二五"期间培养出一批有较大影响的校内教学名师，储备一批有培养潜力的优秀后备队伍，争取进入国家或自治区级教学名师行列。被列入培育对象的教师，学院在教学安排、教材编写、教研立项、教学成果评审、科研课题申报等方面给予重点扶持。

(4) 教学团队建设

学院要在前期建设成效的基础上，实施教学团队建设计划，建立教师教学的合作机制，实现教师资源的有效整合。围绕专业核心课程群，以教授为带头人，建立热爱本科教学、改革意识强、教学质量高、结构合理的教学团队，并注重团队建设，开展经常性的教研活动，明确教学改革目标，制定切实可行的团队实施方案，健全团队运行机制和激励机制，特别要健全中青年教师培养培训机制。

2. 兼职教师的功能与使用

兼职教师的使用不再是高校的临时之举，而是高校的长期策略。民族聚居区高校在改革开放前一直实行高度集中的政府管理模式，以在职教师为主，兼职教师的使用规模很小，对高等教育的影响不大。从20世纪90年代开始，兼职教师逐渐在西北民族聚居区高校中出现，2000年以来，随着我国高等教育的快速发展，兼职教师的比例也不断增加。喀什师范学院兼职教师主要有两类：一是外聘教师。外聘教师的引入缓解了高层次教师不足的困境，加强了校际交流。外聘教师队伍成了学院师资队伍的一个重要组成部分。二是支教教师，喀什师范学院由教育部安排从国内重点高校选派挂职干部和支教教师，自治区政府从疆内高校选派挂职干部和支教教师，对学院的发展起到了有效的促进作用。比如华中师范大学支教喀什师范学院，发挥了华中师范大学在学科建设、科学研究、人力资源等方面的优势，在学科建设（硕士点建设）、教师队伍建设、提高科研水平和校园网络、培植具有民族地域特色的优势学科等方面进行重点帮扶，以凝练学科方向、申报科研课题为切入点实施"一对一"帮扶，使喀什师范学院教学、科研水平建设步入良性循环轨道。

通过调研与资料分析，我们发现，虽然西北民族聚居区高校聘请兼职教师的层次与做法不尽相同，但也具有某些共同的经验。一是聘请兼职教师紧紧围绕各自的发展目标，基本上按照课程教学、专业建设、培养应用型人才的需要聘请兼职教师，确保新兴学科、重点学科培养高层次人才的急需和提升学校办学水平，提高学校的核心竞争力。二是把好聘任关，严格坚持条件。所聘兼职教师的专业对口，基础扎实，理论水平高，熟悉本专业的最新发展情况，在学科建设方面有相当的经验。三是广开渠道，采取多种形式聘请兼职教师。四是根据教学和科研的实际需要和兼职教师的特长，充分发挥兼职教师的作用。五是把兼职教师纳入教研室和科研组加以管理。

（三）师资队伍建设特点评析

1. 坚持以自我培养为主、培养和引进相结合的原则，确保师资队伍稳定与发展

科学发展观要求，发展必须是全面、协调的发展。在师资队伍建设方面，培养和引进是两个重要的建设途径，二者各有所长，也各有所短，在具体实践中必须把二者有机结合起来，力求二者的协调发展。引进教师周期短，见效快，特别是对新兴学科和紧缺学科的师资，如果能够引进会取得立竿见影的效果。但民族地区由于经济条件等方面较之内地有明显差距，在短期内引进的效果一般不会很明显。所以，民族地区高校应采取以培养为主，引进为辅的原则，要立足自身，选择一些政治思想好业务能力强，有发展前途的青年教师送出去攻读学位或进修提高，以弥补学科发展的不足。

为全面提高民族聚居区高校教育教学水平和办学效益，充分利用外部教育资源，优化师资队伍结构，喀什师范学院紧紧结合学校自身发展的实际，拓宽思路，立足现实，树立了以在职教师培养和引进为主的师资队伍建设理念，利用各种渠道，加大在职教师的培养，对民族聚居区高校师资队伍建设进行了有益的探索。学院以自我培养为主，抓内涵发展，积极争取国家和自治区的"资助优秀青年教师基金计划""高等学校骨干教师资助计划""少数民族高层次骨干人才培养计划""青年骨干教师国内访问学者计划"等的资助，充分利用与内地高校的对口支援关系，有组织有计划地选派教师进行系统的专业学习和深造，优化教师队伍学缘结构，防止"近亲繁殖""师徒同堂"。

民族聚居区高校的人才多以中青年教师为主，他们是具有强烈责任感和事业心的人才，能不能干出事业，干事业的客观条件如何，对他们十分重要。为此，学院克服各种困难为他们解决工作所需的基本条件。只要有了干事业的客观条件、良好的环境，就是其他条件差一些，大多数高层次人才还是愿意留下来认真工作的。在解决学术带头人和骨干教师工作条件的同时，也努力改善他们的生活条件，解除他们的后顾之忧，使他们在一种愉快、舒适的条件下工作、生活。

学院实施"教师发展计划"，进一步完善业务培训机制，优化师资队伍的学历结构。一方面按照"在职为主、加强实践、形式多样"的原则，有目的、有计划、有重点地精心安排教师培训。以中青年骨干教师为重点，把以理论知识为主的培训变为思想、政治和业务的全面培训，尤其注重教师的思想道德素质和教育教学技艺的培训提高，克服单纯学历教育和教什么学什么的倾向，加强教师实践能力的培养和综合素质的提高，逐步实现由单科培训向综合学科培训、由专业型培训向学术研究型培训的转变。另一方面采取有效措施，鼓励教师攻读硕士、博士学位，大力提供教师成长的平台，着力培养青年教师成为高职称的人才。同时在高校内部建立以团队为基础的管理考核体系。一所高校如果没有若干重点学科是难以进一步发展的，如果没有相关学科群体做支撑重点，学科发展也无从谈起。在一个学校、一个学科领域仅靠个人"自立门户""孤军奋战"是不可能形成有竞争力的学科的。喀什师范学院将团队建设与学科建设系统结合起来，实行以团队为基础的建设、管理与考核体系，有利于适应不同学科之间的交叉、融合和渗透，有利于推动教学科研团队的建设，有利于建立合理的学科梯队，有利于教师队伍整体素质和核心竞争力的提高。

2. 少数民族聚居区高校引进兼职教师的必要性

支教教师和外聘教师所构成的兼职教师队伍成了西北少数民族聚居区高校发展的有生力量，在突破教师引进的瓶颈上是一种非常实用而有效的引进方式，在民族聚居区高校具有特殊的作用。

(1) 以引智方式实现教师资源共享

兼职教师相对刚性引进教师而言，在不改变教师户籍、身份和人事关系的前提下，以咨询、讲学、短期岗位聘用、联合攻关等引智方式，实现教师资源的共享。同时，它还具有使用时段灵活、目标明确、方式多样，供需双方相互自由选择，人才能力与价值转化周期短、效益高的特点，无疑是解决竞争优势不强的少数民族聚居区高校高层次或紧缺教师匮乏问题的有效途径，也提高了各高校人力资源的利用率。

(2) 教师引进与使用的成本低

民族聚居区高校地处偏远的少数民族地区，大部分高校都是省市（地）共建，以市（地）为主，而这些地区经济发展普遍落后，财政资源紧张，高校也很难拿出大笔资金用于刚性引进高层次教师，这在激烈的人才争夺战中相对于发达地区高校来说毫无优势。兼职教师的本质特征是"不求所有，但求所用，共同发展"。从实践上看，采取这种方式引用教师，不仅可以避免其身份改变、家庭搬迁、工作生活环境变化等带来的诸多不便，还可以减少硬性招引所需的工资薪酬、工作设施条件、生活条件等方面的较高投资，实现更多更好的经济效益和社会效益。

(3) 可以促进原有教师队伍素质的快速提升

兼职教师的引进，一方面可以给原有教师带来新的思想、观念和知识，发挥兼职教师的"传、帮、带"作用。另一方面不同学校之间教学风格不同，通过改变学缘结构，进行校际教学交流，师生通过领略不同的教学风格来开阔其视野和思路。同时，可以在原有教师队伍中发挥"鲇鱼效应"，让原有教师感到竞争的压力，激发原有教师加强学习、更新知识，促进他们主动适应时代要求，激活民族聚居区高校师资队伍的竞争机制。

(4) 有利于搭建内地人才来民族地区进行教学科研的良好平台

少数民族聚居区大多是资源型和生态型地区，开发建设中以科技进步为支撑是推进这一地区开发建设的基本特点。但是，由于民族聚居区文化科学的相对落后,在较短的时间内,不可能依靠自身力量形成足以支撑民族聚居区开发建设的科学技术体系,科学技术的应用与发展在很大程度上需要从发达地区引入,属于典型的引入型发展模式。发达国家在推进科技转移过程中的大量经验表明,科学技术由一地转入另一地,需要有良好的介入平台,从这一要求出发,民族聚集区高校无论从主观愿望还是客观条件上都最有可能成为承担这一功能的组织。通过兼职教师这种形式可以为内地人才来民族聚居区从事教学科研搭建平台,使民族聚居区高校成为吸附内地人才的小高地和促进当地经济发展与社会进步的重要人才资源库。

(5) 可以打破教师的"单位所有制",调节这种不合理矛盾

高校师资队伍建设必须打破旧的用人体制的僵化模式,教师资源社会化取向正随着市场经济的日益成熟而得到越来越多高校的认可。教师凭借其才能,被不同的学校聘请,既调动了教师工作的积极性,又充分发挥了教师的工作潜能,提高了高校师资使用效率。兼职教师的加盟解决了由于教师来源上"近亲繁殖"而带来的学术交流阻塞、理论沟通失常问题,可以打破教师的"单位所有制",调节、缓解这种不合理的矛盾。教师的合理调配、使用、共享教师资源是盘活教育资源的根本途径,也是民族聚居区高校人事管理制度改革的重要内容和努力的方向。

(6) 用先进的理念管理学校,促进学校科学发展

在兼职教师中还有一种管理型的教师,他们不仅具有关于专业知识的教学经验,而且具有管理经验,比一般教师更熟悉制度和人及其相互关系,对于改变学校面貌是不可多得的人才。

国家和地方政府实施对少数民族聚居区高校选派支教教师的战略,从西北少数民族聚居区高校的实践来看,这一战略强化了学校自我造血功能,促进了学校快速、全面发展,对实施西北少数民族聚居区人力资源开发有着十分重要的意义。"兼职教师理应广泛地被社会认可,让教师兼职成为广泛支持的职业。"

总之,少数民族聚居区高校人才的持续缺失,不仅使这些高校成

为最直接的受害者,也将使国家的全面发展与地区的均衡发展受到严重威胁。面对这一问题并试图解决之的民族聚居区高校常常是力不从心的,因为这一问题的解决是一项系统工程,仅凭高校一己之力,是不可能办到的。因此,必须由中央和地方政府与民族聚居区高校共同应对,联合解决。政府应加大对该地区高校的投资力度,补偿这些高校的"先天不足"。力争在较短时间内使民族聚居区高等教育的投资水平实现基本均衡。国家应制定能够促进民族地区高等教育稳步发展的具体扶持政策,设立专项基金和项目对该地区高校进行财政扶持,实现建设高质量师资队伍的目标。高等学校必须进行体制和机制创新,建立适应新形势需要的师资队伍管理体制和机制,为高校的可持续发展搭建一个崭新的平台。

(甘肃民族师范学院 王纬)

二十二
喀什师范学院预科教育概述

（一）预科教育基本情况

1. 承担预科教育的部门或学院基本情况

2011年9月以前，预科教育由汉语教学研究部承担，该部门是学院专门负责少数民族学生预科教育的。2011年9月，汉语教学研究部和原语言系部分专业合并成立中国语言系后，原汉语教学研究部成为教研室，负责少数民族学生预科教育。目前，中国语言系有维吾尔语言专业、汉语言专业、汉语国际教育专业（暂时没有招生）3个专业和预科教育。现有教职员工75人，其中专任教师66人，教授2人，副教授28人，在岗承担预科教育教师40人；在校学生人数1800多人，其中预科教育学生人数1200多人。

表1　喀什师范学院预科教育专职教师基本情况统计　　（人）

预科教育教师数	教师总数：40人		汉族教师数：32人	民族教师数：8人	备注
职称结构	教　授	1	1	/	
	副教授	14	13	1	
	讲　师	20	14	6	
	助　教	5	4	1	

续表

预科教育教师数	教师总数：40 人		汉族教师数：32 人	民族教师数：8 人	备注
学历结构	博 士	/	/	/	
	硕 士	31	28	3	
	学 士	8	3	5	
	其 他	1	1	/	
年龄结构	51 岁以上	1	1	/	
	41—50 岁	12	7	5	
	31—40 岁	22	21	1	
	30 岁以下	5	3	2	
教师培养培训情况	近 5 年派出 3 月以上进修人数			5	
	近 5 年派出攻读硕士学位人数			2	
	近 5 年派出攻读博士学位人数			1	

预科学生实行班级管理，学生根据入学时的摸底测试成绩将所有专业打乱编成班级。每个班配 1 名班主任，负责班级学生的学习、纪律、思想教育及生活等方方面面的工作。辅导员组织班主任开展学生管理工作，协助主管学生工作党总支书记和团总支，负责全系的学生管理工作。

2. 预科教育模式

学院预科教育实行分级教学，根据学生入校时摸底考试成绩，分为中级和初级两个层次进行教学。两个教学层次的课程设置相同，教学内容不同，结业要求一样。

3. 少数民族学生入学成绩及汉语水平发展变化情况

近 5 年来，喀什师范学院预科教育教学质量稳步持续提高，2007—2009 级学生参加的是中国汉语水平等级考试（HSK）。全体学生在入校时达到 5 级水平的在 30% 左右，结业时，获得 5 级等级证书的学生比例逐年提高，达到72%—85%，中级班的学生有95%获得5级等级证书。2010级以后，学生在预科结业时需参加中国少数民族汉语水平等级考试（MHK）。通过一年的学习，学生的汉语水平得到了较大的提高，尤其是初级班的学生。学生结业时总分大于220分的比例逐渐提高。中级班学生95%以上在结业时的总分达到220分（220分为三级乙等总分最低线）。

表2　　　　　　　预科学生汉语水平测试情况统计　　　　　　　（人；%）

预科人数及汉语水平 / 入学时间	当年预科生数	一入校是否测试	汉语水平测试情况							
			入学时 HSK6级以上（含6级）或 MHK 三乙以上(含三乙)情况			免预科直接转入本科阶段的学生水平			学校规定预科结业应达到的汉语水平	
			HSK或MHK级别	人数	占比	HSK或MHK级别	人数	占比	HSK或MHK级别	人数	占比
2008年秋季开学	1407	是	HSK6级以上	145	10.3	HSK 6级	52	3.7	HSK 5级	1356	96.4
2009年秋季开学	1384	是	HSK6级以上	178	12.9	HSK 7级	54	3.9	HSK 5级	1321	95.5
2010年秋季开学	1129	是	HSK6级以上	226	20.0	HSK 7级	94	8.3	MHK 总分200分	1070	94.8
2011年秋季开学	983	是	MHK总分220分以上	315	32.0	MHK 三甲	38	3.9	MHK 总分200分	937	95.3
2012年秋季开学	1005	是	MHK总分220分以上	361	35.9	MHK 三甲	30	3.0	MHK 总分200分	971	96.6
2013年秋季开学	1210（预计）	是	MHK总分220分以上	379	31.3	MHK 三甲	36	3.0	MHK 总分200分		

（二）预科汉语教育人才培养方案

1. 培养目标

预科汉语教育以全面提升少数民族预科学生的汉语水平为培养目标，使学生在汉语听、说、读、写基本语言技能和汉语运用能力上达到中国少数民族汉语水平等级考试（MHK）等级要求，满足在大学期间的专业学习和日常生活的需要，并为今后工作或深造提供良好的汉语基础。

2. 培养规格

预科教育主要是对少数民族新生进行一年的大学汉语强化教学。即集中时间，以汉语听、读技能为重点，全面强化训练学生汉语听、说、读、写基本言语技能，提高汉语运用能力，达到中国少数民族汉语水平等级考试（MHK）等级要求，为今后的学习、工作、生活打下良好的汉语基础；同时接受思想政治教育，坚定正确的政治方向和政治立场，增强民族团结和祖国统一的意识，养成良好的学习习惯和行为习惯。

对思想政治和道德素质的要求是：具有坚定的政治方向，自觉维护祖国统一和民族团结，热爱社会主义祖国，拥护中国共产党的领导，坚持党的基本路线，坚决反对民族分裂主义和非法宗教活动，形成正确的世界观、人生观、价值观、民族观和历史观，具有良好的道德品质、高尚的人格和强烈的社会责任感，为社会主义现代化建设服务。

3. 业务素质

（1）汉语听力可基本满足一般性日常生活、社会交际和大学学习等一定范围内的交际需要，用汉语交流时，能听清对方的话语，理解对方的观点和意图。在实际交际活动中，能够听懂用汉语进行的语速正常、有关一般性日常生活和社交活动的会话；在课堂上，能够听懂教师使用汉语普通话讲授的专业课程和公共基础课程。

（2）汉语口语交际能力可满足基本的日常生活、社会交际和大学学习等一定范围内的交际需要，能根据对象和场合，文明得体地用普通话进行交流。在课堂上，能够使用汉语提出问题，能够语言流利、内容完整、抓住要点地复述、转述学过的专业课程或公共基础课程内容，讨论问题，能够有根据、有中心、有条理、有针对性地发表其看法和意见；在实际交际中，能够就有关生活、社会交际、学习中熟悉的话题，较好地表达观点，做到清楚、连贯，不偏离话题。

（3）在汉语阅读能力方面能用普通话正确、流利、有感情地朗读文章；掌握多种阅读方法，能比较熟练地运用略读和浏览的方法，查询所需信息，了解内容梗概；阅读记叙文、简单的议论文、说明性文章以及一般性应用文，能理解内容，把握文章的基本思路和基本观点，获取主要信息；阅读所学课程教材，能够理解内容，掌握知识；能借助辞典看懂有一定难度的相关专业书籍，能利用书店、图书馆、网络，搜集自己需要的语言材料，课外阅读总量不少于10万字。

（4）汉语书面表达能力方面能听写已学过的语句以及由此组成的较长的语段，能够使用汉语做课堂笔记，并能在课后用汉语整理成意义完整、条理清楚的笔记，能够写一般性记叙文、简单议论文、常用说明文和一般性应用文，语句通顺，中心明确，基本上能反映客观情况和表达思想感情，篇幅不少于600字。

（5）基本具有良好的学习习惯和学习行为。在身心素质方面，具有健康的体魄和良好的心理素质，形成良好的行为习惯、健全的人格和健康的个性。主干学科是中国语言文学。主要课程有汉语综合课、汉语听力、汉语阅读、汉语口语、汉语写作等。

主要实践性教学环节有汉语运用实践、汉语水平考试专题讲座、军事训练等，一般安排时间总数不超过12周。下文对具体情况分述如下：

第一，汉语运用实践：主要是在各学期中举办的汉语词语听写比赛、汉语写作比赛、汉文化知识大赛、汉语角、讲汉语故事比赛、汉语歌曲比赛、汉语演讲比赛、汉语相声小品大赛、结业汇报演出以及各类学习、宣传民族团结、校纪校规等方面的知识竞赛。

第二，汉语学术讲座和汉语水平考试讲座：主要包括以汉语为语言表述的汉语学习教育专题讲座、汉语学习策略与方法和汉语水平考试专题讲座等。

第三，军事训练：根据学院的统一安排，一般安排在新生入学后的前两周。

第四，修业年限为一年（非学历教育）。

第五，结业条件。少数民族学生预科教育结业条件参见《喀什师范学院普通本专科学生学籍管理办法实施细则》和《关于修订有关学生学籍管理规定并备案的说明》等文件的规定。

第六，课程修学规定。所有课程共计10门（连续两学期开设的课程算作两门课程）。学生所修课程合格，中国少数民族汉语水平等级考试（MHK）成绩达到学院规定等级方可结业。

表3　　　　　　　　预科教育教材情况统计

近5年教材情况	教材名称	使用班类	使用班级数	是否正式出版
选用教材	初级汉语教程（第一、二、三册）	初级	55	是
	发展汉语——中级汉语（上、下册）	中级	49	是
	步步高——汉语阅读教程（第二、三、四册）	初、中级	149	是
	新初级汉语听力（上、下册）	初、中级	149	是
	新中级汉语听力（上册）	中级	94	是
	直捷汉语口语（中级本上册）	中级	94	是
	直捷汉语口语（初级本下册）	初级	55	是
	汉语写作	初、中级	78	是
	大学汉语（第二、三册）	中级	45	是
	民族汉考（三级）短期强化教程·书面表达分册	初、中级	71	是

（三）学校关于预科教育的政策和要求

《喀什师范学院关于进一步强化汉语教学提高少数民族学生汉语水平的实施意见》规定：

自2008年入校新生起，本科学生预科结业进入专业阶段必须达到HSK6级或相应的MHK过级标准，专科学生进入专科专业阶段必须达到HSK5级或相应的MHK过级标准；体育、美术、音乐、舞蹈专业学生预科结业进入本科必须达到HSK5级或相应的MHK过级标准，专科必须达到HSK4级或相应的MHK过级标准。凡达不到的均需缴费留级重读。

从2008年起，要求2005年以后入校的本科生，2006年以后入校的专科生，预科结束后未达到HSK毕业标准的学生必须参加每次的HSK考试，直到达到标准为止。

进一步健全和规范免修预科、直升专业学习机制，根据自治区有关规定，对于入校前已达到HSK7级或相应的MHK过级标准的学生，经复试合格后可免修预科，直接进入专业学习。

（四）近年来预科教育教学改革情况

为提高预科教育人才培养质量，切实培养出政治思想坚定，汉语水平良好的少数民族预科学生，我们采取了多种措施。

1. 强化学生教育管理

制约预科学生汉语水平提高的主要因素是学生对学习汉语的兴趣不高，尤其是初级班的学生多数存在消极、懒惰的心理，学习无动力、积极性差。教学是教师"教"和学生"学"的有机结合，二者相辅相成，而且"学"是教学的内在因素，因此，提高教学质量首先是培养学生的学习兴趣。对此，我们的措施主要是：

（1）新生入校后，聘请本校民族教师，结合自己学习汉语的经历，为全体学生举办关于"学习汉语重要性"和"如何学习汉语"的讲座，使学生进一步认识到学习汉语是自身发展的需要，是社会对各类人才的要求，从而增强学生对学习汉语重要性的认识，强化学好汉语的思想。

（2）以班为单位聘请学习努力、汉语进步快的应届预科结业生介绍学习汉语的经验和方法；聘请应届少数民族毕业生以身示教，讲述他们因汉语水平不够而在专业课程学习和教学实习中所遇到的困难以及在就业中所表现出的竞争力不强的情况，激励学生增强学习动力和兴趣，充分挖掘学习潜力，从而避免出现好学生产生疲倦感，后进学生产生颓废感，中等学生成绩徘徊不前的现象。

（3）党总支书记、副书记对学习后进生和学困生开展帮扶教育，每周召集学生进行思想教育，传授学习方法，对重点学生进行单独谈话，了解他们的思想状况和学习困难情况，解决他们的实际问题，扫除影响学习的障碍，激发他们的学习兴趣，帮助他们在学习上取得进步。

（4）定期召开主题班会。分管学生工作的总支副书记安排班主任召开主题班会，做好学生学习管理和守纪教育，促使良好学风、班风的形成。

（5）以身示教，设立了"爱心基金"，用爱心感化学生集中精力学习。教师每人每月从工资中捐出5—10元，建立"爱心基金"，用于资助家庭贫困的学生，帮助他们解决生活困难问题，集中精力安心学习，顺利完成学业。

2. 加强教学管理，规范教学运行

（1）严格按学校规章制度办事，狠抓落实，规范开展教学准备、课堂教学、教学实践、课程考试等各项教学活动。

（2）重视对教学过程的质量监控。认真开展期初、期中、期末的教学检查和评价工作，建立了系领导、教研室主任和系教学督导员三级教学检查制度。系领导不定期随机深入课堂听课，了解教学情况，解决存在的问题。教研室主任定期、定量完成听课任务，掌握教师课堂教学情况，监控本教研室教师的教学质量，加强教师日常工作考核，反映、处理教学中所存在的问题。教学督导员定期检查教研室开展教研活动情况，评价教师课堂教学质量，并及时反馈检查情况。

（3）实行教学目标责任制。根据学生的实际水平和教学需要，层

层签订教学目标责任书,将教学目标具体化,落实到人,明确教师"教"和学生"学"的目标,调动教师和学生两方面的主动性和积极性,促进教师"教"和学生"学"的精力投入,大力表彰奖励教学目标完成得好的班级和教师,为提高教学质量提供保障。

(4) 实行教学管理与学生管理联动机制。教学管理和学生管理相互配合,学生管理为教学管理服务,在明确班主任职责、任课教师课堂监督责任、辅导员日常职责的基础上,加强三者之间的沟通和联系,及时有效地开展管理,形成了"管、帮、带、辅"的模式。

(5) 设立"学习进步奖",评选出一定数量的学习进步明显的学生,在汉语水平等级考试动员大会上进行表彰奖励,发挥他们的榜样作用,激励全体学生努力学习。

3. 积极开展教学研究与改革

(1) 调整教学内容,转变教学方式,以培养学生的实际汉语运用能力为目标

教学考试是对教学效果和学生的学习效果的检查,是对学生掌握规定的教材内容的检查。教学考试是对某一阶段学生对教学内容掌握的情况进行考查。这些内容离不开一些必要的语言知识性内容。因此,教学考试偏重考查学生对语法和语言知识的掌握情况。汉语水平等级考试是不同于教学考试的一种水平考试,是语言运用能力的考试。因此,教学评价重视教学考试和汉语水平等级考试相结合,偏重于水平测试。在教学评价的导向功能指导下,教学应该向注重培养学生的实际语言运用能力,提高学生的汉语基本素养转变。从教学内容来讲,不只是某些特定的语法知识和字、词、句的记忆和机械操练,应该以培养学生的听、说、读、写四个方面的言语技能为主,突出学生运用汉语获得信息和传递信息以及在汉语环境下完成一定工作和学习任务的能力训练。教授语法不是以掌握知识为重点,而是通过这种手段达到提高汉语交际能力的目的。从教学方式来讲,要以教师的"讲"为辅,以学生的"练"为主,使学生在多种有效的语言技能训

练过程中积极主动地获得语言技能，提高学习兴趣。

（2）开展集体备课，优化教学设计

教研室按"综合课""听力课""阅读课""口语课"和"写作课"成立了课程组，分课型进行集体备课。教师在充分讨论的基础上形成共识，确定教学重点、难点，合理分配"讲"和"练"的时间，设计教学方法，利用教材科学地开展语言技能的有效训练。备课不仅要从教师如何教的方面思考，而且要从学生如何学的角度发现规律，传授学习策略。

4. 课外教学辅导和第二课堂活动的制度化、常规化

（1）加强课外教学辅导

课堂教学是学生掌握汉语知识，训练语言技能，提高汉语运用能力的主要形式，而有效的课外辅导对学生巩固和掌握教学内容有着十分重要的作用。因此，我们一直以来坚持将课外辅导作为课堂教学的重要补充形式，并开展了大量工作。一是教师保证每周2学时的课外辅导。教师根据教研室的统一安排，合理制定课外辅导计划，以全班辅导和个别辅导相结合的方式，系统地、有计划地、有针对性地对学生进行辅导，及时解决学生在学习过程中所遇到的问题，帮助学生更好地巩固和消化教学内容，指导学生养成良好的学习习惯，培养学生掌握有效的学习策略。二是每周星期三下午为学生播放听力录音。星期三下午是教职工集中开会的时间，所有学生都没有课，这样可以为学生提供更多练习汉语听力的机会，我们利用本系的听力系统给学生播放听力内容。在播放听力录音的过程中，教研室安排教师检查学生听录音的情况，并及时通报各班情况，对情况较差的班级责令班主任限期整改。三是开设第七节自习课，一方面为教师提供更多的辅导时间，另一方面可以使学生将更多的课余时间用于学习，高质量地完成课外作业。

（2）积极举办多种形式的实践活动

一方面是按学期按月举办听写词语比赛、汉语写作比赛、汉文化知识大赛、讲汉语故事比赛、唱汉语歌曲比赛、汉语演讲比赛、汉语相声小品大赛以及各类学习、宣传民族团结、校纪校规等方面的知识竞赛，增加学生实际运用汉语的机会，提高学生汉语运用能力；另一方面是开办学生汉语习作园地，展示学生作品。任课教师鼓励、指导学生运用汉语叙述所见所闻，阐述所思所想，表达思想，抒发情感，从而不断提高汉语书面表达能力。

（五）目前存在的突出问题及建议

（1）教师的教学任务繁重，学习和进修的机会少。预科教育的教师从获得硕士学位的比例来看比较高，达到77.5%，但是大多数教师的学位是在职攻读的硕士学位，学科理论知识相对薄弱，科研能力的训练不足，对教师发展不能提供足够的支持。

（2）部分学生，尤其是体育、艺术专业的学生，入学时的汉语基础相当薄弱，虽然经过一年的预科教育，汉语水平有了较大的提高，但是仍然不能达到用汉语接受专业学习的需要。尽管学院实行了预科留级制度，达不到规定的汉语水平的要求，应该留级继续读一年预科，但是如果严格按照标准执行，留级学生的数量会较多，因此，在实际执行过程中，每年都变通性地降低了标准。然而，这个问题必须正视，并且应拿出较好的解决办法。我们建议能否考虑在高考招生时对汉语成绩进行限分，确定学生具有相对较好的汉语基础，这也是与双语教育的要求相一致的。

（3）学院预科教育的教材多数是选用对外汉语教材，从教材的适应程度和教材之间的配套程度来看，都存在着较多的问题。从新疆高校预科教育的发展实际出发，应该组织各高校教师编写符合预科教育特色的教材，同时建立起教学共享资源机制。

（六）评析

近年来，喀什师范学院预科汉语教学发生了很大变化，主要表现在以下几个方面：教师队伍不断壮大并趋于年轻化，教学观念不断更新，确立了汉语教学应以培养学生汉语交际能力为基本目的；基础教育汉语教学的加强使预科学生的语言态度发生了较大转变，对汉语的社会地位及其重要作用的认识进一步增强，汉语学习的积极性有了较大提高；教学模式从单一向多层次转变。特别是目前实行的分级教学，改变了过去学生进校按专业分班，统一教材，统一进度，统一要求的教学模式，实施了按学生入校 HSK 成绩进行初、中级划分，丰富了预科教学层次，体现了因材施教的原则；教材从自编走向引进，形成多品种、多类型的教材体系；课程设置从单一的基础汉语课向多课型发展，构成了以基础汉语综合课为主，以听力、口语、阅读、视听、写作等专项技能训练课为辅的课程网络；教学方法和教学手段有了新的突破，由翻译法、句型教学法发展到相对直接法，开始逐步应用现代化教学手段；听力、视听课使用了语音室，部分课程制作出了多媒体教学课件。

（甘肃民族师范学院王纬）

二十三
宁夏师范学院调研报告

由姚爱国老师带队,成员包括赵文进、陈多仁和任桂焕,会同宁夏师范学院教育系王建全教授,按照既定的调查方案和调查提纲,于2008年10月25—31日在宁夏师范学院进行了实地调查。本次调研的目的和意义在于全面了解宁夏师范学院办学现状,总结宁夏师范学院在为少数民族聚居区服务过程中的成功经验和做法,进而探索西北民族聚居区高校办学的独特规律,为西北民族聚居区高校办学质量和效率的提高提供有益的参考和借鉴。

(一)学院概况

宁夏师范学院是由宁夏回族自治区人民政府领导和管理的全日制普通高等师范本科院校,坐落于宁夏南部六盘山下历史名城固原市,其前身为1975年经自治区党委批准建立的"六盘山大学",1978年,经国务院批准在六盘山大学的基础上建立"宁夏固原师范专科学校",1993年更名为"固原师范高等专科学校",2002年10月与原固原卫生学校合并办学,2006年2月更名为宁夏师范学院,正式升格为本科院校。

学院是自治区级"文明单位",是教育厅和固原市共建高校,是国家语言文字委员会授予的首批国家级语言文字规范化示范学校之一。

建院30余年来，学院始终坚持为基础教育服务，为民族教育服务，为地方经济社会发展服务的宗旨，为全自治区特别是宁夏南部培养中小学师资和各类应用型人才1.8万余人，其中少数民族人才7400余人。

学院现有两个校区，占地总面积达1500亩，其中新校区占地1300亩，总建筑面积2010年达到28万平方米以上。在校教职工537人，其中专任教师397人，有教授39人，副教授91人，具有高级职称的教师占专任教师总数的32.7%，有1人获全国师德先进个人称号，5人获曾宪梓教育基金奖，5人获自治区劳动模范和优秀教师称号，1人入选自治区"313人才工程"，有自治区级教学名师2人。学院面向全国20个省区招生，现有全日制本、专科在校生5900余人，少数民族预科学生100人，另有成人高等学历教育在籍学生2000余人。

学院现有11个教学院系以及思想政治理论课教学部、成人与继续教育学院、民族预科部等教学机构。拥有文学、理学、工学、法学、教育学、历史学、医学7个学科门类的16个本科专业、35个专科专业，有5个院级重点学科，8个院级重点建设专业，8门自治区级精品课程，59门院级精品课程，有各类实验室、实验基地、实验中心96个。有13个院级科研机构，教师出版著作、教材100余部，发表学术论文2800多篇，其中400余篇被SCI、EI等国内外有重要影响的刊物收录、转载或索引；主持科研项目220余项，其中国家级和省部级70余项，有30余项获自治区奖励。学院图书馆现有藏书37万册，电子图书40万册，电子期刊13866种，246032篇。学术刊物《宁夏师范学院学报》面向全国公开发行。

学院积极开展对外交流与合作，先后同国内外多所大学和文化机构建立了良好的交流与合作关系，成立了国内首家"中国外语教学行动研究实验中心"。

（二）办学功能与定位

宁夏师范学院以邓小平理论和"三个代表"重要思想为指导，坚持科学发展观，坚持社会主义办学方向，全面贯彻党和国家的教育方针，围绕全面建设社会主义和谐社会和小康社会的总体目标，以办好人民满意的教育为宗旨，以加快新校区建设为基础，以学科专业建设为龙头，以师资队伍建设为重点，牢固树立本科意识、特色意识、科研意识、质量意识和发展意识，不断转变教育思想，更新教育观念，深化教学改革，加强教学管理，全面提高教学质量；以市场需求为导向，巩固传统优势专业、发展特色专业，稳步扩大办学规模；以深化内部管理机制改革为突破口，建立竞争机制，增强办学活力，不断提高管理水平和办学效益。突出为全自治区基础教育服务，为民族团结进步服务，为区域经济建设服务的办学思想。

合理设置和建设本科专业，调整优化专科专业，稳步扩大办学规模。立足宁夏南部地区，服务宁夏，辐射周边；着眼于基础教育，着眼于广大农村和基层；以师范教育为主，兼顾非师范教育和继续教育；把学院建设成宁夏基础教育师资培养培训中心，宁夏南部应用型人才培养中心、继续教育中心和文化信息中心，把学院建成合格的本科师范学院。

（三）人才培养模式

1. 强化"特色建校"意识，突出办学特色

（1）坚持师范性

突出师范教育，加强学科专业建设，积极稳妥地发展本科专业，调整、优化现有专科专业，重点建设人文教育、科学教育、教育技术、汉语言文学、英语、数学、物理、化学、艺术教育等师范类专业，积极培育区级重点专业，形成以本科师范教育为主，比例适当，结构合理，具有地方特色和办学优势的专业格局，为宁夏全区乃至周边地区基础教育培养合格师资。2000年以前约70%的中小学骨干和40%—50%的县教育局局长及中小学校长都毕业于固原师范高等专科学校。

（2）坚持民族性

认真贯彻执行自治区少数民族招生优惠政策，面向全区招收培养少数民族人才，少数民族学生比例要逐步与自治区少数民族人口比例相适应；不断加强地方民族文化方面的科学研究工作。

（3）坚持地方性

根据宁夏特别是宁夏南部及周边地区经济社会发展，尤其是支柱产业、区域经济发展对人才的需要，学院积极发展医学类专业、应用数学、应用化学、应用电子技术、环境科学、生物工程等非师范专业教育，培育特色优势专业，围绕地方经济建设问题设立科学研究课题，努力为社会发展和经济建设提供人才支持和技术服务；加强"西海固文学""西海固民间音乐""西海固民间美术"的研究，使之在区内占有领先地位。

2. 强化"质量立校"意识，加大教学改革力度

（1）严格按照师范学院标准，认真制定和完善各项制度

继续开展办学思想大讨论活动，统一思想，提高认识，使广大师生员工牢固树立和强化本科意识、质量意识，在此基础上，科学规划，不断完善各项规章制度，严格依据高等教育法、普通本科院校设置暂行规定等法律法规，建立健全符合宁夏师范学院实际情况的《宁夏师范学院章程》等各项规章制度，逐步实现学院教育教学管理工作的制度化、规范化、科学化，有效保障各项工作的正常有序进行。

（2）加强教材建设，搞好实验教学

优先选用各类优秀教材和教育部规定的通用教材；鼓励教师编写具有前瞻性、实用性的教材，特别是区级重点教材；设立教材建设专项经费，对优秀教材予以奖励。进一步加强实验室管理制度建设，改革基础课实验室管理体制和运行模式，逐渐加大实验室开放力度，加大设计型、创造型实验比重，提高仪器设备利用率和完好率，充分发挥实验教学在创新人才培养中的重要作用。

(3)完善教学质量监控评价体系

加强教学管理制度建设,不断提高教学管理人员的业务素质和管理水平。由于学生入学成绩参差不齐,最大差距可以达到80—100分,为保证教学质量,坚持学院各级领导听课制度,严格常规检查,强化日常管理,严肃考试纪律,加大对教学事故、违纪行为的处理力度。建立和不断完善学生、教研室、系(部)、学院四级教学质量评价监控体系,加强教学督导工作,强化教学质量评价在教师评聘职务和评先选优中的主导作用。

(4)不断深化教学改革,稳步提高教学质量

要根据本科教育规律,逐步深化教学改革内容、课程体系、教学方法和教学手段。注重加强基础课教学,夯实知识平台;注重加强实践环节,培养学生解决实际问题和自主创新的能力;注重开设文化素质教育选修课和开展丰富多彩的校园文化活动,提高学生的文化素质;注重开设专业选修课,开展设计型、创造型实验,举办学术报告会及各种科技活动,引导学生积极参与科研学术活动,撰写毕业论文(毕业设计),培养学生创新思维能力;注重更新教学手段,利用校园网,加强多媒体等现代化教学手段的推广和应用,提高课堂教学效果;加强院级精品课程建设,大力培育自治区和国家级精品课程。

制定《宁夏师范学院"十一五"学科(专业)建设发展规划》,面向基础教育和地方经济社会发展,重点发展文学、理学、教育学3个学科门类,重点建设汉语言文学、英语语言文学、代数学、应用化学、应用电子技术、区域经济学、护理学、生物学等重点学科,积极培育自治区级重点学科。加大投入培育新的学科专业生长点,优化和完善学科门类和专业布局。

(5)逐步建立学位发展体系

采取积极措施,争取本科专业学士学位授予权,争取已具备条件的教师与兄弟院校合作招收硕士研究生,或与其他高校联合设立研究生点,逐步为学院自主培养研究生奠定基础;筛选具有实力和潜力的

学科，组建学术梯队，给予重点扶持，力争具备招生硕士研究生的条件。

3. 实施育人工程，加强学生管理工作

（1）实施"阳光工程"，提高招生、就业工作水平

确立生源是学院生存与发展的首要前提，学院千方百计地做好招生工作。实施"阳光工程"，建立健全科学规范、公开透明的招生工作管理体系，进一步提高招生工作的公信度和群众满意度；高度重视招生宣传工作，以宁夏全区为重点，辐射周边地区，积极扩大在外省（区）的招生数量；进一步严格招生标准，优化生源结构，提高生源质量。确立毕业生就业是学院生存发展的根本出路的思想，切实把毕业生就业工作当作"一把手工程"，加大就业指导投入和就业服务体系建设，提高就业指导和服务水平，不断提高毕业生就业率和就业质量。进一步加强与用人单位及社会各界的交流与联系，了解用人单位的建议和要求，加强对毕业生质量及社会评价的跟踪调查；多方收集就业信息，积极组织、参加就业洽谈会，努力拓宽毕业生就业市场，使毕业生就业率逐步稳步提高，为深化学院教学改革提供依据，为学院发展提供保障。学院专门成立就业指导教研室和就业指导中心，就业指导中心有专门工作人员13名，由专门人员承担就业指导课的教学。采取走出去、请进来的办法在北京、广东、福建、山东、浙江、新疆生产建设兵团等地建立就业基地，并与用人单位加强联系，保证就业安全。

（2）实施育人工程，加强学生管理工作

建立健全学生教育管理体系。以实施科学文化素质教育为基础，以建设"坚定、勤奋、创新、奉献"的优良校风为核心，加强大学生的思想政治教育、道德教育、法制教育、心理健康教育、国防军事教育等工作，实施学生工作"理想信念工程、学风建设工程、就业创业工程、扶贫励志工程、心理健康工程"五大工程，促进学生全面发展、健康成长。进一步依法健全完善学生管理制度，建立健全党政工

团齐抓共育、以系（部）为主的多方位的教育管理体系，充分发挥共青团、学生会和学生社团的作用，进一步建立健全学生自我教育、自我管理、自我发展的服务体系，不断加强对学生的教育和管理。通过学生奖（助）学金、三好学生、优秀学生干部评选工作，激励广大学生勤奋学习、奋发成长。不断完善贫困学生资助体系，通过奖、免、勤、贷、补等多种形式，帮助贫困生完成学业。但由于生源质量低，集体观念淡薄，个人主义倾向比较严重，每年至少有30%的学生违背考试诚信协议。

（四）师资队伍建设

强化"人才强校"意识，制定《宁夏师范学院"十一五"师资队伍建设发展规划》，进一步树立人才资源是第一资源的思想，以高层次人才培养为重点，全面实施"人才强校"战略，按照"引进优秀人才，用好现有人才，留住关键人才，培养未来人才"的工作方针，改革用人制度，建立富有实效的人才培养、引进、使用的制度体系。围绕学科与专业建设，按照培养与引进并举，培养为主的原则，以提高学历层次为核心，以培养中青年教学骨干和学科带头人、学术带头人为重点，建设一支知识、年龄、职称、学缘、学历结构合理的师资队伍。每年用于教师培训的专项经费约40万—50万元，主要用于在职进修硕士学历。但教师外出培训的目的性不强，主要用于提高学历，培训后缺乏考核标准。

加大投资力度，吸纳人才，继续支持青年教师在职攻读博士、硕士学位，要求35岁以下的青年教师3—5年内取得硕士学位，提高学历层次和专业水平；以中青年教师为重点，大力开展以岗位培训为主、以掌握现代教育技术和教学方法为主要内容的继续教育培训，支持青年教师进修访学，提高教育教学能力。目前，学院一个博士都没有，力争以后每年引进博士或教授3—5人；按照专兼职教师10∶1的比例建设一支具有高级职称或硕士以上学历的兼职教师队伍。外聘教授人数大约有60—70人，兼职教师主要集中在外语系和艺术系，每个学期外聘教师大约20名。

深化校内管理体制改革，完善激励竞争机制，调动广大教职员工的工作积极性。深化人事分配制度改革，实行资源优化配置，在按职责科学设岗的基础上，实行全员聘任制和岗位津贴制，理顺行政管理和学术管理的关系，发挥广大教学科研人员的主动性和积极性。积极创造条件，鼓励中青年教师破格晋升高级专业技术职务，在高职称高学历人才中努力形成合理的学科结构和梯队结构。但由于地域环境不好、学院条件差、科研资助费不能兑现等原因，师资流失很严重，自建院以来，本院调走的教师达到200多人，近年来流失的教师基本上都是评了副高职称、年龄不大的教师。

实行"走出去，请进来"，加强对外交流与合作。加强同宁夏大学、宁夏医学院、西北师范大学、西安外国语学院、上海交通大学等国内高校的交流与合作，努力拓展对外交流合作渠道。加强同英国BATH大学及VSO、ELI等国外文化机构的交流与合作，增加聘请外籍专家数量。积极邀请国内外学者来院访问讲学，有针对性地聘请国外专家来学院进行讲学或长期执教。主动适应高等教育国际化趋势，加强教育国际化的交流，鼓励教师参加国内外学术会议，有计划地让优秀教师到国外进修、访问、讲学，搞合作研究。充分利用外国师资、教材以及先进的教育教学管理经验，培养更多的合格人才。开拓国际合作办学，积极争取引资项目。

（五）科研工作

强化"科研兴校"意识，制定《宁夏师范学院"十一五"科研建设发展规划》，加强科研管理。确立科研工作的新重点，围绕教学改革、学科建设、专业建设、课程建设、教学管理、教学质量及学生思想政治工作，特别是围绕基础教育改革和地方经济社会发展进行科研工作，使教学与科研相结合。2007年2月成立科技处，科研机构

13个，2008年出台科研奖励政策文件。近三年每年科研经费投入约50万—60万元。

大力构筑科技创新体系。以重点学科、各研究中心（所）为依托，结合重点学科建设，形成相关学科、相关专业与方向的稳定学术团队和科研方向。积极与其他高校、科研院所、企业共建科技创新平台，进行科技创新和人才培养合作。鼓励教师及科研人员积极开展科技创新，开展新技术开发研究和科技成果转化，把科研工作量纳入教学工作量管理之中，对国家级和省部级重点课题按1∶1进行经费配套，对省部级普通课题按1∶0.5进行经费配套。

今后将坚定"教学是立校之本，科研是强校之路"的信念，突出地方性、民族性，形成特色和优势。应用研究和科技发展开发将紧紧围绕自治区六大支柱产业、八大重点科技工程，寻找课题，谋求合作，在与自治区经济建设紧密结合上狠下功夫，把科研成果的商品化、产业化作为努力的主要方向。

（六）文化传承

强化"文化名校"意识，加强校园文化建设。秉承"不到长城非好汉"的校训精神，建设有地方民族特色的校园文化。学院不断挖掘和弘扬"不到长城非好汉"这一伟人格言的精神内涵，教育全体师生进一步坚持"用心想事，用心做事，用心抓落实"的工作理念，以实施科学文化素质教育为基础，以建设"坚定、勤奋、创新、奉献"的校风、"严谨、严明、严格"的教风和"求真、求善、求实、求新"的学风为核心，充分利用学院所处的地域优势和民族特色，倡导先进文化，弘扬红色文化，突出地方文化，体现民族文化，在校园文化活动的各个方面加以渗透和强化，努力构建和形成"人无我有、人有我优、人优我强"的具有时代特征的宁夏师范学院文化特色，积极培育大学精神。

建立健全以学生为主体的文化活动体系。以树立正确的世界观、人生观、价值观为导向，以建设优良的学风为重点，以全面发展为目标，建立以共青团、系（部）、学生会和学生社团为主导，以学生为主体的多方位的校园文化活动格局，把德育与智育、体育、美育有机结合起来，寓教育于各种类型的生动丰富、多姿多彩的文化活动之中，促进大学生思想道德素质、科学文化素质和身心健康素质协调发展、健康成长。宁夏师范学院每年举办校园文化艺术节，学生社团共有43个，一级社团挂靠在院团委，二级社团在院系，有4000多人参加。

　　深入开展精神文明创建活动。深入学习宣传邓小平理论、"三个代表"重要思想和科学发展观，切实加强理想信念教育、思想道德教育，大力弘扬以爱国主义为核心的民族精神和以改革创新为核心的时代精神，积极倡导职业道德规范，努力树立学院"干事创业，开拓进取，诚信友爱，文明守礼"的良好形象。深入开展文明单位、文明班级、文明宿舍、文明家庭等群众性文明创建活动。在继续加强自治区级文明单位建设的基础上，积极创造条件，努力争取创建自治区文明示范单位和国家级文明单位。同时，加强校园文化环境建设。不断优化校园人文环境和自然环境建设，建设精神内涵丰富的物质文化环境，努力营造一个节约型、环境友好型的"文明、整洁、安全、有序"的良好育人环境。大力建设绿色校园，积极争创自治区级园林单位。

　　加强图书馆建设，突出地方性和民族性，力争把学院图书馆建成宁南山区信息文化中心、宁南教育文献资源中心。根据本科专业建设需要，不断扩大图书采购量，现有图书40万册，力争达到70万册。近几年用于购置图书的经费逐年上升。图书资料经费占到学校财政的5%。采购的新书近年来倾向于理工、外文，纯外文图书约有7000册，计算机类图书约有5000册，从2006年元月起全部采用电子借阅。图书馆旧馆面积1400平方米。新馆位于新校区，建筑面积1.5万平方米，平均面积2.3平方米，能容纳100万册以上图书，有1500个以上阅览座位。图书资料利用率约40%，教师图书利用率为5%—

6%，目前学校本部的图书馆面临搬入新校区的新馆问题，旧馆因为面积不够，限制了图书的利用率，到新馆建成以后利用率就会上升。2005年开通CNKI学术期刊。今后几年将进一步加强图书馆网络化、数字化、自动化建设。

（七）对策与建议

1. 因地制宜，积极探索符合当地社会经济发展要求的人才培养模式

人才培养模式是与当地社会经济发展状况紧密相连的，在很大程度上是由当地社会经济发展状况决定的。西北民族聚居区高校大多属于新建地方本科院校，还处在本科人才培养模式的探索阶段。尽管许多学校都提出了特色建校、质量立校、科研兴校、人才强校等思想，但大多都是借鉴中东部发展地区高校的经验而提出的一种口号，并没有体现在学校的日常行为和运作程序中。因此，西北民族聚居区高校必须因地制宜，根据当地社会经济发展的要求，积极探索具有地方特色的人才培养模式。

2. 加强教学科研与当地社会经济的联系，不断提高服务地方的自觉性和能力

西北民族聚居区高校是为了体现党和国家的民族政策，推动西北民族聚居区社会经济发展而专门设立的，具有民族性、政治性、区域定向性等特点。从本质上说，服务民族聚居区的社会经济发展需要就是这类高校的根本使命。它的价值目标不应是"象牙塔"，而应着眼于建立民族聚居区的知识经济中心、科学文化辐射中心和人力资源开发中心，为推进当地社会稳定、经济繁荣和文化发展做出应有的贡献。因此，不论是学科建设、专业设置，还是教学改革、科研规划等各方面都应该着眼于、着力于推动当地社会的经济发展，不断加强教学科研与当地社会经济的联系，不断提高服务地方的自觉性和能力，并在服务地方社会经济发展中获得更大的发展养分和空间。

3. 多方筹措资金，开源节流，尽最大可能缓解学校债务压力

西北民族聚居区高校大多升格为本科院校，为了升本扩建了新校区，举债上亿元，巨大的债务已成为学校发展的沉重包袱。这种现象形成了我国众多地方高校发展中的两难困境。一方面如果学校不升本，学校的行政级别上不去，就没有更大的发展空间；另一方面，花大力气升本后，却留下了依靠自身力量根本还不清的债务，债务缠身导致学校正常的运作都很困难，又何谈发展呢？因此，西北民族聚居区高校应该切合当地社会经济发展水平和自身的特点，开源节流，多方筹措资金，尽最大可能缓解学校的债务压力。

（甘肃民族师范学院 陈多仁）

二十四

开放办学：地方新建本科院校内涵发展的源头活水

——宁夏师范学院开放办学的实践探索

据统计，2000—2015年，我国新建本科院校（含独立学院）共678所，占全国普通本科院校的"半壁江山"，达55.6%。截至2015年5月，我国在非省会城市布点的新建本科院校达208所，占全部新建本科院校（不含独立学院）的51.6%。这些新建本科院校大多数由专科或高职升格而来，已成为承担偏远地区民众接受高等教育职责的重要力量，也是基本解决"上大学难"问题的主力军。可以说，新建本科院校走出了一条中国特色的高等教育发展道路，从根本上改变了中国高等教育的格局。但是，由于受地域环境，区域经济社会发展等根本因素的影响，这些院校在发展中仍然存在着一些突出问题，如办学思想陈旧，教育资源共享度不足，办学经费十分紧张，产学研合作教育仍难以满足应用型人才培养的需要，专任教师数量不足，高层次人才匮乏，教学水平亟待提升等，这些都成为制约地方新建本科院校进一步发展的瓶颈。共同探讨新建本科院校发展的道路，成为每一个身在其中的教育工作者的责任。本文试图以宁夏师范学院发展经历为例，阐明开放办学在地方新建本科院校强化内涵发展中的重要作用。

宁夏师范学院是2006年经教育部批准，在原固原师范高等专科学校的基础上新建的地方本科院校。学校地处老少边穷、苦甲天下、国家集中连片特困地区——宁夏南部山区固原市，这里经济社会发展相对滞后，信息交流较为闭塞，共享度非常有限。与同类院校相比，办学困难重重，举步维艰。升本以来，学院解放思想，审时度势，抢抓机遇，攻坚克难，牢固树立"开放办学，内涵发展，全面提高教育质量"的办学理念，遵循"不求所有，但求所用"的原则，坚持走以质量提升为核心的内涵式发展道路，大力实施"质量立校，人才强校，科研兴校，特色名校，开放活校，文化荣校"战略，积极弥补办学短板，做大、做强教师教育特色，扩大优势，突出特色，优化管理服务，实现了学校的跨越式发展。2012年获得教育硕士专业学位研究生培养的资格，2013年顺利通过教育部本科教学工作合格评估，专家组认为，学院充满活力，大有可为。同年被列为宁夏首所师范生免费教育试点学校，实现了从专科教育到二本、一本，再到研究生教育的三级跳，步入了发展的快车道。

  认清形势是开放办学的前提。开放办学是现代大学治理的核心理念。开放办学就是要"海纳百川，取长补短"，吸引更多的资源参与学校治理，与地方经济社会发展高度融合，为学生成长成才提供更为真实的环境，促进教育的优质均衡和谐发展。当前，经济全球化、高等教育国际化已成为不可阻挡的历史潮流和发展趋势，在为地方新建本科院校带来了难得的发展机遇的同时，也带来了诸多挑战。一方面，社会的发展进步、资源的分配共享、竞争的日趋白热化要求高校增强信息获取的能力，服务社会的功能，实行多路径、多形式的开放办学。高等教育国际化对地方新建本科院校的办学治校理念、管理服务方式、人才培养定位等带来巨大冲击，继续沿袭相对封闭的办学思路与模式不利于其健康发展，甚至面临被淘汰出局的可能。唯有通过开放办学，借鉴、融合先进的教育理念，顺应高等教育发展的趋势和潮流，才能在不断发展中实现错位竞争，争得一席之地。另一方面，地方新建本科院校办学基础薄弱，资源共享度不足，学科专业建设水平不高。唯有通过开放办学，革故鼎新，才能促进办学资源的优化配置，不断提高教学科研水平，增强核心竞争力和办学活力，更好地培

二十四 开放办学：地方新建本科院校内涵发展的源头活水

养应用型本科人才，为地方经济社会发展服务。因此，坚持开放办学是地方新建本科院校内涵发展的源头活水和必由之路。

开门办学是开放办学的基础。开门办学说到底就是要推倒思想围墙，实现与其他高校的交流合作，而交流合作的根本目的就是要借力发力。近年来，学院积极贯彻落实中长期教育改革和发展规划纲要、中阿博览会等重大政策和举措，加大国际合作交流的力度，相继与欧洲、亚洲、非洲、大洋洲四大洲10多个国家和地区的20多所高校开展合作交流，师生互访、文化传播、语言习得等项目纷纷落地生根、开花结果，有效地促进了教育资源共享和内涵发展的共赢。2016年，学院获得国外留学生招生资质，迎来美国、科摩罗首批留学生，朝国际化迈出了新步伐。对外开放进一步拓宽了宁师人的国际视野，增强了宁师人的发展自信，有力地促进了学校的全面快速发展。

与此同时，学院先后与湖北大学、曲阜师范大学、西北师范大学、青海大学、陕西师范大学、华东师范大学、东北师范大学、江西科技师范大学、福建师范大学等10余所高校建立了对口支援或友好合作关系，与宁夏大学实现联合办学，学习、借鉴高水平大学的办学理念、管理经验。通过与合作高校联合开展新进教师岗前培训、骨干教师业务培训、管理干部集中轮训、学科专业建设指导、学术研讨、教师专业进修、干部挂职、学生访学等项目，使更多的师生更新观念，提升境界，增强能力，为学院的发展贡献智慧和力量。近几年来，学校每年都组织专业教师、干部外出培训200余人次。同时，顺应现代大学发展规律，合理运用"拿来主义"，充分吸收高水平大学的好做法，推进二级管理体制改革、考核管理制度变革、人才培养方案优化、教学方法创新和师资队伍建设，均取得实效。人人共享并受益于开门办学成果，办学活力进一步释放。

另外，学院积极参与"一带一路"高校联盟和"三北地区"高师协作会，仅此两项，就与26个国家的45所高校、中国港台地区的5所高校、内地的75所高校建立了关系，这使学校的触角有条件地延伸到全国和全球的更大范围。

校地联动是开放办学的关键。服务地方经济的社会发展是地方高校持续发展的根本保障，地方新建本科院校在开放办学中，必须坚持服务区域发展的办学方向和培养应用型人才的目标定位，走与区域融合发展、特色发展之路。经过长期的实践和多次办学思想大讨论，宁夏师范学院确立了"立足宁夏、面向西部、服务基层、服务基础教育"的办学目标和把学校建设成为教师教育特色鲜明、多学科协调发展、西部地区知名的教学型师范大学的办学定位，符合学校发展规律和实际。近几年来，学院进一步明确了服务地方经济社会发展的责任和使命，结合应用转型和社会需求，组建多个工程技术和研究中心，创立多个产学研合作育人基地，引导培养，聚集能量，催生了一大批重点项目和成果，获得自治区"科技进步奖一等奖""社会科学优秀成果一等奖"，国家"双基金"项目与省部级项目的数量和质量也实现了新突破。加强同企业、中小学、幼儿园和教育机构的广泛联系，互派教师和专业骨干进行教学和实训，联合开展"双师型"教师培养工作，共同研讨技术创新、教育教学，申报研究课题，促进双方合作共赢、健康发展。

交流互鉴是开放办学的保障。学校奉行"走出去，请进来"的开放办学方针，积极打造创新育人平台，在交流互鉴中学习经验，取长补短，逐步树立办学自信，形成了教学相长、教研相长的生动局面。着力打造"学人文库"，将教师的学术成果、文学艺术作品结集出版，公开发行，目前已出版教师著作4辑31部。搭建学术交流平台，"今朝学术大讲堂""知行大讲堂""道德大讲堂"集中发力，国内外专家学者、各界精英开坛论道；营造严谨求实、开放包容的学术氛围，催生了一批学术骨干和优秀理论成果，激发了创新活力，有效地促进了学校内涵建设。与地方创业园区密切联系，积极跟进，促进大学生就业创业能力的提升，学生参加校外创业大赛成绩斐然。精心组织学生参加各级各类赛事，与国内高水平大学同台竞技，相互切磋，开阔了视野，更新了观念，提升了本领，增强了专业兴趣，勤学善思，形成了知行合一的优良学风。

二十四　开放办学：地方新建本科院校内涵发展的源头活水

对外宣传是开放办学的需要。学院上下全面贯彻"人人都是宣传员、人人都是形象大使"的大宣传理念，充分利用新闻媒体和新媒体向社会公众和广大校友及时发布学院的办学情况和发展动态，传播美丽宁师的新气象，《光明日报》《中国教育报》《宁夏日报》和宁夏电视台及新华网、光明网等权威媒体报道学院办学成就近千条，宁夏师范学院微信公众平台点击量与日俱增，学院办学影响力和美誉度不断扩大，生源质量逐年提高，学院呈现出勃勃生机。全国高等物理教育研究会第六届理事会第二次扩大会议、"当代中国社会变迁研究：乡村治理与途径"研讨会、第二届"中国古村镇保护与利用"学术研讨会、第二十六次"三北"地区高师院校协作会等全国性会议的成功承办，彰显了学院开放办学的丰硕成果和综合实力，也展示了地方新建本科院校内涵发展的新面貌、新形象。

《国家中长期教育改革和发展规划纲要（2010—2020）》多次提及"开放办学"，促进高等教育开放办学已经成为国家教育改革和发展的重大战略举措，也是我国高校特别是地方新建本科院校未来改革发展的基本走向。尽管宁夏师范学院在开放办学的道路上只迈出了一小步，仍处于探索阶段，但"不积跬步，无以至千里"，只有坚定地迈出一小步，才会站在离成功最近的地方。"问渠哪得清如许？为有源头活水来。"地方新建本科院校改革与发展的实践证明，开放程度越高，其内涵发展获益就越大，也必将拥有用之不竭的源头活水。

（宁夏师范学院李星）

二十五
加强教育学学科建设 提高民族
地区师范院校师资培养质量
——以宁夏师范学院为例

民族地区师范院校是我国高等师范教育的一支重要力量，在少数民族地区师资培养中扮演着重要角色。随着我国高等教育的快速发展，民族地区师范院校迎来了前所未有的发展机遇，但同时也面临着重大的困难和挑战，如何增强自身竞争力，提升办学水平，已成为这类院校亟待解决的问题。高等教育发展的规律告诉我们，学科建设始终是高等院校的根本任务，它是高校发挥人才培养、科学研究和社会服务三大功能的基础，也是高等院校办学水平和层次的集中体现。有研究者提出："师范院校作为高等院校的有机组成部分，应该把学科建设作为自己的根本建设。只有以高水平的学科建设为基础、为支撑，师范院校才能提高办学质量，才能上水平、上档次，跻身一流院校的行列。"

与其他一些师范院校，尤其是处在经济发达地区的院校相比，民族地区师范院校基础差，发展水平低，学科建设落后。因此，在现有基础上，抓住一些重点学科的建设，突出自身特色，就显得尤为重要。教育学学科是我国师范院校一门重要的基础学科，是师范专业学生的必修课程，长期以来，一直是师范院校建设的重点学科。就民族地区师范院校来说，搞好教育学学科建设，关系到师范教育培养目标和教育目的的落实，关系到师资培养的质量，进而也影响着我国基础教育的进一步改革与发展。

就目前的实际情况而言，民族地区师范院校教育学学科建设面临着诸多问题，这在很大程度上影响着其师资培养的质量，因此，对相关问题的分析和思考也显得尤为重要。本文将以笔者所在的宁夏师范学院为例，从教育学学科建设现状入手，对存在的主要问题进行分析，进而提出一些建议。

（一）教育学学科建设存在的主要问题

教育学学科建设在我国很多重点师范大学已达到了较高的水平，一方面体现在丰富和高水平的科研成果上，另一方面也体现在博士和硕士点的授予权上。相比之下，民族地区师范院校教育学学科建设较为滞后，建设水平低，所存在的问题主要包括以下几个方面。

1. 重视不够，认识不清

民族地区师范院校，尤其是那些新升的本科学校，由于刚刚实现从专科到本科的转型，在办学规格上虽然上升到了本科层次，但在思想认识上还没有实现真正的转变，对学科建设重视不够，举措不力。长期以来，由于受专科办学思想和模式的影响，一些院校的管理者和教师们认为，师范院校的主要任务是为中小学培养教师，教师只要抓好课程教学和学生技能训练就可以了，搞不搞学科建设和科学研究并不重要。如笔者所在学校——宁夏师范学院，2006年经教育部批准升格为本科院校，2009年，学校开始着力加强学科建设工作，虽然从上而下做了大量的宣传与动员工作，但很多二级院系的管理者和教师对学科建设的意识仍然非常淡薄。

另外，教师对学科建设的相关问题认识不清。一是对学科建设基本概念不甚清楚。这集中表现为将教育学学科建设等同于《教育学》课程建设，强调教学而忽视科研。二是对学科建设的方向在认识上存在误区。很多教师认为，教育学学科建设就是要建设教育学一级学科，研究方向应该是教育学的基本原理和宏观理论，这反而忽略了自身实际和优势，相关研究也就很难取得实效。

2. 院系管理不科学，制度不健全

随着学校办学规模的扩大，民族地区新升的本科院校也实现了管理模式的改革，院系的自主权和独立性大大增强，如宁夏师范学院，2009年开始实行校、院（系）二级管理，学科建设的主要工作则由院系来完成。但受原来专科阶段管理模式的影响，院系"等""靠"的思想仍然比较严重，教育学学科建设缺乏规划，管理办法、措施也不够科学。任何工作缺少了制度保障，其效率就将大大降低。这些民族地区新升的本科师范院校普遍存在院系管理制度不健全的问题，在教育学学科建设方面，由于没有专门的制度规定和要求，相关工作表现出明显的盲目性和随意性，教师的积极性也就很难充分调动起来。

3. 学科师资队伍整体水平低，结构不合理

民族地区师范院校大多在我国二、三线城市，而且很多学校地处经济欠发达地区，人才引进困难，流失严重。如宁夏师范学院所在固原市，地处宁夏南部山区，经济发展落后，外部环境差。另外，在升本后的快速发展过程中，师资队伍建设问题也愈加突出，具体表现为教师数量不足，教学任务重，高学历、高职称人员比例低，年龄结构不合理，青年教师所占比例偏高，整体科研水平低，缺乏学科带头人等。教育学学科在宁夏师范学院虽已被确定为重点建设学科，但在主要建设单位的教育科学学院现有教师中，具有正高级职称的教师只有两人，教师学历层次最高仅为硕士。

4. 学科建设经费投入不足，基础条件差

与发达地区师范院校相比，民族地区师范院校在经济上都非常困难。加之一些院校由专升本之后，学校办学规模扩大，主要资金投入了基础设施建设上，用于科研和学科建设的经费则很少。另外，在学科建设的经费投入上，很多高校的政策往往都是先建设后投入，一门

学科只有成为校级或省级重点学科后，才会有相应的资金支持。但就民族地区师范院校的情况来看，二级院系的经费非常有限，在科研和学科建设上的投入少之又少，这就不可避免地陷入了"不建设没有钱，建设又没钱"的尴尬境地。另外，在学校层面，教育学学科建设的基础条件差，也是一个突出问题。不管是图书资料建设，还是基础科研设施建设都比较落后，很多院校都没有专门的资料室和科研实验室。

（二）教育学学科建设的几点思考

1. 提高思想认识，突出战略地位

教育学学科是师范院校的特色学科，搞好教育学学科建设，不仅有助于师范性教育功能的发挥，而且在很大程度上可以增强师范院校在学科建设上的竞争优势。因此，在教育学学科建设工作中，对于民族地区师范院校来说，不仅要从学校层面给予充分的重视，而且院系的管理者和广大教师要在思想上认识到教育学学科建设的重要性，把教育学学科的建设提到战略高度。同时通过有效的学习和研讨，使教师了解学科建设的基本概念和教育学学科建设的主要内容，理清各种关系，将教育学学科建设与相关课程的教学及教师的科研联系起来，从而达到通过教育学学科建设来提高师范专业人才培养质量和促进教师专业发展的目的。

2. 抓住重点，体现优势特色

纵观我国师范院校教育学学科的建设，处于领先地位的主要是那些规模较大、层次较高的师范大学，民族地区师范院校由于多方面条件的限制，很难与之相比。然而，在实践中，一些学校一味地向重点院校看齐，照搬其建设模式，忽视了自身的实际情况和优势资源，由此造成了一系列的偏差和失误。因此，立足实际，准确定位，抓住重点，才能使民族地区师范院校教育学学科建设突出自身优势特色，做到"我有你没有"。宁夏师范学院是一所省属高校，地处宁夏南部回族聚居区，笔者

认为，在教育学学科建设中，应充分体现"地方性"和"民族性"。所谓"地方性"，就是要将教育学科建设与当地基础教育的改革与发展联系起来，与民族贫困地区师资培养结合起来，立足于地方，服务于地方；所谓"民族性"，则是要有效利用当地优势资源，着力研究少数民族教育问题，将民族教育学作为重点建设的教育学二级学科。围绕回族教育问题，研究申请各种课题立项，逐渐建立少数民族聚居区民族教育问题研究的优势，为省级、国家级重点学科的申报打下基础。

3. 完善制度，调动教师的积极性

科学的管理和有效的制度，往往是学科建设良性发展的保障。作为学科建设的主体，二级院系在制度建设中应与自身的实际紧密结合起来，既要有宏观层面总体的规定和要求，也要针对具体学科制定阶段性的发展制度。对于民族地区新升的本科师范院校来说，教师对学科建设普遍缺乏积极性和紧迫性，因此，仅仅依赖教师自觉性和自发性的活动是远远不够的。而加强制度建设，一方面可以使管理更加科学，有章可循；另一方面则向广大教师提出了明确要求，增加了外部压力，教师工作的积极性和潜能也将得到有效调动和激发。教育学学科建设，在宁夏师范学院正处在初期阶段，笔者认为，在制度的建设和完善过程中，应重点关注以下几个方面：第一，教育学学科师资队伍和学科带头人的培养制度；第二，教研室、研究室学科建设的工作制度，教研室和研究主任、高职称教师和学术骨干在教育学学科建设工作中的职责规定；第三，科研和相关学术活动的基本要求；第四，合理、有效的奖惩制度等。

4. 加强条件建设，夯实发展基础

国内一流师范大学教育学学科建设的高水平，其核心在于它们有良好的条件做保障。民族地区师范院校在短期内，可能都无法与之相比。同时，由于诸多客观因素的限制，各方面基础条件的建设也很难同时进行。因此，在教育学学科条件建设中，必须结合自身实际，抓

住重点，优先对一些方面集中力量进行建设，力求达到事半功倍的效果。以宁夏师范学院为例，笔者认为，教育学学科条件建设应优先加强以下两个方面：第一，"内培外引"，提高师资队伍质量。"内培"，即是利用现有教师资源，围绕学科梯队建设，一方面在高职称和骨干教师中精心选拔，培养学科带头人，并为他们提供更多的外出学习与交流的机会，使其逐步成为专家。另一方面要关注年轻教师成长、成才，鼓励他们攻读博士学位，积极进行科学研究，使其中部分人能够脱颖而出，成为学科建设的中坚力量。"外引"即是引进人才。一方面要加强与周边高水平大学的合作、交流，外聘一些专家、学者，使其在教育学学科建设中发挥"引领"作用。另一方面寻求学院的支持，提供待遇，引进高学历和高职称的人才，优化师资队伍结构。第二，加大经费投入，为学科建设"开绿灯"。学院和二级院系为学科建设拨付专项资金，对教育学学科研究室、资料室进行重点建设。同时，在科研立项和项目研究上提供更多的经费支持。

教育学学科的建设任重道远，对于民族地区师范院校来说，需要付出更大的努力，克服更多的困难。教育学学科建设的意义又是重大的，它集中体现着"师范性"和"教师教育"的特性，高水平教育学学科的建设，将成为提高民族地区师范院校师资培养质量的一条有效途径。

参考文献：

司晓宏、买宁：《论高等师范院校的学科建设》，《学位与研究生教育》1998年第5期。

黄懿斌：《对新建本科院校生存发展的战略思考》，《湖南人文科技学院学报》2004年第6期。

周小萍：《论地方普通高等院校的学科建设》，《沈阳师范学院学报》2001年第3期。

（宁夏师范学院 马振彪）

二十六
新建地方性本科师范院校
科研定位刍论
—— 以宁夏师范学院为例

（一）

自2000年以来，全国许多地方性专科学校陆续升格为本科院校，其中有一大部分专科学校被就地改建成了本科师范院校，教师教育办学特色成为学校最典型的身份识别，而教学型则成为院校的共同办学定位。对高校办学的四大功能，即人才培养、科学研究、社会服务和文化传承与创新，如何在专科学校升本后的战略选择、办学定位、培养目标、特色培育和发展道路等方面予以体现，是院校在发展过程中要共同面对的问题。

一般而言，新升本的师范院校，都有较长时间的专科办学历史，在专科段的应用型人才培养和教育教学方面积累了丰富的办学经验。但是，本科教育与专科教育是有明显区别的，它不仅是学制年限的长短、课程设置的繁简、教师讲解深浅上的不同，而且其深层折射出的其实是学科建设的程度、科研团队的强弱、学术含量的多少、人才规格高低的巨大差异。

专科阶段的师范性院校，几乎无一例外地都属于教学型院校，人才培养过程中对科研的要求不高，至少没有硬性要求，而本科层次的教育则要求教学与科研并重，教学与科研相互促进，对教师的科研能力、学术造诣和学校整体的科研实力都有很高的要求。因为本科阶段的教育不仅重视专业建设,而且要向学科纵深发展,还要注意学科间的横向关系,要培养学生适应和胜任复杂多变的职业工作,也就是说,本科教育人才培养的规格要比专科高得多。另外,专科阶段的教育,其入口出口均是学生,教学质量控制体系集中在校内,开放办学程度要求并不高,是自成体系、较为闭塞的。而本科阶段的教育,入口有学生也有科研项目,出口则有学生也有理论成果甚或还有应用成果等多种形式,学术水准要求高,对外开放程度较高,社会影响力强。所以,强大的科研实力是本科院校教学工作的坚强后盾,是教学永葆生命活力的源泉,因此,科研活动是本科院校教师工作的重要组成部分,树立和强化科研意识,不断提升科研实力是确保教学质量的前提。

作为一所新建地方性本科师范院校,在基本完成由专科教育到本科教育的转型和本科教学体系的构建,基本培育和树立教师的科研意识之后,如何准确定位科研工作,稳步提升科研层次和水平,如何以科研为引领提高办学水平和人才培养质量,既是实现院校科学发展、内涵发展和特色发展的关键,又是一项事关院校办学影响力的大事。

(二)

21世纪以来,关于新建地方性本科师范院校所面临的办学问题,人们特别热衷于讨论"创新人才培养模式""内涵建设与特色培育""教学改革与提高人才培养质量""质量保障体系与教学评估""大学文化与大学精神""构建和完善现代大学制度"等,但专门思考和讨论这类院校科研定位的文章相对比较少。偶尔涉及的,大都专注于讨论这类院校要不要搞科研,怎么样搞科研。有人认为,师范院校不是综合性工科院校,主要培养的是基础教育师资人才,搞科研会影响教学,因而科研工作可有可无;也有人矫枉过正,盲目效仿教学研究型院校,秉持教学、科研两个"中心"说。今天看来,要不要搞科研并不是一个问题,问题在于怎么搞?科研工作怎么定位?科研活动怎么开展?科研水平怎么提升?科研工作在人才培养过程中怎样发挥学术支撑和引领作用?等等。笔者以为,曾经的理论纠结都源于人们认识上的局限,主要是没有正确认识和评价科研的意义,没有找准科研定位。

这里所说的科研定位,包括两个方面的含义:

一是科研工作在院校全盘工作中应如何定位?是又一个中心还是起辅助支撑性作用的?是十分重要还是相对次要的?是可有可无还是必不可少的?它在学校人才培养过程中的意义和价值究竟何在?

二是新建地方性本科师范院校,科研工作本身应如何立足当地,就地取材,找准自己的路子,确立自己的方向,在教师的专业发展和院校的人才培养中发挥应有的学术引领作用?

宁夏师范学院是一所十分典型的新建地方性本科师范院校,它几乎具备了这一类型院校所有的共性特征:

(1)升本不到10年,办学定位为教学型,办学特色为教师教育,本科办学经验不足,专业门类增加虽然较快,但学科建设水平不高,整体实力较弱,与那些教学研究型的老牌兄弟院校无法比肩,社会认可度亟待提高。

(2)独居地方一隅,老少边穷占全,资金投入不足,办学资源短缺,临近高校稀少,无法实现资源共享。

(3)是省(区)直管和省(区)市共建院校,却不在首府城市,没有地理优势,办学成本偏高,办学自主权有限,招才引才困难,师资队伍质量不高。

(4)是所在城市(或地区)的唯一高校,人文资源虽丰富,但客观环境先天不足,地方政府和人民对其寄予厚望,但支持能力有限。

(5)在长期的专、本科办学过程中,为地方培养了大批留得下、用得上、靠得住的应用型人才,与地方建立了千丝万缕的联系,在事关学校发展大局的诸多问题上,仍需要地方的大力支持与通力合作。

（6）升本后走过了一条以"层次提升"为核心的跨越式发展道路，未来选择了以"质量提升"为核心的内涵式发展道路。

因此，对于像宁夏师范学院这样十分典型的新建地方性本科院校来说，科研定位显然应该立足校情，扬长避短，立足当地，应用为主，就地取材，鼓励创新，科学谋划，稳步提升，走出一条产学研结合育人的新路子。这一总的定位是基于提升学院人才培养质量和科研工作健康发展两个方面的考虑。因此，笔者以为，对于教学与科研的关系、科研工作的价值和意义、科研工作的基本定位等这些看似老生常谈的问题，应从理论上进一步予以廓清，这是科学定位科研工作的前提。

首先要正确认识和界定科研的价值和意义，这是科学定位科研工作的立足点和出发点。

像宁夏师范学院这样典型的新建地方性本科师范院校，其大学四大功能之一的科学研究，在人才培养中的意义和价值，至少应该从以下几个方面体现出来。

其一，科研是对学院办学内涵的提升和丰富，科研能使学院从单一的教学机构向综合性学术机构迈进，可以稳步提升学院的学术形象和办学实力。

其二，科研是对学院办学职能的进一步完善，科研能提高学院服务地方经济社会发展的能力，有望使学院从当地经济社会发展的边缘走到中心，助推地方、社会的文明与进步。

其三，科研可以促进学院教育观念的变革和校园文化建设，培育出有自身特色和内涵的大学精神。

其四，科研能够促进教师的专业发展，由于科研具有先导性特征，通过科研活动可以提高教师的教学水平和业务能力，这是提高教学质量的基本保证。

其五，科研能够促使学院人才培养模式的改变，为学生创造参与科学研究的平台和渠道，有助于培养学生的实践能力和创新能力。

其六，科研也可以改善办学条件，多渠道筹措办学经费。

由此看来，以科研为龙头牵引学院教育教学质量和办学影响力的提升，是现代大学职能的基本要求，符合大学发展的内在规律，也符合宁夏师范学院这样的新建地方性本科院校由外延扩展向内涵建设发展转变的战略选择。从这个意义上讲，对以教学为中心的新建地方性本科师范院校而言，科研工作不是可有可无的，而是大有作为的。

其次要正确认识和处理教学与科研的关系，这是科学定位科研工作的坐标点和核心点。

对新建地方性本科师范院校来说，确立教学工作的中心地位是基本共识，但在对教学与科研关系的认识和处理上，在如何摆正和处理这两者的位置与互补作用上，不少院校还存在着"两张皮"的现象，譬如，有的院校还没有意识到让学生参与科研活动的重要性，没有将学术活动作为培养学生科研意识，提高人才培养质量的辅助性手段；有的院校虽然重视教师的科研活动，但教师为完成工作量而科研，为评职称而科研的现象还比较普遍，教师的科研活动并没有实现促进教学的目的；有的院校还存在着单纯抓教学或片面重科研的现象，人为地把二者割裂开来，强调其一，不及其二。

美国著名学者雅罗斯拉夫·帕利尔认为，大学的职责在于教学和科研，他说："大学固然要懂得经营，但大学之为大学的地方就在于，它必须恪守这样的使命：通过研究推进知识，通过教学推广知识……通过学术出版物传播知识。"这是对现代大学教学与科研辩证关系的精当概括。

实际上，许多像宁夏师范学院这样新升本的高校在专科阶段所倡导的"以教学带科研，以科研促教学"表达的也是这个意思。今天看来，这句话恰恰是一些专科学校在专科阶段对自己升本后教学与科研关系的一种具有超前意义的科学描述。笔者以为，"以教学带科研，以科研促教学"的提法虽然不新鲜，但结合现代大学的职责，我们完全可以做出新的诠释：

其一，从事科研活动的人员往往与教学人员同属一个群体，科研团队的结构与水平，取决于教学人员的理论素养、知识储备和创新思维能力等因素。

其二，科研选题大都来自与教学实践或者教学内容相关的领域，教学实践为学术探索不断提出新课题，也促使学术探索不断更新思维方式。

其三，科研成果能在第一时间进入教材，登上讲坛，实现科研成果的同步转化，使科研过程成为教学过程，科研活动成为育人活动，促进教研相长。

其四，科学研究能将教学工作带入学术前沿，实现教学过程的科研化和科研成果的教学化，从而体现出学术研究对人才培养的引领和支撑作用。

其五，让学生参与教师的科研活动，激发学生的求知欲和创造欲，培养学生的科研意识和创新精神。

显然，科学研究是高校教学的源头活水，科研与教学是源与流的关系，教学是中心，科研是引领；教学是基础，科研是提升；教学是传授知识，科研是创造知识，教师缺少其中任何一个就是瘸腿走路，院校缺了其中任何一个就是误入歧途。重教轻研和重研轻教都是不可取的，学院只有通过坚持不懈地抓教学、带科研，抓科研、促教学，齐头并举，平行推进，才可望实现教学与科研良性互动、协同育人的终极目的。

（三）

明确了科研的价值和意义，厘清了教学与科研的基本关系，也就明确了科学研究在这类高校中的基本地位。那么，科学研究本身应如何找准自己的方向，走对自己的路子呢？

新建地方性本科师范院校，在科研工作上有着先天的不足，如教师科研基础薄弱，学科方向不明，缺少有影响的学科和学术带头人；教师习惯于单兵作战，缺乏团队意识，科研团队的竞争力还没有形成；教师学术视野狭窄，缺少长远的科研规划，急功近利、职称驱动的现象还未消除；学科专业较为单一，科技创新能力不强，与地方主导产业的联系不够紧密，整体科研水平不高，服务地方经济社会发展的能力有限；科研设备（重点实验室）、资料、经费投入不足，缺乏承担大型科研项目的条件；科研项目管理中还存在"重评审，轻检查""重立项，轻结题"等现象。

以宁夏师范学院来说，目前26个在招的本科专业中，有19个是教师教育专业，只有7个是非师范应用型专业，虽然涵盖了法学、教育学、文学、历史学、理学、工学、医学、管理学、艺术学9个学科门类，但学科基础薄弱，缺少龙头学科和高水平的学科带头人，学科建设层次不齐。而且由于教师教育专业占有多数，产学研合作育人尚在起步阶段，还没有建立起学校与企事业单位联合开展应用型科学研究的平台，横向研究项目少，科研成果产出单一，难以实现转化和开发。这些问题都会成为强化内涵建设，提升科研水平的潜在障碍。

从学校的办学定位来看，新建地方性本科师范院校大都锁定在立足当地、服务基层、辐射周边，主打教师教育的特色，以培养合格的基础教育师资队伍为主要目标。因此，对这一类型的院校来说，教师教育办学特色决定了科研活动不可能进行基础性、创造性的研究；非理工科学校的办学性质决定其很难形成物理意义上的富有市场价值的科研成果；非教学研究型的学校定位决定了科研实力的提升不是在短时间里就可以完成的。从学校的专业构成、师资队伍和学科建设来看，科研人员的创新能力主要表现在理论建树和思想创新方面，而不是在技术发明和推广应用方面；教师的学术研究以策划应用为主而不是以尖端研发为主；科研成果的转化主要在育人过程而不在市场效益。教师从事科研活动的理论成果肯定要大于应用成果，理论建树肯定要多于科技发明，这也是许多同类院校大文科强而大理科弱的原因。

但是，任何事物都是一分为二的。这些从表面上看是劣势是局限性的因素，如果因势利导，是能够把地缘劣势变为特色定位，把科研瓶颈变为发展突破口的。新建地方性本科师范院校应该将科研定位在与地方经济社会和基础教育发展的结合上,在结合中求得科研的生长点和特色,因为与地处省府中心城市的院校相比,新建地方性本科师范院校具有和地方经济社会与基础教育联系最为直接、具有优先研究区域资源的得天独厚的条件,这其实是新建地方性本科师范院校科研的优势与潜能所在。宁夏师范学院近年来在引导教师从事科研活动时,要求努力实现"三个转变",即由单兵作战向团队作战的转变,由职称驱动向岗位驱动的转变,由注重数量到提高质量的转变。学院科研工作倡导打好"三张牌",即特色牌、地方牌、教改牌,通过科研立项、资助、评奖等机制,引导教师立足当地,就地取材,从地方自然资源和历史文化遗产的开发与利用中培育特色,找寻路子,求得提升;引导教师脚踏实地,扬长避短,利用现有的科研力量和条件,主动开展区域性、对策性研究,努力解决当地经济社会和基础教育发展中所遇到的实际问题,以地方社会改革发展的现实问题为主攻方向,加强应用性研究,为地方经济社会和基础教育发展提供智力支持。

新建地方性本科师范院校,只有立足当地,实事求是,把科研同地方的经济、教育、文化发展结合起来,通过服务和奉献才能赢得支持和回报,才能逐步摸索出一条扬长避短、培育特色、稳步发展的科研之途、育人之路。

参考文献:

[美]雅罗斯拉夫·帕利尔:《大学理念重审——与纽曼对话》,《中国教育报》2009年10月22日第8版。

(宁夏师范学院 田凤俊)

二十七 浅谈"踏脚"在宁夏师范学院校本课程开发中的作用

(一)"踏脚"的起源

关于"踏脚"的起源,经研究认为,"踏脚"由回族武术弹腿演变而来的说法较为可信。最早对"踏脚"进行实地调查的李金升同志在《中国民族民间舞蹈集成泾源县资料本》中写道:"踏脚"最早叫弹腿,源于攻击力强,具有较高动作难度的回族武术,清朝同治年间在陕西的西安、渭南等地有众多的回教徒练习,同治元年(1862),陕西等地回民起义后随部分迁徙回民传播至化平县(今宁夏泾源县)。另外,在《中华舞蹈志·宁夏卷》以及其他一些著作中也可以看到类似观点,如"踏脚"原名"弹腿",由回族武术衍变而来。流行于宁夏回族自治区固原市泾源县的"踏脚"舞以脚和腿部的动作为主,是从回族拳术"弹退"的套路演变而来的。经过研究,笔者对上述看法较为赞同。从动态上看,"踏脚"的确带有较明显的武术特点,而且"踏脚"与回族武术弹腿在动作上也确实存在着诸多相似之处。

(二)宁夏师范学院体育课开展"踏脚"运动的作用

1. "踏脚"的健身价值对学生身心健康的作用

我国提出每天锻炼一小时,幸福工作50年的锻炼口号,"踏脚"

运动训练比赛非常紧张、激烈，而且对抗性也非常强，它对提高人体的力量、速度、耐力、柔韧性、灵敏性等身体素质，提高内脏器官的机能，特别是提高神经系统的灵活性和心血管功能有明显的作用。通过"踏脚"的攻防练习，可以学习、掌握一定的格斗技术和技巧，提高应变能力，达到健身、防身自卫的目的。

"踏脚"运动推崇"鞠躬、右手贴心礼开始和鞠躬、右手贴心礼"结束比赛，其宗旨是让学生德艺双修，通过"踏脚"的学习和修炼，可以培养学生坚毅、顽强、果断的精神，锻炼学生摒弃怯懦、软弱而具有积极向上、坚忍不拔的意志品质，养成谦逊、宽容、仁爱、礼让的美德和高尚的爱国主义情操。因此"踏脚"对培养健康的品性、高尚的人格具有很大的作用。

2."踏脚"在传承民族传统美德中的作用

21世纪的第一年，国家主席江泽民同志就提出了"以德治国"的方略，突出了道德建设和精神文明建设对社会主义现代化建设的重要性。而宁夏师范学院地处宁夏回族自治区南部固原市，是少数民族（回族、蒙古族）聚居的主要地区，学院回族学生占到了36.8%，"踏脚"是我国西北地区宁夏回族自治区回族群众传统的体育项目，不管是踏脚的礼仪文化方面，还是"踏脚"的技术技巧等方面，处处都闪耀着宁夏回族自治区回族人民传统体育文化和回族人民智慧的光芒。"踏脚"经久不衰，兴旺发达，成为回族人民的非物质文化遗产，其主要原因就在于它体现了回族人民智慧的结晶和健全的教育功能。"踏脚"传承人在从事"踏脚"演练和教学过程中，既是锻炼身体和传授技艺，又是接受"踏脚"所蕴含的回族传统文化思想的教育过程。回族群众之所以喜欢"踏脚"，推广"踏脚"，不光是因为"踏脚"简单实用，而且是因为"踏脚"运动对人的身体健康和心理健康都有多方位的提高功能。它不光是现代大多数学生传统思想道德教育的无形导师，也是传播少数民族传统体育和优秀美德的重要载体和中介。它的技术简单实用，比赛规则并不复杂，和韩国的跆拳道有相似之处，在比赛中只允许用脚踏、蹬，不允许用手。所以在国内被称为中国的跆拳道，被誉为中华民族回族文化的金字招牌。练习"踏脚"对提升回族地区广大学生身体的协调性、力量、速度、耐力等都有显著的作用，对民族精神的培育、全民素质的提高、思想道德的建设均具有重要意义。"踏脚"在传授和练习过程中，以体现保护民族文化为己任，以发扬和传承我国少数民族的优良技艺为思想教育中心，以道德完善为中介，以礼为精神支柱，以身体锻炼为目标；先自我修身，提高自己的身体健康水平，在传授和练习过程中让学生养成尊敬长辈、尊敬教练、尊重队友、尊重对手的自我文化修养，进而以自己的所学服务社会，报效祖国的人文教育思想。

"踏脚"文化是宁夏回族自治区回族劳动人民长年累月积累总结的智慧结晶，也是回族人民生产劳动、繁衍生息、世代传承的时代变化产物。它随着时代的变化而变化，随着在传播和传承中的作用和需要而变化，随着历史的前进和社会的发展而不断更新。由带有竞技性弱化为游戏性，而且形成了今天舞台表演的舞蹈性。中华民族传统美德建设发展至今，已经形成了一个丰富的文化体系，"踏脚"思想品德教育便是中华民族传统美德教育的重要组成部分，"踏脚"在技艺的传承和道德教育中也反映着中国回族优秀传统文化的光芒。

3. "踏脚"在培育中华民族精神、弘扬中华民族文化中的作用

"踏脚"是我国宁夏回族人民在若干年的历史发展中积淀下来的最积极最优秀的回族民族文化，对我国社会发展和全国民族团结起着积极和引领作用，是中华民族回族群众传统文化的灵魂和精髓之一，对我国回族群众以及全国人民起着教育、鼓励、团结、奋发图强的作用。江泽民同志在党的十六大报告中指出："民族精神是一个民族赖以生存和发展的精神支柱。"中国民族传统文化博大精深，"踏脚"所携带的中国传统文化如同源源不断的乳汁，哺育着代代中华儿女。对坐落在少数民族聚居区的大学来讲，有义务传承和发扬少数民族传统体育，培育以爱国主义为核心的华夏民族精

二十七 浅谈"踏脚"在宁夏师范学院校本课程开发中的作用

神,开发我国少数民族传统体育文化教育和健身价值。回族"踏脚"恰恰具有这一独特功能。

以爱国主义为核心的民族精神,是中国文明古国的宝贵传统,是中国社会主义进步和发展的基石,也是每一个中华儿女最基本和最高尚的思想道德要求。中共中央颁布的《公民道德建设实施纲要》指出:"要引导人们发扬爱国主义精神,提高民族自尊心、自信心和自豪感。以热爱祖国报效人民为最大光荣使命。"以爱国主义为核心的民族精神,一向是中华民族最高尚的民族美德。周济同志曾指出:

> 大力开展弘扬和培育民族精神教育,是党中央在新时期对教育工作提出的要求,是当前和今后一个时期青少年和大学生思想道德建设和德育建设和德育工作的一项重大而紧迫的任务。必须从党和国家事业后继有人的战略高度,从全面建设小康社会奋斗目标和实现中华民族的伟大复兴的全面高度,充分认识在青少年学生和大学生中开展弘扬和培育民族精神教育的重要性,增强和做好弘扬和培育民族精神教育工作的紧迫感和责任感,采取切实有力的措施抓好,抓出成效。

国家把青少年学生和大学生思想建设工作摆在如此高的位置上,其原因在于现在的学生将是明天承担全面建设小康社会,实现中华民族伟大复兴,实现中国梦的承担者。而宁夏师范学院主要培育的是宁夏地区和宁夏周边未来的教育者,对于坐落在宁夏回族自治区南部少数民族聚居区的宁夏师范学院大学体育课程来讲,实时开发和挖掘回族地区的传统体育项目和非物质文化遗产来充实学校体育课程,丰富校本课程资源,切实把师范性学校的大学体育课程作为一个培育学生民族精神和发扬传承我国少数民族传统文化的教育课程,既是实现中国梦的需要,又是实现中国梦的呼唤。

（三）结语

"踏脚"运动作为我国回族传统的体育项目，在校本课程中不单纯是传授动作技术，而是以锻炼身体为目的的肢体活动，并且是一种文化，在大学生思想教育和民族精神的传承方面都有着积极的作用。将它作为宁夏回族聚居地区师范学院体育课程的一部分，将对我国少数民族传统文化起到继承、保护与发扬的作用，同时也是丰富校园文化建设，开设体育课程以及促进民族传统体育事业发展的过程。"踏脚"运动所表现出的独特的形式和丰富的文化内涵，是丰富少数民族文化生活，增强学校各族学生体质的重要内容；是增进各族学生之间的友谊和了解，弘扬民族精神，增强民族凝聚力的重要方法。因此，作为地方师范学院体育课程的"踏脚"要与时俱进，展现其回族"踏脚"的独特教育观念，利用"踏脚"文化丰富师范学院体育的内涵，突出回族"踏脚"文化的传统精华，切实使回族"踏脚"教学成为弘扬中华民族传统文化，培育爱国主义民族精神，展现鲜明的具有回族地区校本课程特色的技术技能的通道与平台，成为具有中华民族传统文化的优秀体育课程，从而使之成为真正的中国跆拳道。

参考文献：

王英楣：《宁夏固原踏脚舞现状调查研究》，《中央民族大学学报》2003年。
林菲芸：《试论踏脚舞的健身价值和民族文化特征》，《体育时空》2011年。
咸云龙：《试析中国回族传统体育的特点》，《回族研究》2002年。

（宁夏师范学院许林海）

二十八

思想政治教育专业人才培养与教师专业素质发展

——以宁夏师范学院为例

（一）专业人才培养方案与教师专业素质

1. 专业人才培养方案

人才培养方案作为高等学校本科专业人才培养的总体设计，是实现人才培养目标和培养规格的指导性文件，是学校组织、管理教学的主要依据，是学校监控、评价教育教学质量的基础性文件，是人才培养目标与规格的具体化、实践化形式，是学校实施人才培养工作的纲领，对人才培养质量的提高具有重要的导向作用。高等师范院校的首要任务是为基础教育培养合格的应用型人才。制定科学合理的人才培养方案是高等师范院校人才培养的一项基础性工作，对人才培养的质量和规格具有十分重要的作用。

2. 教师专业素质

我国对于教师素质及教师专业素质的研究起步于20世纪末，与发达国家相比起步较晚。对教师专业素质的界定也存在较大的分歧，概括起来具有代表性的有以下观点。叶澜教授从教师专业化的角度出发，认为"教师的专业素养是当代教师质量的集中表现，它应以承认"教师职业是一种专业性的职业为前提"。北京师范大学的林崇德教授认为,所谓"教师专业素质,就是教师在教育教学活动中表现出来的,决定其教育教学效果,对学生身心发展有直接而显著影响的思想和心理品质的总和"。

由此可以看出,教师专业素质首先表现为良好的思想道德素养和健康的心理品质,其次表现在为了达到最佳的教育教学效果而应具备的知识素养和相应的技能上。因此,无论从哪种观点出发,教师专业素质主要包括思想道德素养、科学文化素养、教育教学技能素养、心理素养和身体素养等方面。

在21世纪,教师的专业素养不仅体现在教师的学历水平和专业实践能力上,而且反映在他们先进的教育观念、多层次的知识结构和多方面的能力上。具体来说,教师专业素质就是教师在系统的教师教育和长期教学实践中所形成和发展的、直接作用于教学过程的,具有专门性、指向性和不可替代性的心理和行为特质的表现。

基于以上认识,笔者认为,教师的专业素养应该是教师为了实现教育目标,有效地完成教育教学活动所必需的知识、技能及相关的观念、能力的总和。人才培养方案的制定和修订工作关系到本科专业的培养目标和规格,决定了所培养的人才应具备的知识结构和综合素质,关系到所培养的人才能否适应社会经济和职业发展的需要。地方性高等师范院校更要结合地方社会经济发展的趋势,适时修订人才培养方案,增强学生的社会适应能力和社会参与能力,提升学生的发展潜力。修订人才培养方案涉及教学的各个环节,关系到学校的办学方向和教育质量,也对人才培养的质量与学校的整体工作产生着重大的影响。

为适应社会经济发展对人才提出的新要求,宁夏师范学院于2009年和2012年两次对人才培养方案进行调整,提出课程体系的7个平台,即通识教育课程、学科基础课程、专业基础课程、专业核心课程、专业方向课程、实践环节课程和教师专业教育课程,强化专业的实验、实习、社会实践和毕业论文(设计)等环节,加强了教师教育类专业课程体系建设。然而,随着人才需求的变化,现行的人才培养方案在执行中也暴露出个别课程所占比例大、专业课程相对薄弱、课程结构安排不尽合理等问题。这些问题使得人才培养方案的修订成为学校发展中亟待解决的任务。

（二）宁夏师范学院思想政治教育专业人才培养方案在教师专业素质发展中存在的主要问题

1. 培养目标与规格缺乏特色，难以体现学校的办学定位

宁夏师范学院确立了"质量立校、人才强校、科研兴校、特色名校、文化荣校"战略，坚持走科学发展、内涵发展、特色发展之路，立足宁夏、面向西部、辐射周边，服务基层、服务基础教育、服务区域经济社会发展的需要，努力把学校建成师范性、地方性、民族性特色鲜明，多学科协调发展、西部地区知名的教学型师范院校。由此，学校的办学定位趋于成熟，凸显了学校的特色。学院2012年版的思想政治教育专业人才培养方案确定了"培养适应社会与经济发展需要，德、智、体全面发展，掌握哲学、法学、政治学、管理学和教育学等多学科的基本理论和基本知识，具备思想政治教育教学、科研和管理能力，能够在中小学校、党政机关及企事业单位从事马克思主义理论与思想政治教育学科的教学、科研、理论宣传和思想政治、法律服务等工作的高素质应用型人才"的目标。上述人才培养目标与培养规格，并未体现出学院师范性的特色，要求学生掌握的基础知识更趋于思想政治理论。学院地处宁夏回族自治区，即使培养思想政治理论工作者，也应体现出民族性的特色，使学院培养的人才更能适应民族地区教育和管理工作的需要，体现出学院地方性的特色。因此，学院思想政治教育专业人才培养方案确定的培养目标和规格缺乏特色，难以体现出学校的办学定位。

2. 学生缺少专业引导和职业规划指导，学业方向和目标不明确

学院2012年版的思想政治教育专业人才培养方案关于通识教育

必修课程设置了《专业导论》和《大学生职业规划与就业指导》，在第一至第六学期开设，两门课程结合讲授，安排在第二课堂活动时间，共2个学分，36个学时。而笔者在第六学期承担了《思想政治教学论》课程。通过对该专业学生的调查、访谈，结果发现，只有10%左右的学生明确选择教师职业，近40%的学生仍然选择考公务员。这部分学生通过专业知识的学习，学业方向和目标比较明确，但这并非通过《专业导论》和《大学生职业规划与就业指导》课程的学习而确定的，而是学生在选择思想政治教育专业时给自己做出的定位。还有40%以上学生的学业方向和目标不太明确，选择毕业后根据情况而定。学生的专业方向和目标不明确，将直接影响学校的教育教学质量。

3. 课程设置不尽合理，难以体现"厚基础、宽口径，重应用、强素质"的应用型人才培养理念

第一，理论课程偏多，专业实践与实用性课程偏少。第二，个别课程开设的学分过大，学时太多，严重挤压了专业课程。第三，开设的课程缺少民族性、宗教性，造成学生毕业后在从事专业工作时缺乏基本的民族、宗教知识素养。第四，专业课程安排时间不合理，不利于学生专业知识的系统学习。第五，有的教师教育类课程与中学教学衔接不够紧，甚至脱节。

4. 实践教学环节比较薄弱

思想政治教育专业课堂教学理论性知识偏多，联系实际的内容较少，大多数课程均以讲授为主，极少安排实验与实践活动，学生实践的机会很少。虽然在专业人才培养方案中设计了专业实践、见习、实习活动等学时，但是实践的内容匮乏、实践的形式单一，学生无法得到有效的实践锻炼。学院现有的微格教室需要承担9个师范类院系学生的教学技能训练任务，加之开放时间不够，无法满足学生的需求。学院实施的集中与分散相结合的"放羊式"实习效果又不佳，一学

期的毕业论文写作并没有提高学生的专业论文写作能力。由此可见，加强实践教学仍然是教学过程中的重要任务。

（三）如何提高教师专业素质，改善课堂教学

1. 紧扣办学定位，明确、落实培养目标与规格，突出特色

学院在近40年的办学实践中，逐步明确了办学定位。据此，思想政治教育专业人才培养方案应该坚持"总体目标＋学校特色＋学科专业特色"的设计思路。即遵循国家的教育方针，以国家的培养目标设计人才培养的总体目标，保证培养的学生能够达到高等师范院校本科教育培养目标，全面提升学生的综合素质，将学生的创新思维、创新能力、创业精神与实践能力作为培养的重点；根据学院的办学定位，明确学院的办学优势，将教师教育作为学院的特色，培养学生服务基础教育和地方经济社会发展的意识和能力；学科专业特色就是在实现总体培养目标的基础上，发挥传统教学优势，彰显其专业特色。

2. 加强专业导引和职业规划指导，树立学生的职业意识，提升师德修养

根据学院实际，在思想政治教育专业人才培养方案修订中，应该注重学生的职业意识和师德修养。为此，从一年级开始，开设《大学生职业生涯规划和就业指导》课程，让学生从入院起就逐步树立职业意识，对他们的职业生涯进行合理的规划，避免学生在职业选择上的盲目性、茫然性；在一年级开设《大学生心理健康教育》，促进学生心理和人格的全面发展，使学生具有健康的心理和健全的人格；在二年级开设《思想政治教育专业导引》和《教师素养》课程，使学生进一步明确专业方向和目标，了解和掌握教师素养，成为热爱教师职业、适应基础教育改革、具有社会责任感的合格的中学教师。优化课程设置，提升学生从教的知识素养。

(1) 合理设置课程结构

学院是新升的应用性本科院校,在人才培养模式与人才培养理念上应体现自己的办学定位与办学特色,从服务地方经济社会发展和适应基础教育课程改革的实际出发,合理设置课程结构。调整理论教学与实践教学的比例,在总学分不变的情况下,应适当加大实践教学的学分,增加专业课程的实践教学学分。按照"理论与实践相结合、课内与课外相结合、校内与校外相结合"的原则,统筹安排、设计学生的实践活动。拓展选修课程空间,增加人文素养课程,使学生能够根据他们的兴趣爱好选修课程,拓宽视野,增强人文素养,促进专业素质的发展。

(2) 适当压缩和调整《大学英语》课程的学分

《大学英语》在一年级作为必修课程开设,培养学生英语听、说、读、写的能力,通过学年考试完成《大学英语》学习;二年级将《大学英语》设为选修课程,为参加大学英语四、六级考试的学生开设,提升学生的语言能力。通过四、六级考试的学生,可以提高实践创新素质以拓展学分。

(3) 科学合理地安排专业课程,体现专业知识的系统性

在课程设置上应体现渐进性与系统性。为此,一年级主要设置通识教育课程和思想政治教育学科基础课程;二、三年级设置专业基础课程与专业核心课程,增强学生专业知识基础;四年级适当开设能力拓展和创新能力课程。这样的课程设置能够夯实学生的专业基础,也突出了知识的连贯性和系统性。

(4) 根据中学实际设置教师教育类课程

为了适应中学教学的实际,在思想政治教育专业教师教育类课程中,将传统的《思想政治学科教学论》课程进行分解,设置《思想政治学科教学与课程设计》《思想政治(品德)课程标准研究》与《思想政治(品德)教科书研究》,使学生全面掌握中学思想政治(品德)的教学观念、教学内容、教学方法等理论,结合思想政治课堂教学技能训练,全面提升学生的从教能力。

3. 强化实践教学，提升学生从教的能力素养

建立科学合理的实践教学体系，即"全过程、两层次、十模块"的实践教学体系。将实践教学贯穿于学生四年学习的全过程；实践内容按学校和院系两个层次设置；安排军训、公益劳动、教育见习、教育教学实习、社会实践、课程设计、学年论文、毕业论文（设计）、通识必修课程实践、实践创新及素质拓展十个模块。强化教育教学实习与毕业论文工作，将教育教学实习与毕业论文写作安排在第八学期，尽可能要求学生的毕业论文选题结合地方经济社会发展与教育教学实际，采取切实可行的措施提高质量，提升学生教育教学能力与教育教学研究能力。随着教育整体水平的不断提高，特别是新课程改革的不断深化，对教师专业素质和教育教学能力的要求越来越高。只有提升教师的专业素质，促进教师的专业成长，才能适应新课程改革的需要，才能提高教育教学的质量。因此，高等师范院校更应走在基础教育改革的前沿，制定科学合理的专业人才培养方案，为基础教育师资的专业素质发展奠定坚实的基础。

参考文献：

张念宏：《中国教育百科全书》，海洋出版社1991年版。

林崇德、申继亮：《教师素质的构成及其培养途径》，《中小学教师培训》1998年第1期。

叶澜：《新世纪教师专业素养初探》，《教育研究与实验》1998年第1期。

（宁夏师范学院法学院董宜详）

后 记

　　教育部人文社会科学研究项目《西北少数民族地区高校办学模式研究》（项目批准号：07JJD880239）自立项以来，课题组成员全力以赴、深入实践，扎实有效地开展了各项研究工作。本课题运用行动研究法，以改进西北少数民族地区高等院校办学模式、解决办学过程中面临的各种问题为指向，把研究与行动结合起来，边研究边行动，把各样本高校正在进行的各项改革既作为一个研究对象，也作为对研究结果的实验，在行动中达到解决问题、改变行为的目的。为保证研究结果的科学性，本课题按照计划——实施——观察——反思的路径展开研究，因此，课题的研究周期有所延长。2008年至2016年，课题组成员先后两次赴西北少数民族聚居区的新疆喀什师范学院、青海师范大学民族师范学院、宁夏师范学院、四川民族学院、甘肃民族师范学院等样本高校，开展了多项针对少数民族聚居区高校教育发展现状的调查研究和广泛深入的行动研究，对样本高校的办学功能目标定位、科研工作、教学工作、师资队伍建设、校园文化建设等方面的具体实践进行了深入挖掘和细致梳理，并结合高等教育理论、民族学和社会学的理论分析，完成了一批高质量的学术成果。这些研究成果为民族高等教育政策的制定和实施提供了有力的决策依据，对于促进民族地区高等教育改革和经济社会全面发展起到了积极作用。目前，课题组已获得省级教学成果一等奖3项。

　　本书是教育部人文社会科学研究项目《西北少数民族地区高校办

学模式研究》（项目批准号：07JJD880239）的重要研究成果。第一部分为理论研究，主要内容包括：第一，在民族聚居区高校的功能模式及其实现途径研究方面，根据民族聚居区高校的办学实践和功能界定，研究提出民族聚居区高校要形成的"四位一体"功能模式，即民族聚居区高校要成为少数民族人才培养的基地、支持地方科技创新的中介和平台、传承优秀文化的有生力量、维护社会稳定的阵地。第二，在民族聚居区高校人才培养目标模式构建方面，研究提出民族聚居区高校要围绕品德、知识及能力要求，在人才培养目标上突出三个"要求"，即政治可靠、业务适切和扎根基层。第三，在民族聚居区高校教学模式的研究上，结合民族聚居高校生源实际，提出以"分类、分层、分级"为主要模式的"三分"多样化教学模式。第四，在民汉双语教学方面，课题组在广泛调研的基础上，积极汲取国内外双语教学的经验，提出并实践了以课程建设为突破点的"七化"分类并进中国特色的藏汉双语模式。第五，在民族聚居区高校师资队伍建设模式研究方面，研究针对这类高校师资队伍的特殊性，在积极总结民族聚居区高校师资队伍建设经验的基础上，借鉴国内外高校师资队伍建设的成功经验，研究提出以"自有教师为基础，兼职教师为充实"模式，且配合"三学制"改革，以破解这类高校师资队伍建设的难题。第六，在高校校园文化建设方面，研究提出民族聚居区高校要形成以"三化四育"为载体的校园文化建设模式，并始终贯穿在校园文化建设的全过程。"三化"，即中华民族的认同化、多民族共处的和谐化、生活的现代化；"四育"，即系统化的理论教育、课程化的实践教育、民族化的环境教育和严格化的管理教育。第二部分为实证研究，主要是针对样本高校（甘肃民族师范学院、四川民族学院、青海师范大学民族师范学院、喀什师范学院、宁夏师范学院）在本研究所提理论指导下进行的教育实践的总结与反思。

张俊宗教授承担了本书的总体框架设计、章节思路策划以及理论研究部分的撰写任务，并与王莅、肖福赟对全书进行了审阅、统稿。本书理论研究部分融入了课题组成员王纬、熊华军、王莅、陈多仁、虎技能、姚爱国等围绕课题公开发表的相关学术成果。王莅、陈多仁、王纬、党金宁、马丽、徐源智、艾尔肯·吾买尔、刘秀明、刘玉杰、李星、马振彪、田凤俊、许林海、董宜详为本书实证部分提供了大量研究资料或公开发表的论文。在此，对课题组全体成员和各类文献的作者表示衷心感谢！同时，要感谢甘肃民族师范学院、四川民族学院、青海师范大学民族师范学院、喀什师范学院、宁夏师范学院为本研究提供的帮助；感谢西北师范大学教育学院为课题研究提供的学术平台和出版经费支持；感谢中国社会科学出版社为本书出版提供的大力支持。由于课题研究时间跨度较长，加之样本高校本身的"特殊性"，使得本课题一些研究内容带有明显的局限性，不当之处敬请各位教育界同仁批评指正。

新时代开启新征程。课题组将以本书的出版为契机，坚持以习近平新时代中国特色社会主义思想为指引，深入学习贯彻习近平总书记关于教育工作重要论述和全国教育大会精神，以更加进取的姿态、更加务实的作风，积极开展高等教育理论与实践研究，努力为坚定不移走好中国特色高等教育发展之路贡献智慧。

张俊宗

2018 年 12 月